丸山眞男集 別集　第一巻

東京女子大学丸山眞男文庫編

丸山眞男集

別集

第二巻

1950–1960

岩波書店

編集
平石直昭
黒沢文貴

編集協力
山辺春彦
川口雄一

凡　例

一　本巻は、『丸山眞男集』に収録されなかった丸山眞男の論文・未定稿・講演記録・座談等のうち、一九五〇年から一九六〇年に執筆・記録され、内容的にまとまりのあるものを年代順に編集したものである。

一　本巻収録の作品のうち、以下のものはすでに翻刻・再録されている。

「近代的ナショナリストとしての福沢先生」(『丸山眞男記念比較思想研究センター報告』第九号、二〇一四年三月)

「朱子学」(『丸山眞男手帖』第五八号、二〇一一年七月)

「明星学園講演会速記録」(『みすず』第四五〇号(一九九八年九月号)に「六〇年安保への私見」として翻刻。丸山眞男手帖の会編『丸山眞男話文集』第一巻(みすず書房、二〇〇八年)に同名で再録)

本巻では原資料にもとづき、これらの作品の翻刻を新たに行った。

一　本巻に収録した諸作品の底本には、以下の三種類がある。(一)丸山の生前に刊行された作品、(二)丸山の生前には刊行されなかった自筆原稿、(三)丸山の生前には刊行されなかった、他者筆記の講演・対談・座談記録。この三種類ごとに、それぞれ次のような方針で校訂した。

(一)　丸山の生前に刊行された作品は、印刷に付されたものを底本とした。原則として字体・仮名遣い・引用符以外は底本どおりとし、自筆原稿等が残されている場合は、それと校合した。

（二）　丸山の生前には刊行されなかった自筆原稿を底本とする作品は、原則として字体・仮名遣い・引用符以外は底本どおりとした。

（三）　丸山の生前には刊行されなかった、他者筆記の講演・対談・座談記録を底本とする作品は、自筆原稿等が残されている部分は両者を組み合わせて本文を作成した場合がある。自筆原稿をそのまま生かした部分を含めて、適宜漢字をひらがなに、ひらがなを漢字に改めた。その場合、作品ごとの統一を原則とした。他者筆記の原稿に限り、読みやすさを考慮して、まれに文言を削除した場合がある。

一　本文は原則として新字体・通用している字体・新仮名遣いで統一した。

一　難読と思われる漢字には、振り仮名を〔　〕(亀甲括弧)内に適宜付した。その際各作品の初出に付すことを原則とした。底本・引用文原典中の振り仮名は原文どおりを原則とした。

一　句読点は原則として底本を元にしたが、読みやすさを考慮して加除・変更した場合がある。

一　拗音・促音の小書きは編者の判断で整えた場合がある。

一　明らかな誤りは断りなく直した場合がある。

一　年号の表記法は、作品ごとに統一した。

一　読みやすさを考慮して適宜改行を施した。

一　本文中の文字の空白箇所は、□□で表示した。ルビで〔空白〕と示したほか、内容が推定しうる場合は、適宜〔　〕で補った。

一　引用文は丸山が参照したことが明らかな文献はそれにもとづいて、それ以外は丸山が参照したと思われる文献で校訂した。新字体・通用している字体で統一したが、仮名遣いは原典どおりとし、丸山が付したもの以外の圏点・傍点等は省略した。

一　長い引用文は原則として改行し、「　」に入れ、二字下げにした。引用と思われる短い言葉は、編者の判断で「　」に入れた場合がある。

一　書名・史料名等には断りなく引用符(「　」『　』など)を付した。欧文書名はイタリックとした。

一　本文中［　］(ブラケット)で表示したものは、丸山が原稿の欄外に記入した注記や補足等である。

一　本文中〔　〕(亀甲括弧)で表示したものは、本巻編集にあたって編者が付した注記である。

一　本巻収録の文章中、時に今日の人権意識等に照らして不適切な表現がみられるが、原文のもつ歴史性を考慮してそのままとした。

目　次

一九六〇年

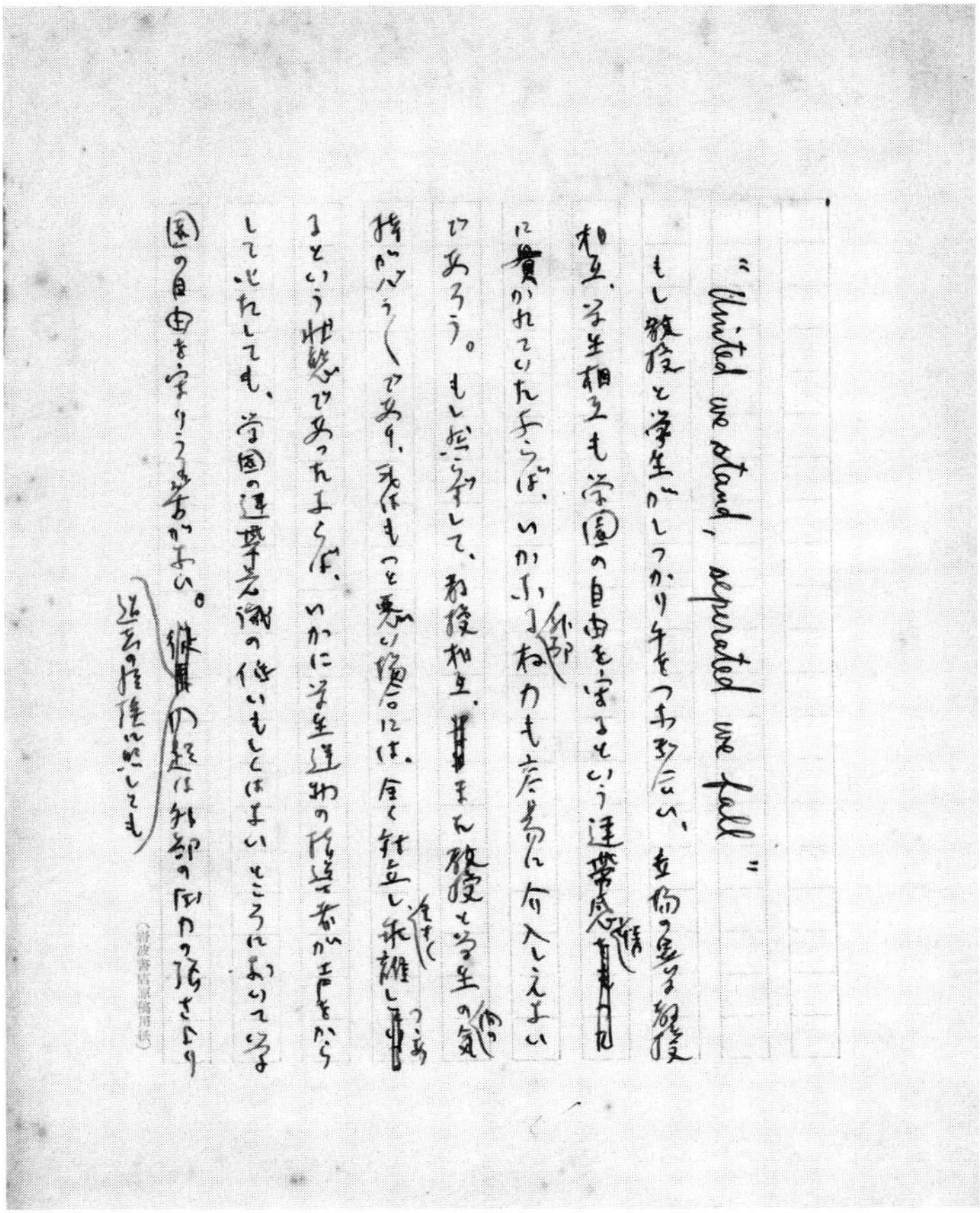

"United we stand, separated we fall"
もし教授と学生がしっかり手をつないで、
相互、学生相互も学園の自由を守るという連帯感情
に貫かれていたならば、いかなる外部の力も容易に介入しえない
であろう。もし然らずして、教授相互、また教授と学生の気
持がバラバラであり、もっと悪い場合には、全く対立し乖離している
という状態であったならば、いかに学生運動の指導者が正しい
したとしても、学園の運営者の態度いかんによって学
園の自由を守りうる筈がない。

「レッドパージ反対集会での発言」より

1950

近代的ナショナリストとしての福沢先生

私は福沢先生に関する専門の研究家ではありません。ただ明治以後の政治思想上に関し特に注意を払っております関係上、そういう勉強をやっている一人であります。でありますから、福沢先生の思想というものについて専門的に論ずるのではありません。題名の「近代的ナショナリストとしての福沢先生」ということについてしばらくお話し申し上げます。今日、〔福沢先生の〕きわめて多面的な思想のうち、ナショナリストの一面をなぜ取り上げたかということは、私の最後の話でよくおわかりになるだろうと思います。アジア世界におけるナショナリズムの特徴ということをきわめて簡単に問題として提供したいと思います。

ナショナリズムという言葉は実に訳し難い言葉であります。ただいま田畑〔忍。憲法学者〕先生が国家主義というふうにいわれました〔編者注①〕。国家主義も一つのナショナリズムであります。あるいは民族主義。ナショナリズムという言葉は暗黒の面と光明の面、いわば両刃の刃といえるのであります。私が近代的ナショナリズム、近代的という形容詞を使うゆえんはここにあります。近代民族国家の勃興期において近代民族国家を支えるところの、推進させるところのもっとも健康な精神としてのナショナリズムというものを問題にするのであります。この近代民族国家の最大的〔の〕精神的支柱であるナショナリズム。ヨーロッパにおきましてはご承知のように、一五、六世紀中世のカトリック社会の解体により、ローマ教王〔会カ〕、ローマ帝国という二つの単一の秩序を〔が〕形成されておったところが、ルネッサンス、宗教の改革により普遍的な中世秩序が解体しまして、今日のような民族を単位とする絶対主義国家というものが近世のはじめに形成された。これがいわゆるナショナリズムとしての思想の誕生する出発的〔点〕となったのであります。

ヨーロッパにおけるナショナリズムというものには、一つの大きな共通性がある。つまり欧州民族国家というものを調整〔統合〕している精神的な伝統〔と〕、ヨーロッパに〔各国が〕ほぼ近い〔範囲にある〕ヨーロッパという一つの統一地帯、このほぼ近いという意識とが今日まで区々に残っております。いわゆるキリスト教的ヨーロッパ全体の共同体をなしている、その共同体のなかで各民族の国家が構成をなし民族国家を意識し合う。こういう形態をとってナショナリズムは発展してきたわけでありまして、元来一つの世界であったものが分裂して幾多の国家が生まれてお互いに意識し合う、こういう民族意識がヨーロッパに生まれてきたわけであります。

ところが、アジアにおけるナショナリズムの特徴というものはこれとは非常に違っているのであります。元来一つの世界が分裂してそのなかでお互いに構成を意識し合うということでなく、ここでは外から迫ってくる力、外からの国際社会に引き入れることに対する抵抗、ここに非常な〔に〕素朴な形でナショナリズムが発生した。つまり世界のなかにおける自分、世界における自国というものを意識するのではなくして、むしろ世界のなかに引き入れる外からの力に対するセクショナル的なナショナリズムの素朴な感じ《〔感情カ〕》が起こってきた。これはアジアにおける共通の特色であって、外国勢力のなかに引き入れる、いわゆる国際社会のなかに引き入れる、こういうことに対するセクショナル〔的なナショナリズム〕というものは、ご承知のように幕末の攘夷論という形をとってあらわれた。ここにヨーロッパで見られないナショナリズムの特徴と、そこにおいていろいろな困難というものがおのずからまつわってくる。このアジアにおける近代国家観を理解しないでは、日本や中国のいろいろの主張というものの十分な理解は可能でない。

つまり、まず第一はインターナショナリズム〔とナショナリズム〕の調和性。ヨーロッパにおいても《〔は〕》一つの秩序があって民族国家が形成されている、一つの世界の分裂からできているのである。そこにおいて自分というもの、自国というものを意識する、こういう過程をとるわけであります。〔アジアにおいては〕インターナショナリズム〔とナショナリズム〕の調和はきわめて困難である。ナショナリズムがしばしば孤立化、排外主義となってあらわれるわけであります。特にこれは旧来、今までのアジア〔各〕国を支配していたところの支配層のなかにまずあらわれてくる。

幕末における攘夷論は庶民《〔支配階級〕》の間から生まれてきたものであって、非常に素朴な形でナショナリズムの端緒的な形態であるということがいえる。これはいわば島国の孤立意識で、けっしてこれを近代的〔な〕国民的自覚というものと同視してはいけない。つまり世界に引き入れることに対する旧来の世界を守ろうとする、国際社会に引き入れることに対する引き入れ〔られ〕まいとする一つの抵抗、こういう形を攘夷論というものがとるわけであります。つまり輸出《〔異質〕》的な外来に対して本能的な自己防衛というものがここに起こる。そこでこういう感情的な、主として今までの古い世界観がゆらぐことに最大の脅威を感ずるところの、その当時の支配階級によってこういう感情が担われ、またリードされるということになる。

つまりそういった攘夷論、外国勢力が入ってくることによって、外国勢力に直面することによって一つの封建的な旧秩序が脅威され、古い社会が解体されることによって自分の支配的な特権というものが動揺する。これを防衛しようとする本能、これがまず攘夷論の形となってあらわれてくるわけで、したがってこれは、けっして一般民衆の受胎《〔主体〕》的能動的な感じ《〔関心〕》によって担われたものではない。一般民衆に支えられた愛国心といったものとは非常に質が違ってくるということがまず理解されるのであります。つまり新しく迫ってくる外国勢力に対して古い世界を守ろうとするわけで、守ろうとする古い世界の構造が身分的に地域的に分裂して、きわめて厳重な身分的な秩序ができてお互いに隔離されている。そこでこういう身分的な分裂により、古い世界が対外防衛能力をもたないということになる。

もう一つは、外から迫ってくるところの新しい勢力、けっしてたんに新しいというだけでなく、それはまさに産業革命〔を経過した〕高度の技術文明、高度の近代文明が現実に迫ってくる。新しい力が今の古い世界に圧倒的に迫ってくる。経済的軍事的技術的あらゆる意味で、両世界の力関係が圧倒的にアンバランスであった。つまり今までの古い世界、日本・中国の古い勢力を防衛するためには、古い世界を変革しなければ自己防衛ができない。つまり新しい世界、ヨーロッパ世界からの脅威を取り除くためには、ヨーロッパ世界の形式を取り入れなければならない矛盾に立たされるわけであります。これが〔アジアにおける〕ナショナリズム〔の〕共通の特色である。

こういう困難ななかに福沢諭吉という非常に偉大な思想家があらわれ、そして日本の近代的ナショナリズムの〔最初の〕担い手、〔そして〕ある意味では最後の担い手となったということ、これをわれわれは忘れ〔て〕はなりません。福沢諭吉先生が日本の近代的なナショナリズムをメイローケイシキ《明瞭に定式カ》化した最初である。維新前後、思想啓蒙《啓蒙思想》家は輩出しましたが、福沢先生ほど日本の国民的独立という命題に自覚的に終始した思想家はなかったといわれていることであります。どんな微細なヨーロッパ文明をも消化している。幕末以来、国際的重圧から日本を救い、ヨーロッパ諸国に拮抗するだけの高い地位をもった近代的国家にしたい、こういう目標に作り上げてゆく、しかも合《方》法的に一貫してほとんど執拗なまでに命題を繰り返していくという点で、他の思想家に類を見ないといってもいい。のみならず、福沢先生はヨーロッパ世界と日本というものを直接に対決させたわけではなく、何よりもまずヨーロッパ的な進歩に対する東洋的な形態《停滞》、ヨーロッパ社会のめざましい進歩、つまり日本を近代化するということは《と》東洋全体の近代化をするということを不可分に考える。東洋世界の近代化を日本を《が》度外視して日本の独立問題は考えられない、こういう考え方。東洋世界がヨーロッパ世界の植民地的な位置に陥り、また植民地的な隷従の地位に陥って、この状態を打破することなくしては〔日本〕国家の究極の安全と独立はありえないということ。また逆に、日本が近代国家として形成〔され〕健全に発達していくことなくしては東洋諸民族の解放はありえない、東洋諸民族をヨーロッパ帝国主義から解放する方法はない。こういう二つの命題が一つになる。これが他の思想家に比してもっとも先生の特色の〔ある〕ゆえんであります。

1950

「東洋の国々及び大洋州諸島の有様は如何《〔いか〕》ん、欧人の触るゝ処にてよく其《〔その〕》本国の権義と利益とを全ふして真の独立を保つものありや「ペルシヤ」は如何ん、印度は如何ん、暹邏《〔シャム〕》は如何ん、呂宋《〔ルソン〕》呱哇《〔ジャワ〕》は如何ん……支那の如きは国土も洪大なれば未だ其内地に入込むを得ずして欧人の跡は唯海岸にのみありと雖《〔いえ〕》ども今後の成行を推察すれば支那帝国も正に欧人の田園たるに過ぎず《〔編者注②〕》」〔福沢諭吉『文明論之概略』一八七四年(岩波文庫、一九三一年、二二四頁)〕

ヨーロッパ世界から東洋世界を守るために、東洋世界における古い秩序を打破しなければならない。新しい世界に対して自己防衛のため、新しい原理を入れなければ〔なら〕ない。先生は国内の封建的な抑圧の打破ということと国際的な隷従関係の打破、これは二つの問題でなく一つの問題である〔として〕、国内の解放、国際的な独立ということを一本の線で結んでいる。これが古典的なナショナリズムをして《〔の定式者として〕》福沢先生を特色づけるゆえんであると思います。

「西洋諸国の人が東洋に来て支那其外の国々に対する交際の風を察するに其権力を擅《〔ほしいまま〕》にする趣は封建時代の武士が平民に対するものと稍《〔や〕》や相似たるが如し東洋の諸港に出入する軍艦は即ち彼れが腰間の秋水にして西洋諸国互に利害を共にして東洋の諸国を圧制するは武家一般の腕力を以て平民社会を威伏する者に異ならず」〔福沢諭吉「条約改正」一八八二年(『続福沢全集』第一巻、岩波書店、一九三三年、八―九頁)〕

これは、私はたんなるヤユ《〔比喩〕》ではないと思う。国内の解放、国際的な独立というものが、これは二つの問題でなくして一つの問題であるということが理解できると思うのであります。このように福沢の思想の主導動機は一生を通じて変わらないものがあったが、彼のナショナリズムがもっとも古典的な均衡性を保った時期は、ほぼ慶応二年末頃から明治八年(『文明論之概略』を著した時期)頃までである。

ところが、さらにまたここに非常に困難な問題が起こってくる。それはアジアにおきましては元来、一つの世界のなかで自国の独立性を意識するという形をとらない。一方において封建的な階級によって担われる攘夷論というきわめて猛烈な主張となって国内であえぐ。そこでまず第一に、封建的な攘夷論、島国根性というものの打破ということが第一の課題となってくる。これはどういうことかというと、世界のなかにおける日本、世界の外における日本でなくして世界のなかにおける日本ということを自覚する、こういう過程をとらないナショナリズムということ《もの》は猛烈な排外主義〔になる〕。〔そうした〕島国根性から〔脱却し〕世界のなかにおける日本の《という》意識を植え付けなければならない。そういう過程を経ないでは本当のナショナリズム、本当の愛国心が出てこない。そこで第一に、世界のなかの日本という意識を植え付けるということは当然である。

福沢先生のいう意味では、インターナショナリズムの傾向が強くておびて《ママ》いる。国内に盛り上がる盲目的な攘夷論、この盲目的な攘夷論を打破することがいわゆる開国論となった。福沢先生が開国論というものを、近代的ナショナリズムの成立を前提として開国論をとりあげるという一つの自覚をもっておられるということは、たとえば慶応二年に島津祐太郎〔豊前中津藩士〕宛の書簡に、こういうふうにいわれている。

「人は旅行して初て自分の生国を他国と比較し随て人の欲にて本国の事を自慢する心も生ずるものなり今の日本人も欧羅巴《ヨーロッパ》辺に旅をさしてヨク〳〵諸外国と我本国とを見較べなば日本国の威を落さず世界中に対して

外聞を張るの本趣意を解す可き乎」〔福沢諭吉「或云随筆」(『続福沢全集』第七巻、岩波書店、一九三四年、四八頁)〕

つまり、人々は他国に旅行して自分の生まれた国と比較してみてはじめて、そこに本当の自分の国に対する自覚というものが生まれてくる。つまり自分が世界中心《〔のなかに〕》であるという自覚を与え、今までの自国中心を打破させることなくしては、本当の近代的愛国心というものが生まれてこない。世界のなかにあるという自覚をしなければならないという論理が、はっきり浮かび出てくるわけであります。こういうふうに維新前から福沢先生の近代的なナショナリズムというものは、理論的には形成しておらなかったが、内部的には形成しておったのであります。

維新前後のめまぐるしい変化は、ご承知のように廃藩置県あるいは身分的な制度の解放、エタ《〔穢多〕》〔非〕人の解放、廃刀令などは、近代的なナショナリズムを形成させる客観的な条件となったわけであります。こうした変革をしなければ国際社会においてとうてい日本の独立を保ちえない。〔そのことがいかに〕明治維新後におけるめまぐるしい変革を遂行させる一つの大きな心理的な推進力になっていたかということは詳しく申しませんが、非常に我〔々〕の想像以上のものがあるのであります。そういう具体的な傾向というものは、明治維新以後における、とにかくあの当時においてはわが国は未曾有の変化といわれた改革を遂行した。〔それは〕福沢先生をして近代的ナショナリズムの理論的形成をさせる一つの社会的基盤であったということができるのであります。

他方、ここにおいて非常に福沢先生の典型的なバランスのとれたナショナリズムの理論が形成されたということは、明治維新直後におけるいわば思想的な真空ということを考えなければならない。古い世界を根本的に変革しなければ、国際社会における日本の独立は確保してゆけない。日本の独立を国際社会に確保するため〔に変革は〕しょうがない。ナショナリズムはあたかも今日考えられない不公平な日本国内態勢《〔体制カ〕》の変化を期さなければ、日本が独立できない。こういう可能性の幅が明治二〇〔一八八七〕年以後においては狭くなかった《〔なった〕》。明治初期におきましてはその可能性の幅が狭く《〔広〕》、日本がどのようにも変化できるよう、そこに真空状態というものがあった、〔その〕当時バランスのとれた先生の理論というものが形成されなか《〔た〕》った。こう思うのであります。

こういう現実な《〔の〕》情勢を背景にしまして、福沢先生は理論的ナショナリズムを形式化《〔定〕》された。先生はナショナリズムの基礎、ナショナリズムの国民的特性ということが《〔を〕》国体ということで表現されております。国体とは何か。民族が相集まって独立国家を形成し外国の支配を受けない、外人に政権を奪われないということであって、先生の〔言う〕国体を維持するということは、皇統〔が〕連綿として続くことでもなければ、政治様式でもなければ、言語、宗教が当《〔変わカ〕》らないという意味でもなかった。「国体を保つとは自国の政権を失はざることなり」〔『文明論之概略』三八頁〕。つまりわが国は古今以来金甌無欠《〔きんおうむけつ〕》、皇統連綿として「開闢《〔かいびゃく〕》以来〔……〕外人に政権を奪はれたことな」く外人の支配を受けない〔三八頁〕、〔そこに〕金甌無欠の国体というゆえんがある。自国の政権に他国のコントロールを受けると国体の断絶ということになり、先生は全日本人は死力をつくして他国人よりの侵害から守ることを強調された。当時《〔古来カ〕》、政権は王政から武家政治へとしばしば移動され《〔し〕》たが、それは国内の移動であった。しかし政権が日本を去ることは王室より政権が去るということよりはるかに重大である。王室を去ることはまた復帰する機会もあります。しかし、日本国を去ったところの政権は永久に日本国に帰ってこない。こういうことがあってはならないということが、福沢先生の脳裏を去らない問題であった。

1950

先生は東洋諸国の近代化は、日本を含めて自力で近代化を行わなければならない、自力で封建思想を打破して自分の力で東洋の近代化を遂行しなければ外国人によって遂行されることになると、強く主張されたのであります。

「今我日本の諸港に西洋各国の船艦を泊し陸上には洪大なる商館を建て其有様は殆《ほとん》ど西洋諸国の港に異ならず……事理に暗き愚人は此盛なる有様を目撃して……我貿易の日に盛にして我文明の月に進むは諸港の有様を一見して知る可しなどとて得色を為す者なきに非ず大なる誤解ならずや外国人は皇国に輻湊《ふくそう》したるに非ず其皇国の茶と絹糸とに輻湊したるなり諸港の盛なるは文明の物に相違なしと雖ども港の船は外国の船なり陸の商館は外国人の住居なり我独立文明には少しも関係するものに非ず……我日本は文明の生国に非ずして其寄留地と云ふ可きのみ」〔『文明論之概略』二三二―二三三頁〕

「内に居て独立の地位を得ざる者は外に在て外国人に接するときも亦《また》独立の権義を伸ること能《あた》はず」〔福沢諭吉『学問のすゝめ』三編、一八七三年(『福沢撰集』岩波文庫、一九二八年、八五頁)〕

「凡《およ》そ国民たる者は一人の身にして二箇条の勤あり其一の勤は政府の下に立つ一人の民たる所にてこれを論ず即ち客の積りなり其二の勤は国中の人民申合せて一国と名づくる会社を結び社の法を立てゝこれを施し行ふことなり即ち主人の積りなり」〔編者注③〕〔『学問のすゝめ』七編、一八七四年(『福沢撰集』一九二八年、一一一頁)〕

そこにおいてはじめて政府に対する依頼心〔独立カ〕が生じ、政治権力に対する人民の政府である、われわれの政府でありわれわれの会社であるという自覚を植え付けるためには、こういう言葉を使わなければならないのであります。

従来国家権力に依存していた人民を人民主権国の状態に引き上げるためには、先生は封建的な卑屈な権力〔への依存〕に対して抗争したわけであります。したがって今日においては、こういう封建的な抑圧に対する個人の自由を解放するということは〔が〕当然問題になってくるのがめやす〔日安〕のおき場で、ここにナショナリズムというものと国民主義、個人主義と矛盾しない一本の線に繋〔がれ〕ぎ、インターナショナリズムは〔も〕矛盾しない同じ一つのキイで繋がれるわけであります。つまり個人と国家、国際社会というこの三つは一つの同じ原理の関係にある。〔編者注④〕

しかしながらもし福沢がたんに、個人の法の前の平等とのアナロジーにおいて国家の規範的平等を説き、国際間における道理の支配を説くだけにとどまったならば、先生の基本的なものの考えは、いわゆる啓蒙的思想風〔自然法カ〕を一歩も出ない、先生のナショナリズムというものは結局近代国家観、物質的な考え方に過ぎない、特に日本の状況に相応した具体性をもたないということになる。ところが先生は明治八年、『文明論之概略』においてこういう考え方から一歩抜け出し、つまり国際的関係については融通〔予定〕調和的な楽観論を排して明白に国家理性の独自性、国家の政治的実践〔実存カ〕の決定という問題に着目している。

「或る学者の説に云〔いわ〕く各国交際は天地の公道に基きたるものなり必ずしも相害するの趣意に非ざれば自由に貿易し、自由に往来し、唯天然に任す可〔べ〕きのみ……今日既に諸外国と和交する上は飽まで誠意を尽して其交誼を全ふす可きなり毫〔ごう〕も疑念を抱く可らずと此説真に然り一人と一人との私交に於ては真に斯の如くなる可しと雖ども各国の交際と人々の私交とは全く趣を異にするものなり」〔『文明論之概略』二二五―二二六頁〕

「報国心は一人の身に私するに非ざれども一国に私するの心なり即ち此地球を幾個に区分して其区内に党与を結び其党与の便利を謀て自から私する偏頗の心なり……此一段に至て一視同仁四海兄弟の大義と報国尽忠建国独立の大義とは互に相戻て相容れざるを覚るなり」〔二一二頁〕

かかる抽象〔マヽ〕的な世界状況の現実の真っ只中において日本の独立を確保してゆく。好むと好まざるはわれわれの感情である。こういうことを非常に痛切にいわれている。先生の国際関係論、国際関係における権力政治的モメントの強調は明治一一年の『通俗国権論』において一段と飛躍し、「百巻の万国公法は数門の大砲に若〔し〕かず幾冊の和親条約は一筺〔きょう〕の弾薬に若かず」〔『福沢全集』第五巻、国民図書、一九二六年、一一九頁〕、我国の外交上の不利を除くため条約の改正を強調され、条約は一片の紙きれであるといわれている。

福沢先生が「唐人往来」〔慶応元年〕の〔万国〕公民〔法〕思想論で同等の地位を強調し〔ているが、そうした「初期の道理の支配の主張」としての〕〔先生カ〕我国の〔万国〕公法思想はまさに一八〇度の大転換を遂げたかのように見える。国際社会における〔おいて〕日本国家を存立させてゆかなければならない。こういうことは明治一四、五〔マヽ〕年の日清戦争にいたる間に強調されてきた。かかる国権論が福沢先生のコテン〔古典〕的なバランスのとれたナショナリズムは〔を〕どの程度イデオロギー化したか。私の強調したいのは、こういう国権論が福沢先生の大陸発展〔論〕、中国および朝鮮に対する一貫した非常に強硬な態度、こういうものが後々の日本の国際的な発展の仕方、あるいは超ナショナリズムというものといったいどこが違うかということを理解しな〔け〕れば、福沢先生の国権論の全体が理解できない。

まず根本的な違いは、東洋世界に対する政策の根本〔として〕に近代化を不可能〔欠カ〕〔なものと〕にした。福沢先生の命題である東洋世界の近代化というものは不可能《〔欠カ〕》の存在であった。東洋の近代化は東洋人みずからの手で行われなければヨーロッパ世界により近代化されるということになる。そこにおいてヨーロッパの技術文化も入ってくれば東洋世界は植民地になるという、こういう状態を打破してみずからの手で近代化するよりほかない。ナンシンセイフ《〔満清政府〕》は幕府にも増した猛烈な排外主義、孤立主義で固まっていて一切近代化を寄せつけない。このナンシン《〔満清〕》政府というものが現存するかぎり東洋の近代化は望めない。ナンシン《〔満清〕》政府を打倒することなくして東洋世界は近代化されない、東洋世界を開放《〔解〕》して立派な国家群にするということはできない。そのために先生は中国および朝鮮に対して非常に強硬論をとった。このことを忘れてはならない。そこに東洋世界〔の〕近代化の根本問題があったということであります。そこにおいて先生の大陸膨張論は帝国主義的な膨張ではなかったのです。

日本が東洋世界で一応立派な独立国となった以上は、自分の国だけを思ってはならない。東洋のインド、支那、朝鮮、あるいは植民地的な諸国にもおよぼして日本を立派な独立国に仕立てるとともにアジア諸国の近代的改革を施して、アジア諸国が連繫してヨーロッパ帝国主義勢力より守ってゆこうというのが先生の究極の目的である。この点において後の日本帝国主義的な超ナショナリズムと違うのであります。

つぎに違う点は、大陸に対する積極政策、国家《〔権カ〕》論を強調している間にも国内を近代化することをまったく放《ほう》擲《てき》したのではないか《〔ママ〕》ということ。いわゆる明治一五年一二月七日から一二日にわたって『時事新報』に「東洋の政略果して如何」(『福沢全集』第八巻、国民図書、一九二六年、四一八―四三九頁)という有名な論文を掲載している。ここにおいて先生は官民調和の必要を力説せられ、内にあっては民権伸張を主張し、外に対して軍備を拡充して国権の伸張を主張された。こう〔した〕主張は門《〔藩〕》閥政府のイデオロギー《〔イデオローグ〕》に利用されることを予想して、〔先生は〕門《〔藩〕》閥政権を擁護するところのものと自分の説とが根本において違うことも主張されています。先生は国内の近代化は移し入れられるところはそれをますます進めないでは、東洋の啓蒙といった大きな仕事はとてもできないということを考えられた。国内近代化と国権伸張は並行して問題になっていたのであります。

先生の国権拡張論は文明の進歩という部門《〔最高理念〕》に制限されておりました。《〔編者注⑤〕》国権拡張に対して先生は、大陸に対する帝国主義的な発展を肯定するにいたったかのような言辞に触れた際においても、先生はいっこう反動の排外主義に《〔ママ〕》は肯定しなかったのであります。先生の国権論というものは、いわゆる玄洋社的な国権論とは根本を分かつ点で《〔が〕》あると考えられる。明治一四年の政変を契機に政府は民権運動を弾圧するため教育方針を一変し、反動的な教育を行った。このときの先生の怒りは大変なものでありました。

「何者の孺子《じゅし》か敢て小策を弄して開進々歩の大勢に抗せんとするや恰《あたか》も是れ座中の酔客が剣舞以て人を嚇《おど》さんとするに等しく恐るゝに足らず唯憫笑《びんしょう》す可きのみ」〔福沢諭吉「維新以来政界の大勢」一八九四年〔『福沢全集』第八巻、三五四頁〕〕

先生は官民調和を説き大陸発展を説く真っ只中において、こういうことをいっておられることを忘れてはならない。また軍備拡張ということを唱えたことはもちろんありますが、先生の国権拡張の根本の考え方は、いわゆる武を優位《〔編者注⑥〕》にすることにあったことは疑いを容れない。同時に先生の一番恐れられたのは武断政治の到来でありました。先生は国権論とともに分権《〔文カ〕》ということも考えられていたことを、われわれは忘れてはならない。したがって国力の発展についても、すべてにバランスのとれた発展でなければならない。軍備だけが異常な発展をなし、経済など各種のものが相伴わな《な》ければならない《い》《カ》不均衡な発展をもっとも心配しておられたのであります。

「一種の憂国者は……外国交際の困難を見て其源因を唯兵力の不足に帰し我に兵備をさへ盛にすれば対立の勢を得べしとて……英に千艘の軍艦あり我にも千艘の軍艦あれば必ず之に対敵す可きものと思ふが如し必竟《ひっきょう》事物の割合を知らざる者の考なり英に千艘の軍艦あるは唯軍艦のみ千艘を所持するに非ず、千の軍艦あれば万の商売船もあらん、万の商売船あれば十万人の航海者もあらん、航海者を作るには学問もなかる可らず、学者も多く商人も多く法律も整ひ商売も繁昌し人間交際の事物具足して恰も千艘の軍艦に相応す可き有様に至て始て千艘の軍艦ある可きなり……割合に適せざれば利器も用を為さず譬《たと》へば裏表に戸締りもなくして家内狼藉なる其家の門前に二十「インチ」の大砲一坐を備るも盗賊の防禦に適す可らざるが如し武力偏重なる国に於ては動《やや》もすれば前後の勘弁もなくして妄《みだり》に兵備に銭を費し借金のために自から国を倒すものなきに非ず……故に今の外国交際は兵力を足して以て維持す可きものに非ざるなり」〔『文明論之概略』二二八―二二九頁〕

ちょうど一八八〇年来《代カ》、世界はいわゆる帝国主義段階に入りました。アメリカ《ヨーロッパ列強》が中国に向かって帝国主義の鋒先を集中した。こういう時代において日本の独立を確保してゆくということは非常に困難な状況にありまして、福沢先生はしばしば国際関係において行過ぎる言辞を弄したということは事実であります。この意味というものを、われわれはよく理解しなければならない。今まで申しました超ナショナリズムというものとは非常に違うのであります。先生が中国分割論を唱えたことはもっとも極端な根本の原則を逸脱する〔ものであった〕ということが、先生のものの考え方が、後のいわゆる東亜新秩序に移行した時代と非常に違う点が《で》あります。現実意識《認カ》の問題と彼自身の価値判断とを絶えず区別している。いいかえれば、戦争は国家間の抗争で権謀術策、権力の闘争である。正義という言葉はあくまで高遠な理想である。後の〔時代の〕新しい大東亜新秩序、世界平和のため〔という言葉は〕、実は日本帝国主義の進出を美化する権謀術策であってやむをえないことであった。〔編者注⑦〕

われわれは戦争から学ぶべき二つの問題の危険にさらされる。一つは、たんに抽象的なナショナリズム《オプティミズムカ》。これはチャンピオン《お坊ちゃん》的な議論で、それ自身は立派な現実に根を下し《さずカ》、美しい夢のように語っている。他の一つは、苛烈な国際的な政治的対立〔編者注⑧〕〔を認識する具体的ペシミズム〕。他の抽象的なナショナリズム《オプティミズムカ》に比し反対的な〔立場で〕、ファシズム勢力との闘争で、国際正義とか平和の〔理想は権謀術策の〕仮面に過ぎない〔とする〕。

「独立の気力なき者は国を思ふこと深切ならず……人々この独立の心なくして唯他人の力に依りすがらんとのみせば全国の人は皆依りすがる人のみにてこれを引受る者はなかる可し……此国の人民、主客の二様に分れ主人たる者は……よきやうに国を支配し其余の者は悉皆《しっかい》何も知らざる客分なり既に客分とあれば固《もと》より心配も少なく唯主人にのみ依りすがりて……国を患《うれ》ふることも主人の如くならざるは必然、実に水くさき有様なり国内の事なれば兎《と》も角もなれども一旦外国と戦争などの事あらば其不都合なること思ひ見る可し……外国に対して我国を守らんには自由独立の気風を全国に充満せしめ国中の人々貴賤上下の別なく其国を自分の身の上に引受け智者も愚者も目くらも目あきも各其国人たるの分を尽《つく》さざる可らず〔編者注⑨〕」〔『学問のすゝめ』三編、

〔八五—八六頁〕

編者注

①本講演の前に行われた田畑忍の講演「福沢先生と戦争及び革命」の内容を受けているのであろう。田畑がこの講演をもとに執筆したと考えられる「福沢先生の戦争及び革命観」(『史学』第二四巻第二・三合併号、一九五〇年)では、福沢を「ブルジョア的国家主義者」と規定している(一〇七頁)。

②この引用文は、講演記録では「中国分割予言について約五行」とされている。

③この引用文は、講演記録では「外国人による東洋の近代化、自主独立意識の薄弱による外国勢力の圧迫、国家を会社に例う約一〇行」とされている。

④この部分に関連する自筆原稿(資料番号 402-2-1)には、三者の対応関係を示す次の書き入れがある。

「自由主義——国家主義——国際主義

個人の解放　国民的統一と独立　個人の自由平等の原理の国際間へのてきよう《適用》」

⑤この部分の自筆原稿(資料番号 405-8)は次のとおり。

「福沢の国権拡張はつねに文明の進歩——近代化——という最高理念に制約されていたから、それがもっとも高潮に達して、ほとんど大陸への帝国主義的発展をも肯定するまでにいたった際においても、復古反動の排外主義とはけっして合一化せず、いな峻烈にこれと闘争しつつ進歩——市民的開化——への讃歌を一瞬たりとも止めなかった。これが彼の国権論と、玄洋社的国権論を根本的に分かつ点であり、したがってまた最近の大東亜新秩序論とまったく歴史的性格を異にするゆえんであった」

⑥この「武を優位」という部分は、「文を優位」の誤記と思われる。山吉紙業納原稿用紙の福沢諭吉論断片・福沢諭吉著作抜書群の一葉(資料番号 450-8)に、丸山は次の福沢の文を抜粋し、欄外に「文の優位」と記している。

「啻《ただ》に朝鮮の独立をして堅固ならしむるのみならず尚ほ進んで支那の本国に及ぼし其頑陋《がんろう》を解き其迷夢を醒まし周公孔

子の子孫を征伐して其心事を一変せしめ共に文明の賜を与にして東洋全面の面目を改めんこと我輩の素志にして又前途の望みなきに非ず蓋《けだ》し人の常談に国威を海外に耀《かがや》かすと云へば唯兵馬の遠略のみに解する者多しと雖も国威の耀やく単に兵力政略のみに依頼す可らず学問上の力を以て人心の内を制すること亦甚だ大切なり……我輩の素志は文権を拡張して文威を海外に耀かすに在り」(福沢諭吉「牛場君朝鮮に行く」一八八三年(『福沢全集』第八巻、四五〇頁)

⑦この一節は意味がとりにくいため、自筆原稿(資料番号 405-6-3)の対応する部分を紹介する。

「いいかえれば福沢は、国際間のそうした対立抗争ないしは権謀術策の現実をいささかも価値的に肯定し美化したり、ないしはその上に居すわろうとしなかった。かえって自由と博愛はどこまでも「正道」であり、権力と抗争はどこまでも「権道」であったし、世界主義はあくまで高まいな理想であり、愛国心や国家的独立は、ひっきょう集団的エゴイズム(一国に私するの心、偏パ心)にほかならなかったのである」

⑧この部分は、自筆原稿(資料番号 405-6-3)では次のように整理されている。

「お坊ちゃん的理想主義　抽象的オプティミズム——アイディアリズム—→歴史感覚がなく、現実に根を下ろさない。世故にたけた苦労人　具体的ペシミズム——リアリズム—→悪しき現実の認識がその肯定あるいはあきらめになってしまう」

⑨この引用文は、講演記録では「以下終わりまで国家の独立と個人の自由について先生の考え方約一五行」とされている。

レッドパージ反対集会での発言

United we stand, seperated we fall.（合すれば立ち、分るれば倒る）

昨日の法〔学部〕学生大会〔一九五〇年一〇月四日〕のスト否決は、まさに、学校側との対立においてでなく、一致において強力に大学を守り立てて行く意思の表明と私は解する。いいかえれば、それはわれわれ法学部教授・助教授に対する諸君の絶大な信頼の表示だ。それだけにわれわれは一層この問題に正しく対処する責任の重大さ、を感じなければならない。学生諸君に対して rule of law〔法の支配〕の原理を説くものが、内閣其他《そのた》いかなる国家機関であれ、rule of law を侵犯するのをただ徒《いたず》らに黙過していたら、われわれは何の顔あって、真理の忠実な探究者、恐れるところなき真理の追究者として諸君にまみえる事が出来よう。われわれがもし行き足りなかったら、諸君の指導者の行きすぎを責める資格はなくなる。

“United we stand, seperated we fall”

もし教授と学生がしっかり手をつなぎ合い、立場の異る教授相互、学生相互も学園の自由を守るという連帯感情に貫かれていたならば、いかなる外部権力も容易に介入しえないであろう。もし然らずして、教授相互、また教授と学生の間の気持がバラバラであり、或はもっと悪い場合には、全て対立し、ますます乖離しつつあるという状態であったならば、いかに学生運動の指導者が声をからして叱〔咤〕たしても、学園の連帯意識の低い、もしくはないところにおいて学園の自由を守りうる筈がない。過去の経験に照しても、問題は外部の圧力の強さよりもつねにより多く内部の精神的一致団結にある。ところが全学連〔全日本学生自治会総連合〕(学生自治会中央委員会)の今度の問題に対するはじめからのやり方は、教授と学生の一体化を実質的には全く始めから不可能にするような闘争方法をとって来ている。むろんビラ其他で抽象的に教授に対するよびかけはしている様だ。しかし、学校の試験をボイコットするとか、最初から無届違法デモを決行するという様なやり方ですでに、いいかえれば最初から学校側の立前として到底それは結構であるといえない事が常識上分っているようなやり方を学生指導者側だけで一方的に進めながら、教授諸先生一緒にやりましょうというのはナンセンスに近い。従ってこういう指導者たちの考え方は、次のいずれかと解する外ない。

一、はじめから多数教授との協調をあきらめて、学生側だけの横の団結によって闘争して行こうというのか。それなら、まず教授側の参加なしに教授の地位を擁護しようという運動が成功するというパースペクティヴがおかしい。

しかも問題は教授の多数がそういう闘争方法に参加乃至《ないし》同調出来ないというだけではない。それだけなら、学生側は学生側で、教授側は教授側でそれぞれのやり方で問題に対処して行けばすむ筈だ。

ところが実際はそういう試験ボイコット、ストライキ、無届デモという様な最初から自ら進んで非合法をとるというやり方によって、学校当局との対立をますます激化させて行くことは明白である。それは怪〔け〕しかる怪しからぬの問題ではない。事実そうなって行くのだ。それも、東大が学生運動にとくべつに他校に比して頑強な取締態度をとっているならばともかく、そうでないならば、この運動が全国的に学校側、教授側の多数との対立状態がますます激しくなる様な状況において展開されて行くことは見易い理である。学外権力との対立どころか、学内における抗争が圧倒的にはげしくなって行くであろう。それでなお学外権力の介入を防ぎうるという事が市民的常識として考えられるだろうか。

二、これに対して、教授に対する働きかけを断念しているのではない、われわれの運動の成果によって、またわれわれの誠意によって必ず教授側を説得しうると確信している、というのが自治会委員諸君の云い分である。しかし事実がなにより雄弁に示している事は、教養学部でも本学でも、教授側の学生運動に対する態度は今度の事件発生以後同情的どころか、ますます硬化しているという事だ。それに対して、それはもっての外で、これほどの大義名分に対して同調しえないとは、責は教授側にあるというなら、まさにそこにこうした運動の指導者の根本的な qualification〔資質〕の問題がある〔正邪善悪は歴史によって判定される〕。

Gesinnungspolitiker〔信念の政治家〕は最悪の指導者である。

疑いもなく純粋な動機をもち、大義のために殉ずる決意をもつ。自分の途の真理性と正義性を確信している。確信の度が強いために、自分と同じ途を歩まぬものに、見解の相異というよりむしろ直ちに罪と堕落をよみとる。

現実的な真理存在の多元性をみとめない（一本筋）〔plural〔多元的〕　下関――大阪――東京――青森〕。周囲が自分の思う通りに動かないとき、その責任を周囲の者の救うべからざる頽廃、或は、意識の低さに帰してすませる。

――→結果責任〔Max Weber, *Politik als Beruf*〔1919〕. Laski, *Reflections on the Revolution of Our Time*〔1943〕.〕。

「大学の告示」〔編者注〕や昨日の法学部長〔横田喜三郎〕の訓示にも明かなように、レッドをレッドなるが故にパージするという様な事に対しては、大学当局側は公式に之に反対であることを声明している。従って現在のところ、自治会中央委員会の指導者諸君と大学当局側との見解の相異は、目的ではなくして、目的遂行のための手段の問題にある様である。しかし、私の恐れるのは、現在のような一方的なラヂカルな戦術が強行される限り、教授側と学生側の対立はますます激化し、これによっていつしか手段の対立が事実上目的の対立に転じてしまうという事だ。それほど現在の情勢はデリケートだ。目的がいかに立派でも、手段のコストがあまりに大きいときは、ついに目的そのものの正当性をも破壊してしまう。この複雑なダイナミックスを十分考えてもらいたい。

編者注

本資料とともに収蔵されていた次の文書のことであろう。

「告　示

いわゆる「赤化教授追放」問題として伝えられるところは、誤解や宣伝に基くこと多く、甚だ遺憾である。昨秋「学問の自由と大学教授の責任」につき、総長〔南原繁〕声明において明らかにした本学の方針に、聊《いささ》かも変りはないのである。すなわち、特定政党に属するの理由によつて、況《いわ》んや、その同調者たる故をもつて、教授の地位が脅かされる如きは、学問の自由と相反する。苟《いや》しくも特定政党のための政治的宣伝や活動その他著しく教授としての責務にもとる行動のない限り、教授の地位は、擁護さるべきものである。

これら教授の身分については、いかなる場合においても、それぞれ法令に基き大学の機関の自主的審定にまつべき事柄である。某新聞紙に掲載された追放者リストの如きは、全く事実無根に過ぎない。

この問題を機として、一部急進学生の画策する同盟休校、受験拒否等の運動は、真に学問の自由と大学の自治を守るのでなくして、却つてこれを危殆に陥れるものといわなければならない。この重大な時局にあたり、一般学生は、理性と勇気をもつて学園の秩序を守り、東大学生として恥じない行動をとらんことを望む。

昭和二十五年十月三日

東　京　大　学」

サンソムが引く幕府による吉田松陰死刑宣告文へのコメント

先日、私は日本研究家として名高いジョージ・サンソム博士の最近の大著『西洋世界と日本』〔G. B. Sansom, *The Western World and Japan: A Study in the Interaction of European and Asiatic Cultures*, New York: Knopf, 1950.〕を一読する機会を得たが、その中で色々考えさせられた問題の一つをここに披露して見よう。吉田松陰の生涯と思想をのべたくだりの最後に近い所で、博士は松陰の刑死について次のように書いている(原著二七四頁)。

「アイロニーに満ちた生涯のなかでも最もアイロニカルなのは彼の死刑の宣告のテキストである。それは断罪の理由として以下の様な箇条を挙げている——

一、彼はアメリカに行こうと試みた。

一、彼は獄中に在る間に沿岸防備に関し政府に勧告した。

一、彼は官職の世襲に反対し人民投票《ポピュラーヴォート》による有能な人物の選抜を主張した。

一、彼は外国人に関する自己の意見を幕府に与えようと計画した。

一、彼は幽居中にしかじかの行動をなし、之によって高官に対して甚しく敬意を欠いだ〔た〕。」

私も之を読んで思わずフキ出した。なぜこれがアイロニーになるか。つまり成程こんな風に理由を今の言葉で要約すると、何故松陰が極刑に値したかは文明世界の常識ではテンデ理解出来ないだろう。むしろそのあるものは近代市民の義務ですらある。サンソムがアイロニーを感じたのも当然である。ところで試みにこの宣告文を原文で読んで見よう(少し長過ぎるから要所を摘録する)。

「其方儀外夷之状態等可《〔べ〕シ》二相察一と去ル寅年異国船へ乗込ム依《リ》レ科《トガニ》父杉百合之助へ引渡《シテ》於二在所《ニ》一蟄居申付受ル身分ニて海防筋之儀猶《〔な〕ホ》《リ》頻ニ申唱《ヘ》……又ハ当時之形勢ニ而《テ》ハ人心一致　天子を守護いたし卑賤之ものニ而《テ》も人を御撰挙無レ之而《テ》ハ迚《〔とて〕》も御国威は振ひ申間敷抔《マジク〔など〕》御政事向ニ拘《〔マ〕》《ヽ》ル国家之重事を著述いたし……殊《〔コト〕》ニ墨夷仮《ボク》条約御渡相成御老中方御上京有レ之趣承り……下総守殿〔安藤信正〕〔編者注①〕通行之途中へ罷《〔まかり〕》出……御同人御駕籠へ近寄自己之建儀《〔議カ〕》押立申度抔《ナド》一旦存《ジ》立段……不レ憚《ラ》二公儀《ヲ》一不敬之至殊ニ右体蟄居中之身分梅田源次郎〔編者注②〕へ面会等いたす段旁不届ニ付死罪申付ル」(「幕府断罪書」(『吉田松陰全集』第九巻、岩波書店、一九三五年、四五六―四五七頁)」

(両者を比べて見ると分る様にサンソムの要約は必ずしも正確でなく、例えば「卑賤の者にても人を越え御撰挙」云々を“selection of able men by popular vote”というのは明かに行き過ぎだ。この場合の撰挙は、身分に拘らず撰び用いる、登用する、というほどの意味だからである。にも拘らず大体の趣意においてはそう違ってはいない。)

ところがもし我々が幕末史を読んでこの原文に行き当ったとして、果して直ちにサンソムが読み取った様なアイロニーを感じるだろうか。アイロニーどころか、繰返し読んでいる中に、如何《いか》にも松陰の行動が「不届至極」で「死罪申付」けられるのが当り前みた〔いな〕様な気分に引摺り込まれないとも限らない。サンソムの英訳の行過ぎを割引しても、なおかつ上の様に現代語で箇条書きにした場合の馬鹿馬鹿しく滑稽な感じと原文が我々に直、接に与える印象との間のギャップはきわめて大きい。いうまでもなくアイロニーは対象からの距離感を前提とする。私があの宣告の含むアイロニーをサンソムの英訳によって今更のように見直したという事は、つまり私が日本人として松陰の時代の文化と価値体系にサンソムより遥かに近く立っているからだ。ここに含まれている問題の深刻さに私は今更のように愕然とした。これは歴史家だけの問題ではなく、また日本人だけの問題ではない。

今日、われわれ世界の人々はあの宣告を大真面目な顔で読み上げた幕吏をわらいながら、彼等自身、後世の歴史家に是《これ》に劣らぬアイロニーを感じさせるような判決文を、毎日到る処で現代の〔佐久間〕象山や松陰たちに突付けていないとも限らないのである。

そういう反省こそが本当に歴史から学ぶということではないか。

（丸山眞男）

編者注

①正しくは、間部詮勝（老中、越前鯖江藩藩主）。

②梅田雲浜。越前小浜藩出身の尊王攘夷派志士。安政の大獄で捕えられ、獄中で病死。

1952

朱子学

〔日本〕日本における朱子学は鎌倉時代の中国に留学した僧侶によって初めて紹介され、その後主に五山の禅僧がこれを継承した。とくに一四七三年(文明五年)明から帰朝した僧桂庵は江戸時代における朱子学興隆の礎を築いたといわれる。しかし朱子学が禅僧の趣味的教養から脱して思想内容の点からも、またその担い手の点でも一箇独立の教学となったのは藤原惺窩とその弟子林羅山からである。近世日本の朱子学はこの惺窩を祖とする京師朱子学(京学)と、南村梅軒に始まり谷時中によって確立された、土佐を中心とする海南朱子学(南学)との二つの流れから展開した。前者の系統からは林羅山、松永尺五、石川丈山らの儒者が生れ、尺五の門下木下順庵(木門)からはさらに新井白石、雨森芳洲、室鳩巣のような徳川中期を代表する朱子学者を輩出した。南学の流れでは野中兼山、小倉三省、山崎闇斎らが名高く、とくに闇斎は一方垂加神道の樹立者となると同時に、他方その朱子学的な側面は佐藤直方、浅見絅斎、三宅尚斎のいわゆる崎門三傑により発展させられた。また中期以後有力になった学派としては中井竹山・履軒ら懐徳堂に拠る大阪朱子学派が注目される。この間、福岡の貝原益軒のようにいず

1952

れの学派にも所属しない優れた朱子学者もあった。近世後期には朱子学の思想界における声望の失墜を反映して純粋な朱子学者としてとくに傑出した人は少ないが、その中では柴野栗山、尾藤二洲、古賀精里らが著名である。

江戸時代において朱子学が儒学の正統的地位を占め、林家を通じて幕府の「官学」として勢威を振ったゆえんは、それが単なる訓詁学ではなくて儒教倫理の中核たる名分論にもとづく君臣関係の規正、「五倫五常」の身分的差別の重視、感覚的欲望(人欲)の禁圧などの「教学」的な強調によって、封建的統制のイデオロギーとして最も適格性を具《そな》えていたばかりでなく、社会倫理規範を自然法則(天理)に還元する自然的秩序観が安定期の封建社会にはある程度普遍的な思惟様式として受け入れられる素地があったためである。従ってその思想構造はひとり狭義の朱子学だけでなく、石田梅巌《岩》に始まって庶民にも浸透した心学や、尊王論の一源泉をなした水戸学などにも深く影響している。

しかし他面、まさにその静態的=観照的性格のゆえに、徳川中期以後の封建社会の動揺とともに、朱子学の現実遊離性が漸次意識されて、一方における古学派の勃興を招き、他方国学や洋学などの――程度の差こそあれ――非儒教的思想の挑戦を蒙《こうむ》るにいたった。「寛政異学の禁」はむしろ現実的には「虚偽意識」たることを蔽いえなくなったイデオロギーを強権をもって支えようという試みにすぎない。朱子学的名分論が最後の瞬間まで決して反封建的な意味と役割を持ちえなかったことは藤田東湖・小四郎父子や会沢安らの後期水戸学において典型的に示されている。ただ朱子学における「窮理」という契機が白石などにおいて歴史の批判的研究として生かされ、また幕末維新において西欧的合理主義の摂取を媒介する機能を営んだ点にその積極的な意味を認めることが

できよう。↓儒教(日本)。江戸時代(儒教)(丸山眞男)

〔参考文献〕諸橋轍次『儒学の目的と宋儒〔慶暦至慶元百六十年間〕の活動』。後藤俊瑞『朱子の実践哲学』。同『朱子』(東洋思想叢書)。仁井田陞「中国社会の「封建」とフューダリズム」(『東洋文化』五)。高橋亨「朝鮮儒学大観」(『朝鮮史講座』)。井上哲次郎『日本朱子学派之哲学』。西村天囚『日本宋学史』。高田真治「日本の儒学〔編者注①〕」。万羽正朋「日本の儒教〔編者注②〕」。津田左右吉『文学に現はれたる我が国民思想の研究』(平民文学の時代、上・中)。永田広志『日本哲学思想史』。丸山眞男「近世儒教の発展における徂徠学の特質並にその国学との関連」(『国家学会雑誌』五四ノ二、三、四、五)。

編者注

①高田真治『日本儒学史』(地人書館、一九四一年)を指すか。
②万羽正朋『日本儒教論』(三笠書房、一九三九年)を指すか。

1953

議会政と選挙の機能

（一）

先日〔一九五三年六月七日〕イタリヤの総選挙が行われたことは、新聞やラヂオで御承知のことと思います。その結果、これまで政局を担当して来たデ・ガスペリ〔Alcide De Gasperi〕首相の率いるキリスト教民主党其他《そのた》のいわゆる中道ブロックが辛うじて従来の地位を保持することに成功したようです。この選挙の結果についてはいろいろの批評が下されうるでしょうが、今日はそういうトピックをお話しようというのではなくて、第二次大戦後、あちこちに顕《あら》わになっている傾向の一つとして、選挙というものの意味なり役割なりが非常に大きく変って来ているということを、たまたまイタリー総選挙が行われた機会にお話して、皆様に考えて戴きたいと思うのです。

こんどのイタリー総選挙で私共として注意しなければならないのは、むしろこの選挙の選出の仕方であります。すなわち、先般イタリーでは今度の選挙をめあてに選挙法の改正がなされ、この新らしい選挙法に基いて今回の選挙が行われたのでありますが、その選挙の仕方を簡単につづめて申しますと、選挙の結果、全体の得票率が五〇%を少しでも超えた政党又は政党ブロックが、下院の議席の六五%すなわち三八〇人(約三分の二)という絶対多数を占めることになっております。つまりこうした方法によって、絶対多数党をいわば人為的につくり出し、それによる政局安定を可能ならしめるというのが狙いで、与党のデ・ガスペリ政権が左右両翼の進出を抑えて引続き政局を担当しようという意図の下に、猛烈な反対を押し切って、こういう思い切った選挙法を通してしまったわけです。

左右両翼を抑えて、と申しましたが、実は、右翼の方は最近新らしいファシスト運動が活潑になって来たことは事実ですが、まだまだ勢力からいうとお話にならないので、デ・ガスペリ政権の主要の、というより最大の狙いは、左翼つまりネンニ〔Pietro Nenni〕のひきいる左派社会党とトリアッチ〔Palmiro Togliatti〕の共産党の強大な勢力が議会進出するのを抑えようというところにあるわけです。一昨年と昨年に、今度の総選挙の前哨戦として地方選挙が行われましたが、それがやはり合同名簿制という特殊の選挙法で行われたのですが、その結果は与党ブロックの期待に反して、左翼勢力がむしろややのびて、キリスト教民主党が減ったので、いよいよ左翼の脅威を感じて今度の強引な選挙法をつくったという次第[カ]です。

ところが注目すべきことは、こうした選挙法の操作によって、消極的には特定の政党の力が正確に議会に反映されることを防ぐ、逆にいえば現在政権を担当している政党、ないし政党ブロックの議会内における勢力と反対党との議席のひらきを圧倒的にして、政局を安定させようという動向は、イタリーだけでなくすでにフランスにも現われておりまして、フランスの一九五一〔昭和二六〕年の新選挙法でもイタリーとちょっとやり方はちがいますが、やはり、議席の差のひらきを得票率のひらき、つまり実際の投票の結果よりぐんと大きくするように出来ており、そのため、共産党は五〇〇万票という得票数では第一を占めながら第三党に転落した。むろんそこに狙いがあったので、その狙いは成功したわけです。

最近日本で一選挙区一名ないし二名の小選挙区制を採れという意見が有力になっています。これはいろいろの理由が挙げられており、必ずしもそこには特定の政治的意図が働いているといい切ることはできないのですが、やはり比較多数党の議会勢力を強大にして政局安定をはかるということが少くも重要な動機の一つになっていることは確かであります。

こういう一連の動向というものが一体どういう意味をほうがん《〔包含〕》し、議会政治にとってどういう影響を及ぼすかという問題を考えてみたいのです。私はここには容易ならぬ重大な意味と問題が含まれていると思うのです。

非常に原則的なお話になって恐縮ですが、近代の議会政治における選挙には二つの大きな目的があります。一つは、国民のなかにあるいろいろな立場なり、意見なりができるだけ忠実に議会に反映されるということです。つまり選挙に現われたいろいろちがった国民の意見や立場が、みながみなというわけには行きませんが、少くもある程度有力な意見なり立場なりがみな議会の中にすくいあげられる。ということで、つまり議会が国民意思の鏡であるというのは、こうした面を指しているわけです。

それと同時に、選挙にはもう一つ重大な役目がある。それは、国の政治を決定し遂行する主体——政党——をきめる。いいかえれば、一体いかなる政党が政権をとって政局を担当するかをきめるということです。国民のなかにどんなにいろいろの立場や政党があっても、究極には国政は一つの国家の意思として発動するわけですから、選挙は、この担当者をきめる意味をもつ。そうして、選挙の結果、多数をえた政党は、国民が政局担当をその政党に委ねたという建〔て〕前がとられる。つまり多くの政党のなかからその政党を国民が選択したという建て前がとられるわけです。

以上の二つの意味というものは、必ずしもいつでもうまく一致するというわけには行きませんが、少くも民主主義的な選挙と称しうる限り、この二つの意味を共に欠くことができない。

ところで、さきほどのフランスやイタリーの例は何を示すかというと、端的にいって、第二の政局担当者をきめるという面が圧倒的に大きくなって、第一の面、国民の意見を議会に忠実に反映させるという面は著しく影がうすくなったということです。つまり議会は必ずしも国民のなかにある有力な意見や立場を忠実に反映しないでもいい、いいというといいすぎますが少くもそれは第二義的な問題で、選挙を通じてなるべく絶対多数党が生れて政局が安定することが第一だということになったわけです。

第一次大戦後にデモクラシーの風潮の世界的に風〔靡〕びしたときは、むしろそれと反対でした。いかにして、議会に真実に国民の意思が代表されるか、国民が真に国政に参与しているという感じ〔ママ〕をもたせ、それによって国民の自発性を呼びおこすためには、国民の投票の結果がなるべく無駄にならないように、投票結果がなるべく生きるようにしなければいけない。それにはどういう方法を講じたらいいか、ということが問題の中心で、そのために比例代表制といった方法、さらに国会議員の選挙以外に国民の自発性をかんき《〔喚起〕》する工夫として、〔直接民主制の一形態としての〕レフェレンダム〔国民投票〕やイニシアティヴ〔国民発案〕といった制度の研究が盛になされた。むろん比例代表制が果してそういう目的に役立ったかということには、必ずしも簡単にイエスといえないのですが、少くも、選挙の方法を改めるというときの狙いはなにより議会が国民の間の意見をなるべく多くすくいあげるということが考えられた。

ところが、第二次大戦後のいわゆる西欧国家群のなかのある国々では、こういう下からの自発性を殺さぬようにするという工夫よりも、むしろどうしたら特定の勢力、具体的に申せば左翼勢力の進出をくいとめうるかということに選挙法改正の問題の中心が移ってしまった。始めからある結果が望ましいと考え、その望ましい結果を国民の意思という建て前の下につくり出すために、選挙法をいじくる、ということになった。たとえば今度のイタリーの選挙の詳細な結果はまだ分りませんが、この前の地方選挙をとってみると、得票率からいうと、デ・ガスペリの率いるキリスト教民主党は三六%で、いわゆる左翼ブロック、つまり左派《ネンニ》社会党と共産党の得票率は三三・五%で、ほとんど伯仲している。これを議席数で絶対多数のひらきをつけようということになると、議会内の勢力関係と国民の中にある両者の勢力関係との間に非常なアンバランス、不均衡が生れることになる。

ラートブルフというドイツの学者が、かつて議会の機能について、それを株式取引所にたとえた。〔編者注①〕つまり議会というのは価値をつくり出す場所ではなくて、議会の外で造り出された価値が決算される場所だ、というわけです。これは選挙を以て国民意思の鏡と考える考え方を典型的に代表しているわけですが、いまあげたイタリーの様なことになると、ある種の株式や証券は、はじめから取引所の中に入って来ない、こさせない。それがどんなに社会で流通していても取引所では決算されないということになる。それで果して取引所の機能を営みうるか。議会政治を救うという建て前でなされたことが、議会政治を形式的な空虚なものにして行く恐れはないか。

（二）

先週お話しましたことは、近代の議会政治の下で選挙には二つの役目がある、一つは国民の中のさまざまの利害なり意見なりが議会に吸い上げられる、それによって議会が民意のいわば鏡になるという機能であり、もう一つは、選挙を通じて国の政治を決定し遂行する政党なり指導者をきめるという役目である。ところが、最近世界のあちこちの国に現われて来ている現象は、第一の役目、すなわち選挙を通じて民意を忠実に議会に反映させるという役目が甚だ影がうすくなって来て、逆に現在権力をにぎっている党派が選挙法をいじくることによって絶対多数が生れるように操作するという傾向が現われている。これは議会政治の実質を変質させる恐れはないかということを、ちょうどイタリー総選挙の機会にお話したわけであります。

なお、この前お話した時はまだイタリーの選挙の結果がハッキリわかっておりませんでしたが、その後の情報では、与党ブロックの下院での得票率の総計は、わずかのところで五〇％に達せず、その意味では選挙法を改正した狙いは達成できなかったわけでありますが、しかしそれだけにこういう不利な条件を押し切って勢力を増大した野党としては、現政府に対する闘争心をますますかきたてられた事と想像され、その意味では問題はすべて今後に残されることになったといえましょう。イタリー総選挙の例を出した序《つい》でにそのことを一言しておきます。

さて、さきに申しましたような、選挙の意義の変化、すなわち議会を民意の忠実な鏡たらしめるという大事な役目があまり重きをおかれなくなり、むしろ露骨に無視されるようになるという傾向がもし今後も強くなって行くとしますと、それは選挙のもう一つの方の役目、つまり政治力の主体をきめるという方の役目の上にも少からぬ影響を与えるのであります。一寸《ちょっと》簡単に考えますと、絶対多数党が生れるように選挙法を仕組むということは、民意の忠実な反映という点でマイナスになる代りに、第二の政治的主体の決定という面では、選挙が非常にハッキリした勝敗の差をつけることになるので、むしろプラスになる、つまり強力な第一党、ないし党ブロックができて政局が安定するという風に思われます。実際このことが、フランスの場合にもイタリーの場合にも、新しい選挙法を弁護する最大の論拠となっているのであります。しかし果してそうでしょうか。私はそう簡単に一方の役目でのマイナスが他方の役目のプラスでカヴァーされるとはいえないと思うのです。つまり結論的に申しますと、いやしくも民主主義の下での選挙である限り、第一と第二の両面は密接に関連していて、第一の民意の反映、民意の吸い上げの機能が著しくそこなわれると、結局第二の政治的指導の主体を国民が選択し決定するという機能も円滑に行われなくなるのであります。そのわけをできるだけ簡単に御話して見たいと思います。

前に申しました通り、議会政治におきましては、選挙の結果、ある政党、あるいは政党連合が比較的に最も多数の議員を当選させますと、多くの政党の中からその政党、これをかりにA政党としますと、そのA政党を国民が政局の担当者として選択したという建て前がとられるわけであります。そうしてこの建て前に基いて、A政党が内閣を組織するわけです。ところが注意しなければならないのは、この国民の選択ということはあくまで建て前の話であって、決して現実そのままではないということです。第一に、この場合国民というのは現実には有権者のことで、有権者でない国民、例えば戦争前までの日本でしたら婦人の全体、現在の選挙法でもいわゆるティーンエージャーの男女は、選挙の際の国民に入っていないわけです。この問題を一応別として、問題を有権者に限っても、その有権者のうち、A政党以外の政党、簡単にいえば野党に所属する議員、もしくは、与党に反対の無所属議員に投票した膨大な数の人々にとっては、現実には決してA政党を政局担当者として選択したわけではないことはいうまでもありません。

さらに第三に、A政党に所属する議員に投票した選挙民も、例えば名簿式比例代表制というような政党本位の選挙法でない場合には、果してAという政党を選択する意思があったか、それともそういう意思はなく、ただ何の某という候補者をいろいろの関係で選挙したところ、その何の某がたまたまA政党の所属の議員であったにすぎないのかという事はハッキリ分らないわけです。しかも通常の単純多数代表法(今の日本の場合)では、その何の某が当選すれば別として、落選したような場合には、その何某に対する投票は全く死票となるわけですから、その人に投票した有権者にとっては、多かれ少かれ、自分の意思と選挙の結果との間にはズレがあるわけです。

こういう風に有権者の一人一人が選挙で表明した意思は、幾重にもフルイにかけられて、その結果最後に議会内における多数党を国民が政局の担当者として選択した、という建て前がとられるわけですから、この建て前と現実との間には、相当のひらきがあるのは当然のことです。この建て前としての国民の意思と、現実の国民の意思との間にギャップがあるということ自体は、選挙による政治的主体の決定というやり方そのものに不可避的に内在するギャップであって、どんな方法を講じても、どんなに精密な選挙法を考えても、この差を全くなくするということはできません。

しかし、民主主義の健全性を維持する上に大事なことは、建て前〔と〕しての民意と現実としての民意との間にギャップがあることを忘れないで、できるだけこのギャップをうめて行くという事です。もしこの建て前があまり現実から遊離すると、建て前はもはや建て前としても通用しなくなるということ、これが重大なことなのです。多数党の支配ということが、議会の中でも外でも円滑に行くためには、この多数党自身が民意を代表しているという建て前がどこまでも建て前であって、現実ではないという自覚をもっているということが大事です。つまり第二党以下の少数党に反映されている非常に多くの国民の意思があり、いな議会に十分代表されない国民の意思もあるのだということ〔を〕いつも頭におかなければならない。そうでなくて、多数党が民意を代表しているという建て前をそのまま現実と混同して、その上にあぐらをかいてしまうと、そこから多数党の横暴、数の暴力といわれる様な現象が発生するのです。

議会の中でも外でも、少数者が多数の支配を承認するのは、いわゆる少数者(建て前の上の)の言論の自由その他の基本的人権が尊重されるからであって、この少数者の権利、具体的には反対勢力権が保障されているからこそ、少数者は明日には多数になりうるという希望をもち、今日の多数党の支配をみとめるのであります。これがいわゆる合意、納得《コンセント》による支配といわれる所以〔ゆえん〕であります。この意味で、ケルゼンが多数決原理は正確には多数少数決原理というべきだ、といっている〔編者注②〕のは、味わうべき言葉だと思います。

ところが現実には資本主義社会の危機が深まると共に、選挙の選択の範囲がだんだん大きくなって個々の政策や指導者を選択するという問題をこえて、組織の体制の選択、つまり資本主義か社会主義かというような社会の根本組織の選択の問題になってまいりましたので、そうなると既成権益を擁護しようという立場に立つ権力者は強大な反対勢力の生長を恐怖して、前に申しましたように選挙法の操作によってこれを抑えようとするわけであります。そうして、前にひいたラートブルッフの例で申しますと、社会的に広く流通している株式証券を取引所たる議会では上程させない。さらに一歩をすすめると社会的な流通そのものも権力で抑えてしまおうとする。こういう状態の下で、建て前の上の少数者が建て前の上の多数者の支配に納得して服従する、つまりコンセント《合意、納得》による政治ということは到底行えない。その結果は結局いよいよ政局を混迷させ混乱させる、ということになる。それだけでなく、議会の外の社会的な勢力関係と、議会の中の選挙法のふるいにかけられて出来た勢力関係との間にひどいひらきができて来ると、議会に吸い上げられないエネルギーが蓄積して行って遂には暴発するということになる危険がある。

アメリカの政治学者が近代の民主主義の発達を弾丸(bullets)による闘争に代って投票(ballots)による闘争という方式で巧みに表現しております。ところが右のようなことで建て前の上の多数者が建て前の上の少数者を強力で圧服する、つまり投票の上でフェアに闘争する権利そのものをうばう、という結果は、少数者を絶望的な反抗にかり立て、折角営々として弾丸から投票へと合理化して来た政治的闘争の方式をまた逆戻りさせることになりかねないのであります。私がさきの非常に重大な問題といったのはこの意味であります。

現在の権力者が権力を維持し政局を安定させるために、選挙法を操作するというのは目的と手段を顚倒しているといわねばならない。政局の安定自身が最上目的になって、選挙はその手段にすぎないということになると、次の段階には、民主的な選挙のフェアな手続そのものをふみにじっても政局安定をはかるということにならざるをえない。こうなるともういわゆる独裁政治であります。

一見きわめて技術的に見える選挙法の問題のなかに実は民主主義の根本にふれる重大な問題がふくまれているということについて皆様に考えていただきたいというのが、私の趣旨なのであります。

編者注

①ここで言及されているのは次の文章であろう。

「選挙場や国会は勢力推移の舞台ではなく、ただ議会外の勢力推移が政治的に値ぶみされる場所で、経済上の取引所が価格を生みだすところでなくて、ただ価格をきめるところであるように、一個の政治上の取引所なのであり、一個の政治上の手形交換所であるにすぎない。言いかえれば一の政党はそれが議会外で有する勢力に正確に比例した議会内勢力をもつのである」(Gustav Radbruch, *Kulturlehre des Sozialismus*, Berlin: Arani, 3., verm. Aufl., 1949.『社会主義の文化理論』野田良之訳、みすず書房、一九五三年、五九頁)

②ケルゼンが「多数・少数決原理」という言葉を用いている文章を次に紹介する。

「多数決原理の活動に際して、数字上の多数にはそれほど大して関係がない、といふことは、いはゆる多数決原理に従つて形成せられた共同社会意思は、少数に対する多数の独裁としてでは全然なく、むしろ両群相互間の影響の産物として、お互に衝突しようとする、政治的意思方向の合成力として、発生するものであるから、社会的現実に於ては、多数の少数に対する絶対的支配といふやうなものは全然存しないといふ事実と、極めて密接な関係を持つてゐる。全く無勢力と宣告せられた少数は、その単に形式的な、従つてそれ自らにとつて無価値であるのみならず、むしろ更に有害な、共同社会意思の形成に対する参与を、終局的には断念してしまふから、少数に対する多数の独裁は、すでにそのためにも、継続的には全く不可能である。このやうにして少数は——概念的には少数がなくては不可能な——多数から、多数としての性格を奪ひ去つてしまふ。正しくこの可能性の中に、多数の決定の上に、影響を獲得する手段が、少数に対し与へられてゐる。これは議会主義デモクラシーにとつては、全く特別に該当する。といふのは、全議事手続は、その弁証法的・矛盾背反的な(dialektisch-kontradiktorisch)、弁論と答弁、議論と反駁とに切離された、技術を以て、一つの妥協(Kompromiss)を得ることを目的としてゐるからである。こゝに現実デモクラシーにおける、多数決原理の固有の意義が存在する。従つて寧ろこれを、多数・少数決原理といつた方がよいであらう。この原理が規範服従者の全体を、主として多数と少数との二群にのみ分類する一方、この最終的統整《インテグラチオン》を、それによつてのみ多数の群も少数の群も形成せられることの出来る、妥協へと強制することによつて準備した後に、全体意思の形成に際して、妥協の可能性を創造する。……多数決原理が、正に議会主義組織内で、政治的対立の妥協、調停の原理として認められる所以は、議会の実際を一瞥すればすぐ解る。実に全議事手続は、相互に対立する利益の間で、このやうな中間線を目指し、相互に作用する社会力の合成力を求めることに向けられてゐる。議事手続は、議会に代表される各群の様々の利益が発言せられ、そのものの利益として、公けの手続に於て宣言せられ得ることに対して、保障を与へる」(Hans Kelsen, *Vom Wesen und Wert der Demokratie*, Tübingen: J. C. B. Mohr, 2. umgearbeitete Aufl., 1929.『デモクラシーの本質と価値』西島芳二訳、岩波文庫、一九四八年、八三—八四頁)

政治的無関心と逃避

今日は、政治的無関心と逃避ということについてお話して見たいと思います。

現代は民主主義が世界的に正しい政治様式として承認され、もはや実際はともかく口で正面から民主主義を否認する政治思想は地上から姿を消してしまった観があります。ところがこのように民主主義が普遍化した現代に、政治の名目上の主人公である民衆がますます政治的な問題に積極的関心を失い、むしろ政治から逃避する傾向が増大していることが、日本だけでなく、アメリカ・イギリス・フランスのような先進民主主義国でも顕著になっていると報告されているのです。一々例は上げませんが、アメリカのいろいろな世論調査でも、大衆の政治的知識の低下、いわゆるD・K〔don't know〕グループの増大ということが政治学者の非常な関心の対象になっておりますし、つい最近フランスから帰った知人の話でも、あれほど政治ずきであったフランス人の日常会話のなかに政治の話があまり登場しなくなったことに驚かされたということをききました。

こういう現象がどういう原因から起ったかということは大問題で、とてもこういう短かい時間にはお話できませんが、要するにわれわれの生活環境がすべてこういう政治に対する消極的受動的態度を培養するようにできていることは否定できないと思います。第一、日常生活がますます多忙になり職場での労働で人々が神経をすりへらされて、政治に関心をもつ時間的余裕も心理的余裕もないというのが大多数の人々の状態です。しかも他方、大衆の娯楽機関や観るスポーツなど、政治などのメンドクサイことから逃避させる仕組はいよいよ発達します。

そこへもって来て、大きな政治問題がますます自分の手のとどかない国際情勢によって左右され、いくら政治に関心をもってもどうにもならないという絶望の気分がひろがって行きます。こうして、かつてルソーがイギリスの民主政治をふうし《風刺》した言葉――「イギリス人は自分を自由だと思っているが、彼等が自由なのは選挙の日だけで、選挙がすんだ翌日から奴隷になる」〔『社会契約論』第三篇第一五章〕という言葉がいよいよ実感をもって現在の大衆民主政の時代に迫って来るようになったのです。

ともかく、本当に民主政治の将来を憂える学者や思想家によって、アメリカでもイギリスでも、どうしたら大衆の政治的無関心と政治からの逃避をくいとめることができるか、ということが真剣に考慮されています。そのために、人々が小さな自発的なグループをつくって、自分たちの政治社会問題に対する意見をたたかわせ、それを議会なり、政党なりに反映させるように積極的に奨励すべきだとか、或いは新聞やラヂオをもっと読者や聴取者に解放して、投書欄を盛にするとか、学校で政治教育を盛んにするとか、いろいろの提案がなされています。

ところで日本ではどうでしょうか。大衆の政治的無関心ということが本当に憂えられているでしょうか。それがどんなに危険な傾向かということが真剣に識者の関心になっているでしょうか。どうも私は必ずしもそう思えないのです。

日本の大衆の政治的無関心という場合には、上に申しましたように、世界的な普遍的な現象としての──〔政治的無関心〕のほかに、とくに日本においてそれを甚だしくしている要素があると思います。それについてすこしお話してみたい。

アメリカのように自由の伝統が根づよいところですら、「自由」の内容の変質がこのように甚だしいとすれば、日本ではなおその危険がある。日本ではとくに農村など伝統的意識の強いところでは、部落なら部落の慣行とか、家柄相互の関係とかによって規定された一定のふるまい方というものの型ができていて、このふるまい方に反したり、それをこわそうと努力したりする行動は強い道徳的非難(村民の風上にもおけぬ)を浴び、ついには村八分といった制裁にまで発展しかねない[Conformism〔順応主義〕[i]]。こういうところほど人々の言動が型にはまっているから、その型にはまらぬ言動は非常にめだち、そこからこれをその型に同化させようという有形無形の圧迫が働く。

そこで皆とちがった意見をもち、ちがった行動をとるということが甚だしく困難で、そういう習慣〔カ〕的なふるまい方に従わないとすぐ「アカ」だとか思想がよくないとかいわれる。

「気風に合わない」という気風への強制力が非常に強い。この場合「気風」それ自体は政治的意味をもたないかのように考えられている。実は気風それ自体も一つの是非善悪の態度決定を包含しているのだが、「気風」に従って行動している限りその行動は「政治的」とはみられない。気風にさからって行動することだけが「政治的」と見られる。こういう伝統への同化力の強い社会では、「政治的に動いてはいけない」という形で既成の権威への服従が教えこまれ、教化される。そこからして政治的無関心なり受動性が一層根をはることになる。村のボスが土地の警察とよろしく組んで不正をはたらいたり、選挙違反をやったりすることが伝統化し、「あたり前」のように思われているところでは、その「あたり前」のことをやることは政治的な行為とは見られない。かえって、その「あたり前」があたり前でないことを指摘すること、ボスの行為はいけないといってこれを摘発することは極度に「政治的」な行動と見られ、政治的すなわち危険すなわち赤という方程式に従って処理され易い。

実はこの場合、政治的行動と非政治的行動の選択があるのではなくて、一つの政治的行動と他の政治的行動との選択の問題にすぎない。ボスの行為自身が政治的なのはもとより、そうしたボスの行為を見て見ぬふりをしている、或は見てもまあ仕方がないと思って見すごす村民の多数のふるまい方も実は非常に政治的な意味をもっている。つまりボスの支配の下地をつくっているという意味で、政治的なのであって、決して、それを摘発する行為だけが政治的なのではない。どっちの政治的なふるまい方がヨリ村全体の進歩と発展のためにいいかという観点から判断さるべきであるのに、どうかすると、一方だけが、政治的に動くということで非難される。

こういう風に見てきますと、日本の保守的勢力の心理的基盤は、国民的規模でも地方的規模でもこういう大衆の日常的生活環境のなかにはぐくまれた非政治的心情の上にのっかっているということが分ります。選挙の実体調査によっても、保守勢力の強いところほど、D・Kグループが多い。いいかえれば、保守党と進歩党との選択ではなくて、実は選択以前の惰性が、保守勢力の基盤になっている。保守主義がいいという一応自覚的な理性的な選択に立って支持しているのは非常に少数です。むろん革新政党への投票にしても、みな自主的な選択に立って投じられているわけではないでしょう。しかし相対的にいえば、選挙に思想や立場や政策の上でチョイスしているのは、革新勢力の支持層の方がはるかに多いのであります。

ここに日本の政治権力を担当している保守勢力が一面圧倒的に強大な地盤を誇りながら、その実非常に国民的な支持ということに内面的な自信をもてない根拠があるのであります。

つまり政治的自覚の水平面に上って来ない非政治的、伝統的な心情の上にキバンをおいているために、大衆がおよそ右とか左とかの差をとわず、政治的自覚をもつということ、沈澱している精神が政治的水平面に浮び上って来るということそれ自体が保守勢力にある恐怖心を呼び起すのであります。そこで日本の保守勢力は大衆を自分たちのイデオロギーに基いて組織化したり、積極〔的に〕政治教育をする代りに、およそイデオロギーや思想に対して不感症な、非政治的水準におしとどめておくことに全力をけいちゅう〔傾注〕する傾向があります〔思想＝イデオロギーが一般に危険視される。「思想問題」「思想検事」／満州国〕。

ここに議会主義と民主主義を標榜する政党が国民の政治的関心の高まりを奨励しないで、むしろ厄介視し、危険視するという矛盾した現象が見られる所以《ゆえん》があります。

しかし、国民の政治的無関心の上にきずかれた議会政治、民主政治というものほど無意味なものはありません。一《ひと》ころ労働者・学生の政治運動の過激化、政治運動の狂熱化ということが世人の眼をそばだてました。民主主義の下では、一方ではあらゆる言論なり立場なりの自由な競争が行われると共に、他方では、その競争が本当にフエアな競争になるためのルールがあって、そのルールを皆が遵守するということが必要です。その意味で、いかなる政治的行動や運動にせよ、熱狂のあまり、ルールをおかして他のコースにふみ入ったり、他の競争者を不正な方法で妨害したりすることは許されません。若い青年が社会的不正義に憤激するのあまり政治的狂熱者となってルールを無視してかかる行動をするのは、今の社会状態から見て、心理的には同情されますが、やはり民主政治の発展の上からは間違った行為にはちがいありません。しかし政治的狂熱の害は容易に認識され、「世間」もすぐこれを激しく非難しますが、政治的無関心が民主政治に及ぼす害は、殆《ほと》ど目に見えず、新聞や輿《よ》論の制裁もないだけ、それだけ恐ろしいのです。政治的狂熱がタイ《台》フウ《風》や地震のように、何人にもショックをあたえるに反して、無関心、受動化の方はいわば白蟻が知らない間に家を内部からむしばむように、民主政治を知らぬ間に空洞にしてしまう。むしろこの方がヨリ警戒すべきだといえないでしょうか。

政治的狂熱と政治的無関心とはいうまでもなく政治に対する両極の態度であります。

嘗《かつ》て福沢諭吉は「地方に良民のみあるも全国の力を増すに足らず。良民とは所謂結構人の事なり。亜米利加の盛なるは結構人の多きが為に非ず、甲斐〴〵しき活物の多きが為なり」(「覚書」『福沢諭吉選集』第一巻、岩波書店、一九五一年、二五七頁)と述べています。

あらゆる職場や学校での教育が、政治的無関心を陰に陽に奨励し、ただ福沢のいう善良なる結構人だけを大量生産するという傾向がでていないか、再考三考する必要があると思います。

公共のことに対し積極的意見も関心ももたず、すべてを仕方がないとあきらめ、パチンコや競馬にだけ夢中になり、あるいは自分の立身出世に関すること以外は一切障〔触〕らぬ神にたたりなしというような逃避的な生活態度が国民大衆にびまん〔瀰漫〕したら、民主政治は立ちゆかない――民主政治どころか国民の民族的な生命力自体がかれてしまいます。

国民を羊のようにおとなしく、飼猫のように無気力にすることによって国が治まったといってよろこんでいる政治家は、国民の政治的エネルギーを蒸発させることによって結局自分自身の墓けつ〔穴〕をほるに至るのであります。

匿名批評のルールについて

一、今日、新聞雑誌などで政治、経済、文芸、教育等百般の問題にわたって寸評あるいは短評という形での批評が非常に盛んになって来たことは御承知の通りで、しかも匿名の批評の形をとるものが多い。それが競って各新聞の各欄に設けられるところを見ると、非常に読まれるものと見えます。こうした匿名という形式ということの是非、つまり匿名批評というのはくらやみの中のだましうちみたいなものでそれ自身公明さを欠いだ〔た〕、社会的モラルに反したものだというような議論がありますが、果して、そうかということも一応別箇の問題。

ただ、こうした形の批評の是非は一応たなあげにして、その際の批評が批評として成立つための条件といいますかルールといったことについて、少し私の考をお話してみたいと思う。なぜそういうルールを問題にするかというと、批評というものが民主主義社会できわめて重要な意味、積極的意味をもっているからであります。批評が進歩の原動力である。批評のない社会は、停滞と腐敗が発こう〔酵〕する。しかしそれだけに批評家〔ママ〕というものが〔は〕、自分の重大な使命と責任の自覚を以て行われなければならない。いわゆる言論の暴力とか斬すて御免という病理現象があまり氾濫すると、ともすればどうしてもその反動として言論を権力で取締るという考を生みやすい［官僚統制→ファッショ的統制］。

それではどうしたらこういう病理現象に対処したらいいか。これについて批評家の自粛ということは、いうべくしてなかなか行われない。批評の病理現象に対して批評する人の反省より自粛に俟《ま》つという行き方は非常に効果がうすく、結局、自粛の実が上らなければ批評を統制するより外ないという、さきほどの方向に行く恐れがある。

私は、これはむしろ批評の自粛よりは、そうした批評を読む側、つまり読者の側での批評に対する批判力、つまり批評が批評になっているかどうか、本当の批評かインチキな批評かを看破する眼をやしなう以外にない、と思う。そういう意味で、新聞雑誌などマス・コミュニケーションでなされる批評を読む際、どういう点に注意したらいいかという事を中心に批評のルールということをお話したい。

まず第一、人間および人間の行動、生き方に対する批評と、人間のつくった事柄や業績の内容に対する批評との区別、ということです。批判のモラル・ルールがちがう。前者の場合批判者の責任がおもくなる［→芸術作品の場合／学問作品の場合］。お前は同じものを作れるか、演奏できるかということは問う必要がないし、むしろ問うのは見当ちがい。絵、学問的論作〔ママ〕ができるということは必ずしも批評家の資格ではない。批評された作曲家が怒って、そんならお前作れるなら作って見ろ、といったり、演奏家が、そんなに文句をつけるならお前自身弾いて見ろ、弾けやしないくせに文句つけるなといったら、誰でもそれやおかしいというでしょう。学問的論作〔ママ〕の場合でも同じです。

ところが、人の生活態度や行動に対する批評、人格なり行動のモラルを問題にする場合は、批判者自身の生き方が問われてよい。むしろ問うべきだ。批判者自身も同じ方向で正しい態度、立派な生き方をしたいという意欲をもち真剣に努力しているということが前提される。つまりお前はそういう批判をする資格があるか、そういうお前は一体どういう行動をとっているかということを批評者に問うことが許されるし、むしろ問わなければならない。そうしないと批判の社会的責任が確立されない。

抽象的になるから端的に例をあげましょう。ある新聞に、例えば日本の平和論者と外国の平和運動者を比較して、外国の平和運動者はかくかく行動して御立派に生きた。日本の平和論者などというものはこれに比べると口先だけ立派そうなことをいってるだけに〔で〕、それを真剣に現実化し行動に移すだけの勇気も節操もない。——という批評がでたとします。日本の平和論者にそういう批評があてはまるかあてはまらないか、つまりこの批評の実体の是非はいま問題にしません。

この場合、明らかなことは、平和論者の人格、生き方、行動様式が問題になっていることです。もし、日本のいわゆる平和論者が単に観念的であり、口さきだけで実践への情熱も勇気もないとして、彼等が対比される外国の平和運動者のように大いに奮起して果敢な実践運動を展開すると、さきに彼等をダラシがない、インチキだと批判した人は賞讃し、政治権力〔に〕弾圧された場合これを支援するでしょうか。そうなると批評者は大いにあわて、憤慨して怪しからんというのではないか。もしそうだとその批評には一貫性がないということになる。

つまり要するに平和運動者にケチをつけるというだけの目的をもった御殿女中的な批判にすぎないといわれても仕方がない。匿名批評がしばしば無責任なヤッツケ主義といわれるのは、この批評の主体が匿名のかげにかくれた[カ]ために、自分の資格が問われないところから、ついそういう無責任な態度がでてくるのだろうと思います。

匿名批判の限界はそういう他人の人格、生き方の批判に触れるべきではない〔ことにあります〕。

1954

逆コースと雪解けの兆し

――「日本の窓から」第一回――

一年の変わり目に日本人は、新年の行方がどうなるかにかかわりなく、「おめでとうございます」と挨拶する。新年が大戦争のただ中に陥ることになろうと、平和で繁栄した時代になろうと、彼らはこの挨拶を交わすのである。

日本の教養ある知識人は、戦争末期の正月のたびに「おめでとうございます」という挨拶を交わす際、名状しがたい感じをもった。戦況には希望がなく、めでたいことなど何一つないことを鋭く自覚していたからである。彼らはこの無意味な挨拶を口にしながら、アイロニーやシニシズムや悲惨さを感じていた。

戦時中とはニュアンスが異なるとしても、今年正月の日本知識人の挨拶には、あるアイロニーの気味があった。彼らはいつもの挨拶を交わしたあとで、今年はよくないことが起こりそうだ portentous とつけくわえた。笑顔の下には不確実さと無力さとの影があった。

"portentous"〔不吉な〕という言葉には多様な意味があるだろう。しかし戦後に「解放感」を感じた人々の間には、ある共通理解がある。それは彼らの発言や運動が、今年は社会で大幅に制約されるだろう、そして社会は今や戦前のそれに似てきているというものである。

ある共通の恐れ、すなわちジャーナリズムの用語で「逆コース」と呼ばれるものが、政治、経済、イデオロギーの各方面でテンポを加速させるだろうという恐れが、自由主義者や左翼を含めた知識人の広汎な戦線に迫っている。そうした恐れの基礎には憲法改正問題がある。アメリカの相互安全保障法(MSA)にもとづく援助を受け入れた結果として、それは政府にとって、今年の主要計画になるであろう。

憲法改正や再軍備に積極的には反対しない人々さえも、日本が、ラスウェル教授の描いた、民主主義の薄皮をつけた「牢獄兵営国家」〔編集注〕へと急激に変容するかもしれないと恐れている。それは警察法の改正、軍事的安全保障法(Military Security Law)の制定、破壊活動防止法の発動、「愛国心」教育の強化、そして家族制度に基づく道徳の奨励といった一連のつながりをもった反動を通してである。

しかし、もし見通せる国内情勢像が見通せる国際情勢像の反映だとすれば、たとえ不確実さや不安を感じるとしても、知識人がアイロニーを感じることはないであろう。国際情勢の見通しは〔国内情勢の見通しと〕異なっている。冷戦の開始以来、一九五四年ほど明るくみえる年はない。多くの困難が横たわっているとしても、第三次世界戦争の危険をふくむ争いが引きおこされるとは考えられない。アメリカのアイゼンハワー大統領が核兵器の共同管理に関して行った提案に対してソ連が示した柔軟な反応は、好ましい前進であった。提案された四ヶ国の外相会談の成果については疑問の要素があるとしても、米ソの両極化を消しさる企ては精力的に続けられるであろう。また東西貿易を増大させるために鉄のカーテンを引きあげる努力が、アジアでもヨーロッパでも積極的に払われているようである。

この国内見通しと国際見通しとの正反対の違いが、日本の知識人の間に憂鬱を引き起こしている。厚く濃い霧が世界のいたるところで払われつつあるのに、日本では反動的な薄明が始まりつつあるのだ。日本の知識人の重苦しい心を説明するのはこれらの逆説である。

しかし知識人の評価が、日本の保守的政治家や実業家の評価と一致しているわけではない。それどころかこれらの人々やその代弁者は、知識人らの「観念性」や「被虐的悲観主義」に対して嘲笑や中傷をなげかけている。日本の知識人は、これらの政治的経済的指導者の政策に対してだけでなく、彼らの基本的な政治概念自体に対して深い不信を抱いている。知識人は満州事変以来、国内・国際情勢の評価に関して、支配権力や彼らが操作する「世論」に対して反対の立場をとることに慣れてきた。独ソ戦や日独伊枢軸同盟の時期における知識人の状況評価は、支配層やいわゆる政治的軍事的専門家によって支持された評価とは反対であった。〔事態の〕結果は、知識人の「観念性」と「被虐的悲観主義」が正しかったことを証明した。彼らは、支配階級がバスに乗り遅れまいとして慌てて画策する悲観的な光景を目撃した。そして知識人は、それが間違っており、すぐ燃料切れになるだけだと知っていたのである。

知識人のシニカルな態度は二つの要素から形成されてきた。彼ら自身の経験によって確証された評価の正しさに対する確信と、先見の明と正しさにもかかわらず、日本政治の進路を決定する上での無力さの感覚とである。この表情は、彼らの人生で最良の時期だった戦後の短命に終わった民主化時代には消えていたが、ふたたび彼らの顔にあらわれつつある。

親切なアメリカの政治家やジャーナリストらは、日本の知識人に対して、日本を戦争に引きずりこんだ権力と、現在の「親米的な」指導層との違いを指摘し、日本が乗ろうとしているＭＳＡと再軍備のバスは、十分な燃料を供給され、正しい方向に向かっていると説得しようとするかもしれない。しかし日本の知識人は、彼らがアメリカの有力な新聞や雑誌から得た強い印象をまだよく覚えている。それらは「新しい」日本の指導者に対して深い不信感と強い警戒心を示していた。これらの雑誌や新聞は、自由党や今の進歩党のような政党に言及するとき、きまって「実際には反動的な」あるいは「すなわち超保守的な」という評語を加えた。日本の知識人はアメリカのジャーナリズムの正しさに極めて強く印象づけられ、そしてみずからの政治観念が国際的に保証されていると感じたのである。日本政治に対する占領軍当局の評価もまた、この見方を確証するもののようにみえた。

しかしアメリカのジャーナリズムがこれらの政党に加えた形容詞は、今やとり除かれてしまったようにみえる。それは彼らの鑑定や評価の変化によるものなのであろうか。つまりアメリカ人は今や、日本の支配的な政党が真にリベラルで進歩的であると信じているのか。それともこれらの党派の真の色や性質のいかんにかかわらず、彼らをそのようなものとして扱うのが、便利で好都合だということによるのだろうか。

日本の知識人は、こうした質問に対する回答を欲している。この疑問が明らかにされないかぎり、上記の線にそって彼らを説得しようとするどんな企てもむだであろう。

〔平石直昭訳〕

編者注

ラスウェルのいう「牢獄兵営国家」は彼が主著『権力と人格』第一〇章で描いたもので、科学技術的暴力手段を管理する専門家から選ばれた少数が国民を統制する国家である。丸山による同書への書評を参照(『丸山眞男集』第四巻、岩波書店、一九九五年、三六五頁以下)。丸山は米ソ両国がやがて陥るだろう体制をこの言葉で表現し(「三たび平和について」『丸山眞男集』第五巻、一九九五年、二九頁)、また史上の近似形態として徳川幕藩制をあげている(「開国」『丸山眞男集』第八巻、一九九六年、五〇頁)。

1955

健康者対病人

題名は忘れたが菊池寛の短篇の一つに、ある重症の病人が、彼にあらゆる親切を傾ける健康な友人に対して抱く種々のコンプレックス(劣等感)を、その病人の遺書の形で描いたものがある〔菊池寛「病人と健康者」『帝国文学』第二四巻第四号、一九一八年〕。親友のほうでは自分は病人のために最善をつくしたと信じてひそかな自己満足にさえ浸っていたのに、いずくんぞ知らん、病人は親友の訪問のたびに彼の頑健な肉体に圧倒され、彼の示す厚意によって精神的にさいなまれながら死んでいった、というのである。

これは極端なケースではあるが、健康者と病人が互いに自分の言動の相手に与える影響や効果を読みちがえたために、思いがけぬ相手の反応の仕方に驚くといったことは、しばしばわれわれの経験するところであり、とくに療養所のように長期にわたって患者が集団生活を送っている場合には、一種の自乗作用によって健康者の世界との心理的隔絶はいっそう甚しくなる。健康者はまさに健康者であることによって病人のものの考え方や感じ方を把握する上に何か決定的な盲点を示すことが少くなく、この点では患者に最も近くいて内在的に患者を理解しているはずの医者も例外ではない。他方患者、とくに長期療養者は、知らず知らず療養生活の尺度で健康者の世界のことを測る結果になりがちである。

こうした「二つの世界」の隔離からして、患者の世界の中ではきわめてナチュラルに(自然に)なっとく《〔納得〕》される心理や行動が、外の――つまり健康者の世界にはまったく不可解な奇矯なもののように映じたりする。昨夏の患者坐り込み事件《〔編集注〕》に対していわゆる評論家やコラムニスト(寸言家)の示した冷淡さ、あるいは露骨な友情にしても単にジャーナリズムの傍観性とか、そういう人びとの政治的立場だけには帰せられない、健康者対病人という一種の「階級対立」からもきているように思われる。日頃から両者の心理的交通をさかんにする努力が必要なわけだが、その際この二つの世界の溝が同情とかヒューマニズムなどでかんたんに埋められるかのようなオプティミズム(楽天主義)は警戒したほうがいい。さもないとせっかくの患者の切実なアピール(呼びかけ)や運動も、患者の世界に流通する考え方を健康者の世界に押売りする結果になって所期の効果を収めえなくなる。

編者注

一九五四年七月二七日に東京都内の結核療養所の患者一三〇〇人が入退院の新基準に反対して都庁前に坐りこみ、一人が死亡した事件を指す。

1956

「スターリン批判」をめぐって

——武田泰淳との対談——

丸山　この間熱海で会ったとき、『ベルリン陥落』の映画〔ミハイル・チアウレリ監督、一九四九年ソ連制作、一九五二年日本公開〕について、武田さんは二つ問題にした。一つはスターリンの描き方——つまり味方の大将の描き方、それから敵の方の大将の描き方だ。僕は敵の大将の描き方、ヒットラーの問題、あれはそれほど僕はショッキングじゃない。だからその点は多少泰淳さんと違うかもしれない。つまりヒットラーの末期はあのとおりだ。史実に非常に忠実であるし、あのとおり半狂乱状態であったということは、ほかの本にも書いてある。それから、ドイツファシズムに対するソヴエト《ソヴィエト》の憎悪は実感で、ソヴエトが宣伝のために強調しているのではない。そのかぎりではリアルだと思う。

もう一つのスターリンの描き方は、どうも何とも言えぬものである、ということはまったく二人で同感した。タバコのこういう〔腕を廻して口にもってゆく〕もってき方、あれを話したのはこの前ですが、そうしたらこの問題が出たので、偶然で実に驚いた。

武田　僕の場合は、政治とか世界の情勢を身のほど知らず語るということはちょっと気恥ずかしい話だが、ある優秀な学者と知り合いになって、大いに政治というものに興味をもって、趣味と営業目的から大いにこれをやるつもりになっていたところへ、ちょうどフルシチョフ〔ソ連共産党中央委員会第一書記、首相〕、ミコヤン〔党中央委員会幹部会員、第一副首相〕演説〔党第二〇回大会、一九五六年二月一四日、一六日〕が出たので、僕としては、待ってましたとばかり飛びついたわけなんだ。アメリカにももちろんわれわれ文学者は興味があるが、それ〔ソ連カ〕には一種のおそれと未来性を認めて、どうしても頭の上におおいかぶさってくる未来と現在という気がしているわけだ。しかもそれが、ソ連自身の作った壁か、あるいはまわりの国家が作った壁か知らないが、うまく理解できないで、もやもやしたものがあって、日本もやがて世界的な方向にゆくということはわかっているが、その場合、最後の形が現在のソ連のような形になるのかと思うと、いろいろ文化的な統制などの点でおそれおののくという点があったわけだ。

それでどうしてもこれは考えたいのだが、われわれが身のほど知らずにあまりにも巨大なものに結びつけてゆくというのは恥ずかしいような気持ちで、いつも真正面からそれを考えないようにしていったというのが現状なのではないか。

丸山　そういう感じだ。ちょっと僕は体験として伺いたいんだが、今言ったソヴエトというのは、とにかく理屈でははじめて社会主義をやった国で、たいしたものと思われたが、しかし何だかちょっと怖くて、ちょっとやりきれないという感じを、武田さんはいつ頃からもった？

武田　それは、僕は、やっぱり日本が負けて、つまりソ連のいろいろな政策というものがヨーロッパにおける政策、また満州とか中国の共産党と国民党に対するいろいろな政策、そういうものが具体的にわかってきた。それまでは、たとえば日本の共産党というものに対しても、たんに皮相な、英雄主義にしか見てなかった。ところが、年頃もちょうど疑いやすい時期だし、細かい事実が——ことにヨーロッパの文学でもサルトルにしてもオーエル〔George Orwell〕にしても、もとみたいに絶対の正義というものを認めなくなってきたわけだ。その影響もあった。だからわりあいに新しいわけだ。学生時代には少なくとも全然そういうことは僕はわからなかったね。

丸山　それじゃあ、例のブハーリン〔ソ連の政治家。一九三八年銃殺〕からトハチェフスキー〔ソ連の軍人。一九三七年銃殺〕の粛清にいたる、あの裁判とか、あれはあるだろう。

武田　僕はトロツキーの自伝を読んだときに、トロツキーもかわいそうじゃないかという気がしていた。しかし、それはやはりトロツキーが悪いんだというふうに納得させていたんだ。それはいつでも引っ掛かっていた。そういう二人〔スターリンとトロツキー〕のえらい人がいて、片っ方だけが極悪人になるということで、何か不安はあったな。

丸山　僕等は、やはり戦前からそういう気持ちはあったな。学問的にというほどむずかしいのじゃなく、非常に大きくいうと二つあった。一つは、やっぱり、ちょっとかなわんなと思ったのは、粛清裁判、特にトロツキーを放逐したとき〔一九二九年〕には子供だったし、考えなかったけれども、あの一連のトロツキストの裁判だな。

ブハーリン以下のそれと、トハチェフスキーなんかの赤軍の粛清、国内的にはあれだ。もう一つは対外政策での変幻すべから《〔きわま〕》ざるマキャベリズム、その一番集中的な表現が独ソ不可侵条約〔一九三九年締結〕だが、あれが非常にショッキングだった。対外的にはあの問題、国内的にはあの粛清裁判のその二つのショックと傷手《〔痛〕》、それは綿々と尾をひいている。

武田　だから、左翼の方ではそういう一種の憧れで、ソ連というものに直接結びついてゆくだろうが、文化人の方がかえって不安が結びついていたというふうにもいえるわけなんだ。突きつめると、政治というものはどんな雰囲気をただよわすだろうかということで、最後の審判が、どういう善意によって行われるか……。

丸山　だいたい僕たちの育った時代とか読んだ本からいって、マルクス主義なり社会主義の一般的な優越性というか、そういうものが非常に、ほとんど抜きがたい一つのものになっているわけだ。だけれども、つまりさっきの問題が起こってくるというのは、何といっても共産主義で国をつくった国家というものは、最近中国と東欧諸国ができるまではソヴエトしかないわけだろう。現実の例というのはソヴエトというのはロシアで、そういう意味で経済的のみでなく文化的にも非常におくれた国で、そういう国で、共産主義の世界史的建設がはじめてなされている。そうなると、いろいろな、ソヴエトで起こってくる問題が、よきにせよあしきにせよ、どこまでがコミュニズムに必然的にともなっているものか、それともどこまでがロシア的特殊性の産物でなにもコミュニズムと関係がない、たとえばほかの国でコミュニズムが起こったならばそういう問題は起こらないというのか、どうしてもコミュニズムにともなってくるものなのか。それがいろいろな型のコミュニズムがあれば、共通分母を出してくればこれというものが出てくるが、一つしかないからその辺の分別がつかない。それからいろいろな議論が出てくる。つまり何でもかでもコミュニズムのせいにできない面が起こってくるわけだ。

それはロシアの後進性というところからきている面か、はたしてそれじゃ、そういうことがいえるかどうかということが、非常に厄介な問題だ。

武田 それは革命方式の問題についても、イギリスやアメリカの人がすぐについてゆけないというところがあったし、日本の場合にしても、いつも人真似しているような感じを受けていたということがあったわけだ。だからやっぱり知りたいことが集中して堆積してきたところにこれが出たから、今までは考えなかった人たちも、親身になって今度は考えようという方向と、もう一つは、前々から、必ずソ連には欠陥があり、かくれたところもあると言いたがっていた人たちもあるわけだ。そういう人たちが騒ぎ立てるという意味でもやるだろうけれども、いずれにしてもこれを読んで、ソ連の政治とか、僕らが知りたがっていたことについて直接的に理解させてくれるような光線がさしてきたような気持ちもする。〔演説〕

丸山 だから戦後についていえば、スターリンが死んだとき〔一九五三年〕、マレンコフ〔スターリンの死後、党書記局筆頭書記、首相〕路線というものが出ただろう。あのとき、みんなそういう意味じゃあ明るい気持ちがして、一時太陽がさしたように見えた。ところがまた引っ込んじまった。心配したらまたこういうふうになってきた。その、マレンコフ路線というものがずっと出てきたときに感じた明るい感じと、今度の感じが似ているんじゃない？

武田　似てるし、具体性があるわけだ。

丸山　あのときは抽象的だったけれども、もっとハッキリ出てきた。

武田　それでさっきのスターリン崇拝。あれは一番わかりやすいからみんなが漫画にしたりして、スターリンの額をどこの家でも掲げていて、何か話す前には、何とか何とか何とかのわがスターリン、と言わなければ一言もしゃべれないというのは、どうも不思議だなと思っていた。そういう疑問を出したときにある文化人は、いや、それは日本だって天皇の御真影を飾っていた、それはそれとして平気で暮らしていたじゃないかと言われたが、僕は何だかもっといいものと思っているから、それじゃ納得できなかった。

それから『ベルリン陥落』のあのときも、非常にニコニコしたいい顔が出てきたが、その神様みたいにえらい人というのが、芸術の場合にあまり中心に出てくるということは、何となく今までの芸術を否定するような気がして、いろいろ考えていたところにこれがきたわけだ。

今度のスターリンの死んだときに何となくホッとしたというのは、相当私は意味があると思う。というのは、日本が負けて、一応今までの指導者は全部悪人ということになった。何か絶対的な善人というものはありえないという気持ちになっていたところに、永久に善として確立し続くものがどこかにあるということは何となくやりきれないという気持ちもあったんで。つまり人間は死ぬものである、本当だけれども本当にしないような気がした。そこまで心配したことがあった。ちっともスターリンを憎らしいとも思わんし、僕はソ連からひどい目にあったこともないので、怨みもないから。

丸山　えらい人だということは認めるわけだろう。たとえば頼朝なんかは、えらいけれども、あまり人気がない。義経の方が人気がある。

武田　それは非常に重要なことだ。

丸山　あれと関係があるね。頼朝の人気のないということは、頼朝はえらいんだ。義経の比ではない。義経はトロツキーで、軍事的英雄だ。それから天皇の崇拝がよく問題になるが、たしかに重要なことだ。スターリン崇拝というのは実際こっけいだったけれども、しかしやっぱり公平に見てどうだろう。少なくとも天皇崇拝を不思議と思わなかった僕たちは、スターリン崇拝を笑う資格があるか。

武田　全然ない。

丸山　ないだろう。だいたいスターリン崇拝というのは、実質的にえらい人を崇拝するわけだ、そこは自由なんだ。天皇というのは実質的にえらくも何ともない。ただ万世一系というだけであまり経済とか政治的指導者として、あるいは全人間的に一つ〔も〕でえらいということはちっとも言えないわけだ。スターリンの方はとにかく人間的にもえらいし、政治的にも抜群の指導者だろう。天皇崇拝をやってそれに疑いを感じなかったのがスターリン崇拝を笑ったらおかしい。

武田　それはあるけれども、一つの違いは、スターリンというのはなぜ絶対者的に見えるかという、まちがいもある意味ではおかさないし、それからすみずみにまで自分の知力によって支配する強さをもっていたというが、天皇の場合はもはやたんなるこっけい人物のような無能力者でしょう。どっちに転んでも大事はない。ところが、スターリンという無限に感じた指導者というものが存在するかぎりは、ああいう崇拝形態というのは存在するのではない〔か〕という未来に向かってのあれがある。

丸山　アメリカの学者がソ連研究で向こうに行っているが、ナチの指導者〔と〕の比重的な違いという意味でこういうふうに言っている。

「ソヴエト的な独裁においては、全権力を排他的、最終的にその手に集中する単独の独裁者という観念は、理論的にもまた実践的にも認められていない」〔J・タウスター『ソ同盟における政治権力』II、前芝確三・川口是訳、岩波書店、一九五四年、二七二頁〕

スターリン自身も理論に関するかぎりは、一九二三年にワンマンルールの原理——これは要するに、それはだめだということをハッキリ否定している。もちろんレーニンは集団指導ということをしょっちゅう言っている。レーニンの死んだ後も、二〇年代の終わりまではしょっちゅう言われていた。だからスターリンも理論的にはそういうことを言っていたが、ここにはこう書いてある。

「ようやく三〇年代になって、スターリンに関する公式の呼び方には、「偉大な」〔great〕、「愛される」〔beloved〕、「鉄のごとき」〔iron〕等々の形容詞をつけた「指導者」という言葉が用いられはじめ〔た〕」〔二七二頁〕

というんだ。スノー〔Edgar Snow アメリカのジャーナリスト〕が、『ソヴェト勢力の型態』の中で、ある日調べてみると、一日の四頁の新聞に、スターリンの名前が五七ヶ所あったというんだ〔木下秀夫訳、時事通信社、一九四六年、二一七頁〕。そういうふうに非常に強調されるようになってきた。どうして強調されるようになってきたかということはここに書いてあるが、この場合でも

「たしかに集団的指導の理論は存続する。中央委員会と同様、政治局は合議機関と考えられており、事実上その決定もまた集団的である。なるほどスターリンの影響力は大きいが、政治局員はすべて上程された議案の審議に参加し、その投票は同じ効力をもっている。異議をとなえることは可能であり、事実上となえられている。そしてスターリンは、必要な場合には投票の数で勝ってきた。しかし、ひとたび多数決で決定に達したならば、政治局は、決定の遂行の監督者として、スターリンのもとに一団となって行動するのである。これは、〔ナチスの〕フューラープリンツィプ（指導者原理）とちがった概念である」〔『ソ同盟における政治権力』II、二七三頁〕

というんだ。一九四四年一二月には一〇節よりなるスターリンに捧げる詩が、あらゆる新聞のまる一頁を占めた。こんなことがほんとうに必要かとある党員に尋ねたときの答えが、「この国のあらゆる事物は一国社会主義建設を成功させるといふ観念に捧げられてゐる。他のなにものにもましてスターリンはこの政策を宣揚し実施した。経験の教へるところでは、我々ロシア人は完全と偉大さを表徴する国民的英雄を持ちたがつてゐる」〔『ソヴェト勢力の型態』二一八頁〕。ロシア人はそういう英雄崇拝が好きだ。革命そのものが英雄だという共産主義者の考えは、「大衆にとつては個性がなさ過ぎる。〔……〕曾つて皇帝が聖なるロシアの英雄であり神であつたと恰度おなじやうに、革命を人格化した誰かが必要だ。だが革命は皇帝と異なつて人のあらゆる生活の面に浸透してゐる。そこ

で革命を人格化したものとして、スターリンが労働者のあらゆる生活の面に姿を現はさねばならぬ訳だ」〔二一八―二一九頁〕と言っている。これが、スノーに対してある党員が言ったことです。

それからスターリン自身にも、フォイヒトワンガー〔Lion Feuchtwanger ドイツのユダヤ系小説家〕が聞いている。あなたの肖像が至るところに使用されている事実を認めるかと言うと、スターリンが「民衆が望むならば、別に害はないと思ふ」と言っている。これは、フォイヒトワンガーだから、ほんとうだろう。〔ドイツの作家エミール・ルードヴィッヒが〕マルクス主義で英雄崇拝というのはおかしいだろうと言ったら、〔スターリンは〕「それはマルクス主義を卑俗化するものだ。マルクス主義は決して英雄の役割を否定してゐない。それどころか余がいま述べた条件付きで〔英雄が大きな役割を演じたことを認めてゐるのだ〕」と言っている〔『ソヴェト勢力の型態』二二四頁〕。

もう一つスノー自身も言っているが、これだけ「阿諛《あゆ》追従を浴せられ〔てゐるにも拘らず〕」、その「スターリンが誇大妄想狂のとりこ」にならないで政治を維持してきた、これがやっぱりヒットラーと個人的に非常に違う点だ、と言いきってならない、〔ママ〕ということだ〔二二五―二二六頁〕。

それは有名な、対独戦に勝ったあと、赤軍の祝賀大演説会というのがある。一九四五年の五月か六月、きら星のごとく並ぶ赤軍の将軍たちにスターリンが短い演説をしている。そのときに、実にいいことを言っている。「私は、地位がひくく、等級の目だたない人々の健康のために乾杯したい。この人々は、国家という大きな機構の「ねじ」と考えられているが、彼らなしにはわれわれ元帥、集団軍司令官、軍団司令官も、あえていうならばなんの値うちもないことになるであろう。なぜなら、もしねじがくるったなら、万事はおしまいだからである。私は、普通の、ありふれた、目にたたない人々の健康のために、科学、経済、戦争のあらゆる分野におけるわれわれの巨大な国家機構のねじのために乾杯する。彼らは数多く無数であり、数千万人にのぼっている。〔……〕彼らは地位をもたず、等級もたいしたものでないが、土台が屋根をささえるように、われわれをささえるのは彼らである」〔「普通の人々のための乾杯」『スターリン戦後著作集』スターリン全集刊行会訳、大月書店、一九五四年、一五頁〕

勲章をつけ、きら星のごとく並ぶ赤軍の英雄に対して、凱旋してきた最初の祝賀演説にそれを言っている。これは相当なものだ。そういう自己抑制というものは相当なものじゃないか。だから僕は結局、スターリン個人の問題もあるだろうけれども、何といってもファシズムと戦争したんだ。ソヴエトの危急存亡のかつてない、生きるか死ぬかというときに、非常におくれた、何千万、何億という大衆を結束させて、対ファシズムの戦争を遂行させる、しかも国内的にはトロツキーを粛清〔一九四〇年に暗殺〕したばかりのときだろう。そのときに、古くから行われる人的統合、つまりある人を、人の力を通じて統合させる、これを用いたということは、やっぱり認めなければならないと思う。

武田 僕もそのとおりだと思う。ただ、向こうは向こうで非常に苦しい民族戦争をやっている最中の権力に対する考え方だ。これは違わなければおかしい。それが違ってきたというか、日本の共産党なんかは絶対に言わないから、それを本家本元の方でやってくれたということは非常に助かる。

丸山　戦後天皇崇拝をやめたのが第一の意識革命だとすれば、今度のは共産党員にとっては第二の意識革命じゃないの。つまり天皇崇拝をやめたあと、スターリン崇拝に変わっちゃったから。戦前の奴にとっても、天皇崇拝なんか馬鹿にしていても、ああいうメンタリティーというものはやっぱりあるわけだ。

武田　個人崇拝の問題はだいたいそれで尽きていると思う。革命方式の問題、社会主義への移行の問題、これは僕も日常考えていたわけなので、二・一スト〔一九四七年〕とメーデー事件〔一九五二年〕のときは、ある種の革命の形を暗示させるような動きがあったわけだ。

それから党の方針は僕は知らないけれども、もう一つ僕らが革命方式の問題についていつでも悩むのは、プロレタリア文学の問題がある。というのは、プロレタリア文学の方では、肯定的な人物というものを書かなければならない。前衛とかね。それはだいたいその手本はロシア文学にある。ロシアの武力革命、つまり国内戦争というものがどうしたって頭にあるわけだ。それは毛沢東の革命があって文学が出てきたから大分変わっているが、やっぱり基本形式はロシアの第一次、第二次革命の渦中から生まれたものを学んでいるわけです。そうするとつまり今でも、ショーロホフ〔ソ連の作家〕の『静かなるドン』〔一九二八―四〇年〕とか、トルストイ〔Aleksei N. Tolstoi ロシア（ソ連）の作家〕の『苦悩の中を行く』〔一九二一―四一年〕というのは非常に共感を呼んで、一種の同胞相食む、非常に冷酷な国内戦争の中における悲劇だ。

日本では、プロレタリア作者がどういう肯定的人物を考えるかというと、やっぱりそういう悲壮さと血なまぐささに耐えてきたというようなタイプが、どうしても全面〔前〕に出ざるをえない。それは小林多喜二の一種の悲壮的な捨身の戦法というものが、非合法時代からどうしても消えてない。だからひとごとでないわけだ。つまり人間は、どの時代には肯定的人物であるかということを絶えず考えなければいけない。だから革命方式が日本においてどういうものであるかということは、いかに政治に無関心な文学者でも考えざるをえない。それにこれが出てきたので、レーニンが非常にいいことを言っていてくれたということ、それをしかもフルシチョフ、ミコヤンが――発見はしていたが再提出してくれて、革命戦争時代の議論と平和共存時代の理論は違うということをハッキリ打ち出してくれた〔編者注①〕ことは、非常にわれわれにとっても親しみを覚えている。だから、専門的な見地から聞きたいわけだ。

丸山　普通の疑問は、暴力革命の、そういうことを言っているけれどもインチキじゃないかという疑問、もう一つは、平和共存と言いながら、資本主義、社会主義〔ママ〕は必ず滅びる、共産主義は必ず勝つと言っていることとはどういう関係があるのか、これは一番普通の疑問だ。

とにかくこの問題がよく引用されるのは、一八七二年の第一インターナショナルの会議のあとで、マルクスがアムステルダムで演説している。そこで、

「あたらしい労働組織をうちたてるために、いつか労働者は政治権力を獲得しなければならぬ。彼らは旧制度のささえとなっている旧政治体制を転覆しなければならぬ。もしこれをやりそこなったならば、旧体制の転覆をおろそかにし、そのために現世で彼らの王国をいまだにもつことのできぬ初期キリスト教徒のような運命をしのぶことになろう」〔「アムステルダムの公開集会における演説」『マルクス・エンゲルス選集』第一一巻下、

大月書店、一九五一年、四〇〇頁〕

つまり、そういう問題を閑却したので、原始キリスト教徒は神の国を待望するだけで地上の王国を建設することは断念しなければならない、と言っている。

「もちろん、私がこういったからとて、この目標にたっする手段が、どこでもおなじだ、というふうにほのめかすものととられてはならぬ。それぞれの国の制度や習慣や伝統にたいして特別な考慮がはらわれなければならないことを、吾々はしっている。合衆国やイギリスのように、労働者が平和的手段によってその目的をたっするのぞみのある国が存在することを、吾々は否定しない。もし私が思いちがえていないとすれば、オランダもおなじ部類にぞくする。が、たといそうであるにしても、たいていの大陸諸国では、強力が革命の挺〔梃〕子とならなければならぬだろう」〔四〇〇頁〕

と言っている。つまり、アメリカ、イギリス、オランダでも、平和的方法で労働者が権利を獲得し得るということを、このときマルクスが言ったわけだ。これはしょっちゅう問題になる。その場合、なぜかという問題だ。

それからエンゲルスの書いた、「エルフルト〔マ〕綱領〔マ〕」というのがある。そこでは

「いっさいの権力が国民代表機関の一身に集中されており、ひとが国民の多数者の支持を獲得しさえすればただちに憲法によってその思うままにおこなえるような国々では、ふるい社会が平和的にあたらしい社会に成長移行してゆくということも考えられることである。すなわち、フランスやアメリカのような民主的共和国や、また王朝を金で買いとって隠退させることがさしせまった問題として日々新聞紙上で論じられており、

そしてこの王朝が国民の意志にたいして無力であるイギリスのような君主国の場合がそれである。だが、ドイツで、すなわち政府がほとんど全能であり、一方帝国議会その他のあらゆる国民代表機関が実権をもっていないドイツで、そのようなことを宣言し、しかもなんの必要もないのにそうするということは、絶対主義からそのいちじくの葉をとりはずして、自分の裸身のまえにくくりつけることにほかならない」〔『マルクス・エンゲルス選集』第一七巻下、大月書店、一九五一年、三八五頁〕

と言っている。その相違がどこにあるかということだが、もちろん議会で多数を得るという労働者階級の政党が圧倒的多数を占めるということになっていることはいうまでもないが、非常に重要な契機は、ほかのいろいろなマルクス、エンゲルスの書いているものから帰納してゆくと、問題は軍事的、官僚的機構ということになる。その強大さということになる。「強大〔な〕ところでは革命は暴力的な形態をとる」という考えだ。ずっと後になるとエンゲルスは、一八七一年に「イギリス、フランスでは軍事官僚機構は強大でなかったが、今では強大になったから、あのテーゼはあてはまらない」と言っている。そこでレーニンがそれをとって、「カウツキーの考えはまちがいだ、カウツキーはしきりに一八七一年を言っているが、それに対して、それは全然公式主義で、エンゲルス自身が否定してるじゃないか、軍事的官僚機構が強大だったら革命はできない」と逆襲している。〔編者注②〕だからその場合の基準として、その国における軍事的官僚的機構の強大さということが非常に大きな判別の基準になる。これは忘れてはならない。

武田　それは僕もうすうすとそう思っていた。つまりこの場合面白いと思ったのは、いつでも暴力性を革命に加味せねばならなくなる理由は、被支配者側になって〔あ〕、支配者側と外国の諸勢力の性格によって爆発しなければならなくもなるし、またおだやかにもなるという意味でしょう。そうすると、今までは主体的条件というか、革命の責任、暴力性というものを、いつも爆発したものの性格にばかり規定〔して〕いたけれどもそうじゃない。向こう〔支配者・外国勢力〕の出方ということが重要になってくるということになる。すると向こうの出方というものが一国の革命方式を決定するとすれば、もし向こうが徹底的に理知的に、しかも賢く、合理的に人道的に出た場合には、こちらがいかに主体的条件がたぎり出そうとも、そういうことは起こらないということが問題になる。つまりミコヤン、フルシチョフは、ここでは非常にそれが言いたかったわけだ。しかし、よくよく考えてみると、このまま言い切ってしまっていい問題ではない。われわれの側としては、つまりそれは政治の法則で、コンフリクトの相手方がコンフリクトにならないようにもってきた場合に、ではどうなるか。

丸山　革命がどういう形態をとるかというのは、支配階級の出方と、外国勢力が革命に国内干渉してくるかどうかにかかっている、というのは、そうだと思った。そのおしまいの方に出ているが、意を強うした。ところが僕の友達のコミュニストは、あれは僕の見解であって、コミュニストの立場は違うという。それは革命の主体性を放棄するものだ。方法は革命の前衛が決定するので、支配階級の出方によるというのではやられる、と言われたが、言葉はそっくりで驚いたんだ。それにもかかわらず、綱領〔改良カ〕主義というのをここでいたるところでやっつけている。そうして、平和的な方法で行われようと、暴力的な方法で行われようと、革命は常に革命であり、改良は常に綱領〔改良カ〕である、と言っている。

それからもう一つ、スターリンとH・G・ウェルズとの対談〔一九三四年七月二三日〕がある。ウェルズが暴力革命のことについて聞いているのに対して、スターリンはこう言っている。

「共産主義者は、暴力手段をすくなくともよいものとはかんがえていない。しかし、共産主義者は奇襲をうけたくないし、かつ旧社会が自発的に引退するともかんがえず、旧制度が暴力で自己をまもっていることもみているので、それで共産主義者は労働者にむかつて、「暴力にこたえるには暴力をもつてせよ」、「死滅しつつある旧秩序が諸君をおしつぶそうとするのにたいして、全力をもつて対抗せよ」、「諸君の手に手錠をはめさせるな、諸君の手が自由であつてこそ、旧社会を転覆できるのだ」といいきかせるのである。あなたも知つていられるとおり、共産主義者は一つの社会制度から新社会制度への移行を単純に自然発生的な平和的な過程とはかんがえないで、複雑で永い暴力的な過程とかんがえている」〔スターリン『世界はひとつ』高山洋吉編、五月書房、一九五一年、二〇四頁〕

「共産主義者は、多くの歴史的経験によつて腐敗した階級は自発的には歴史的舞台から引退しないものだということをまなんでいる」〔二〇五頁〕

「歴史の豊富な経験のおしえるところは、こんにちまでどの階級も一つとして他の階級のために自発的に席をゆずつたことがないということである。〔……〕共産主義者はこの歴史的教訓をまなんでいる」〔二〇七頁〕

それからイギリスについて、こういうふうに言っている。

「各国各時代の支配階級中、イギリスの支配階級は、貴族階級にしてもブルジョア階級にしても、階級利益の見地と権力維持の見地からみて、もつとも聡明にしてもつとも柔軟性に富むものといつてさしつかえないであろう」

と言って、一九二六年のジェネラルストライキの例とかを言っている〔二二一—二二二頁〕。

「支配を維持するために、イギリスの支配階級はかるい譲歩、すなわち改革を許容することをあえて辞さない。しかし、これらの改革を革命とかんがえるのは、まちがいである」〔二二二頁〕

それで少なくともスターリンの考えによれば、やはり支配階級がいかに賢明で、いかに譲歩をしても、そういう改革の量的な堆積からは革命はこないんだ、ということで、結局改良主義というのはつまり労働者階級に対する、たとえば賃金とかその他の経済的な領域で譲歩をするとか、あるいは社会保障制度を完成させるとか、そういうのが結局改良なんだ。これをもって満足するかどうか、問題は革命というものの定義にかかってくる。

ご承知のように、革命には内容的な概念と方法的概念がある。内面〔容〕的概念は、社会革命という言葉で言っている。社会革命というのは、マルクスが有名な『経済学批判』〔一八五九年〕の序説で言っている。つまり上部構造と下部構造で、つまり下部構造の変革、当時の生産関係が発達した生産力〔許容力〕を供与できなくなったときに、新しく生産力に適合した形で生産関係を変革することが社会革命だ。この社会革命というのは、内容的概念、それを政治的に言いあらわせばどういうことになるかというと、一つの階級から他の階級に国家権力の指導が移ることということだ。だからその一つの階級から他の階級に国家権力の指導が移らなければ、社会的な改革をいかに施し、社会福祉をいかに増大し、社会保障制度をいかに完備しても、それは改良であって革命ではない。それはハッキりしている。しかしもう一つの、革命の方法概念がある。これはつまりさっき言った既存の国家の法秩序というものを、合法的でない手段でこわすこと、転覆すること、これが革命の方法的概念だと思う。つまり既存の法秩序を前提にして、その枠内で、国家の実際のポリシーが違った場合には、方法的概念からいって革命ではない。いわば手続、方法の問題と内容の問題と両方から考えてゆかなければならない。この平和革命という問題は、それでないと非常に論議がこんがらがってくる。

内容的概念についていえば、ちっとも新しいことを言ってない。その点では、基本的な見解はちっとも変化してない。つまり革命とは、一つの階級から他の階級に権力が移ることである。これはハッキリしている。その点では全然妥協してないということが必要〔重要〕なことだ。それから方法の問題ということになると、はじめて議会主義という問題が出てくる。

武田　それで議会主義が問題になるということは、資本主義社会の腐敗は必ずしもその社会の生産力の停滞を意味しない。ことにいまの日本は、一種の産業変革をやっているわけでしょう。つまり最新式の機械を入れたりすることによって生産量というものにおいては増加もするし、一応上昇線をたどっているような形を呈している。僕が驚いたのは、フルシチョフが引用しているソ連と資本主義各国の工業生産量の表があるが、あれを見ると、工業生産量が上昇しているのは日本だ。日本がともかく〔ソ連に次いで〕二番目だ。つまりその中〔資本主義諸国〕では一番だ。そういうことが〔を〕、日本の左翼の方ではあまり言いたがらない。むしろ向こうはハッキリ示して、しかもその革命理論を言っているわけでしょう。そういうところはやっぱり今度の場合、二つあるわけだ。

丸山　そこで前の議会主義という問題に帰るが、議会による社会改良の積み重ねによっては革命ができないということは非常にハッキリしている。それから一方、他方の国家社会主義への移行で必ずしも国内戦を必要としない。必要としたのは、こういう条件の下で必要とした。つまり〔別の条件では〕民衆の武装蜂起による革命は必ずしも必要でない。その暴力革命が一定の条件の下では必要でなくなったということもハッキリしている。

ただ、それなら社会党の左派の、今の綱領のできる前の社会党左派の主張のように、プロレタリアートの独裁ということは、これは必要欠くべからざる段階なのかどうか、これが非常に重要な問題だと思う。つまり平和的な革命にしても、それはプロレタリアートの独裁という形態をとるかどうか、これは具体的には反対党を認めるかどうかという問題と関連する。だからそこは非常にごちゃごちゃになっている。つまり武装蜂起は否定してきている、しかしそのことからただちに社会民主主義的な意味の議会主義による革命ということを認めるという過程には必ずしもなっていないのじゃないか。つまりフルシチョフも、プロレタリア独裁のあれこれの形態と言っている。その形態に違いがある。しかしプロレタリア独裁ということは前提になっている。するとこれは反対政党を許容するという行き方とはどうしても違っている。

それからもう一つ。つまり議会を社会主義変革の道具にすると言っているわけでしょう。そこで、議会だけが道具になるのじゃなくて、議会外の大衆の組織的行動が非常に重視される。すると、民衆の武装蜂起と、議会による変革との間に、大衆の組織的行動という非常に重要なことが入ってくる。これを、反共ないし保守政党が言うように、大衆の組織的な行動〔を〕すべて暴力というなら、これはやはり暴力革命の主張だと言わざるをえないことになる。議会外の大衆の組織的行動と結びついて、しかも議会の中で労働者の政党が圧倒的多数を占めるときに、平和的な社会主義革命が可能だと言っているわけだ。その点が非常に重要なことだ。

もう一つ、その場合に議会の中で圧倒的多数を占めて、しかも議会外の大衆の組織的な行動およびそのエネルギーによって援けられた変革を行う場合には、やはりそれはブルジョアジーおよびブルジョア政党に対する強力的な抑圧をともなう。つまり国家権力を使用する抑圧、つまりそれは、普通の議会主義の政権交替のルールを守りながら変革を行ってゆくのとはやはり違っている。だから、権力を獲得するまでに民衆の武装蜂起ということを必ずしも必要としない。その意味で、平和的ではあるけれども、社会主義変革を実行する際には、議会における圧倒的多数の政党と、議会外の労働組合その他組織された大衆の圧力によって、ブルジョアジーおよびその政党を国家権力で弾圧するということは、不可避的だと考える。その点が非常に大事だと思う。やはり内容的〔方法カ〕にも、改良主義とも違っている。さっき言った、労働者階級に対する経済譲歩あるいは経済的改革の積み重ねによって、社会革命がこないということと内容的にも違っているし、方法的にも社会民主主義者のいう議会社会主義の達成ということ〔と〕はやはり違っている。ただ議会の現実の政治的役割を非常に強く評価するようになったということ、これは疑いない。だから、たとえばレーニンの『国家と革命』〔一九一七年〕で言っていることを言葉どおりに受けとれば、今度のフルシチョフのは違っている。

それから、コミンテルンの有名な革命の規定があるが、一九一八年の社会革命の規定というのは、そのコミンテルンのテーゼの中に「革命それ自体は裸の暴力の行為である。独裁という言葉は強力(フォース)による政治以外のものを意味するものじゃない」ということを言っている。直接な裸の暴力に立脚するということを非常に強調している。だからその点では、僕はやはりある資本主義の国々では、社会主義勢力が非常に強くなったということ、それから帝国主義のソヴエト包囲が弱まって、人民民主主義国がたくさん誕生したこと、それから植民地体制が大規模に崩壊したこと、そういったいろいろな条件が、民衆の武装蜂起を必ずしも必要としない。だから必ずしも裸の暴力というものを用いないでも変革が可能になった。その点は非常に強調されている。だからといって、いわゆる議会主義的な社会主義変革というものが可能であると言っているわけじゃないと僕は解釈する。

それで実際に、一九一七年の春には、レーニンは平和的に社会主義に移行できる——つまりケレンスキー〔ロシア二月革命の指導者、臨時政府首相兼総司令官〕革命ができて、アメリカももってないほどの広汎なブルジョア的自由がロシアに与えられた。こうなったからには、平和的に社会主義に移行できると言っている。ところがその後の外国の国内干渉と内戦によって、革命が暴力的な形態をとっていったということなんだ。だから、フランス、イタリヤにおいて、共産党が議会では非常に大きな位置を占めたということを言っている。

武田　もう一つ文学者としては、非常にこの問題について、今度の声明について考えさせられたことは、つまり国内戦時代の革命党の倫理観からいえば、憎悪というものがすべての社会変革なり人類の進歩の根源的なエネルギーであるというように説かれた。それがプロレタリアの文学のテーゼにも入ってきたわけだ。その後、中国革命があった。あれでは、毛沢東は特に、憎しみということは言わなかったし、あの場合は人民民主主義というものが叫ばれた。ともかく文学においても、何か憎しみ以外のもの、つまり国民党の軍隊の将校でも、下士士官でも兵隊でも、捕虜になった者は許してやれば必ず自分の味方になるという態度が非常に成功したわけだ。実際的行動において少なくとも憎しみ以外の人類的な感情を非常に大切にして、それで非常に成功されている。そういう中国革命の指導者たちの考え方、あるいは寛容さというものが、何か少なくとも中国大陸においては成功し、しかも東南アジアとか日本にまでも大いに強力なシンパシーを引き起こしつつあるということが厳としてあったと思う。それが、ソ連の今までの氷のごとき厳粛さ、あるいは燃えるがごとき憎悪、絶対性というものに反作用して、何かもう一つ上手《うわ》に出る新しい方策を、世界の民衆に呼びかけなければならなくなったのではないか。これは中共〔中国共産党〕の成功という側から見てちょっと感じたわけだ。それは文学にも非常に重要な問題だ。

丸山　だからなんといってもソヴエト自身のさんたんたる国内戦、つまり革命戦争の中からコミンテルンのいろいろな決議が出てきているので、その経験というものが骨髄に徹していたわけだ。そこでさっきの、支配階級を考慮しないとか、暴力性、憎悪の強調というものは、そういうボキャブラリーの使い方というものが実に陰惨な状況を前提しなければ理解できない使い方だ。そうしてイギリスやアメリカの人たちがどうしても感情的についてゆけないのはそこだと思う。

武田　それは、中立国〔中国〕の場合は、共産党が国民党に殺された人数は、共産党が国民党を殺した人数の一〇倍以上だと思う。それから日本人によって殺された中国民衆の数は、国民党によって殺された共産党の数よりももっと多い。陰惨とか悲惨という意味でいったら、必ずしも中国共産党が憎悪の政策に移ってもそれほどは不思議でなかったかもしれない。そこがちょっと違う。

丸山　いや、それは僕は、中国の社会の特殊性というか、人民自身は、政治的権力はどうあろうと、自分の生活様式を守り、いわば自治的に生活をしてきた長い伝統があって、結局権力闘争というのが人民の生活の場にまでほんとうにおりてきた《てない》のじゃないか、そういうことがあるのじゃないか。だからつまりそういう意味では、人民自身をほんとうに敵味方に巻き込んだ意味の内戦というものは、経験してないのじゃないか。

武田　いやとんでもない。それはひどいものですよ。自分の親、兄弟は毛沢東に従ったとか、ソ連地区で全滅させられている。子供でも大人でも殺されている。どんな鈍感な人でも感じないことはない。

丸山　つまり中国の全体の人民の割合からいって、国民党と共産党に組織化された人民の割合というのはどのくらいある？　それはわりあい少ないんじゃないか。

武田　それは、工場労働者みたいなものは含めなかったということはいえる。ところが内戦の被害を蒙《こうむ》っているということからいえばたいへんだ。それで一応どっちの味方につくかということは、華北でも南支でも、もちろん満州でもあった。ちっとも変わらない。

丸山　それはやっぱり、日本人《中国人カ》が特別にえらいんだ。

武田　えらいというより、それほど違った革命方式があるという心理的な根拠だ。なぜ僕がそういうことを言うかというと、カミュがこういうことを言っている。つまり、ナチの野蛮性に対して、どういう態度を自分たちがとるかというときに、自分たちは、ナチの野蛮性まで落下して抵抗したいとは思わない。それは少なくともフランス国民がナチのあれによってやられたということは徹底している。しかしその場合でも、彼は、暴力に対する暴力という考えにしても、自分の道徳性までも、野蛮性あるいは暴力性に任せようとは思わない。それはレジスタンスの最中に言っている〔「ドイツ人への手紙(第一の手紙)」一九四三年カ〕。そういうことが重要だと思う。そういうことが全般的になってくれれば、平和共存が成り立つので、平和共存が権力と権力とのマキャベリー的な、それだけでは続かない、もっとより高い道徳性が生まれてくる可能性がなければ、野蛮性を裏返しにしたポリティック、悪い意味のポリティックだけが世界を支配することになる。それが知りたい。

丸山　さっきの問題に戻るが、国家の軍事的、官僚的機構の強大さにも関係がある。ツァル・ロシア〔帝政ロシア〕というのは、有名な慣習〔干渉カ〕の国家だ。人民の生活のすみずみまでツァルの干渉によって支配されていた。それで、元来伝統的に国家権力が弱くて、国家機構そのものの非常に組織的な、統一的な官僚的支配と〔の〕経験はないのじゃないか。つまりそこに培われた精神と、長く強大な君主的、官僚的機構の下にあった人民の精神とは違う。フランスなんかもない。つまり民主主義的な伝統が長くあって、強大な国家的官僚的機構の重圧というものは、人民生活のすみずみまで統制していった状態ではないわけだ。それが精神状態にも非常に違ってきているのじゃないかということ。

だから僕はあなたの言うことを肯定するんだ。というのはつまり、その内戦の結果が非常に深刻だったが、だんだんそれも忘れられ、国内も安定してきたということのイデオロギー的な表現が、ヒューマニズムの強調ということになって、イデオロギー面にあらわれている。下部構造が変わったのに上部構造がなぜ存続するかということの説明に、ヒューマニズムをもち出してきている。これは少なくも今までのあれからいうとおかしい。つまり、ブルジョア・ヒューマニズムとか、プロレタリア・ヒューマニズムとか言っていたが、ヒューマニズム一般ということを言う以上は、階級的対立をこえた、ある人間的な共通性というものを前提にしなければヒューマニズムというものは出てこないわけだ。だから、ヒューマニズムと言い出したのは、そこに非常に大きな変化があると思わざるをえない。

武田　だから力の支配ということが〔に〕アメリカは失敗した。アメリカのみならず、全部においてそういうことが失敗することを、僕ら弱小国民としてはつねに祈願しなければならない。

丸山　だから、政治というものが人間性の中に占める位置をちゃんと限定するということ。限定することは、逆にその領域では、政治のルールにしたがって行動する。そこに妙なセンチメンタリズムとか、妙な道徳主義はもち込まない。しかし逆に、政治の支配する領域が、けっして人間の□□〔道徳力〕性のおよぶものでないということを逆に容認するということだと思う。それは、僕は弁護するようだけれども、マルクス主義というものを見ればそういうものだ。

武田　だから最近とみに堕落したわけだ。

丸山　だから原理的にはさっきの集団指導の問題と同じで、維持されている。それはスターリンが一九四四年頃演説している。ヒットラー主義を批判して、ヒットラー主義の敗北は、軍事的敗北じゃない。同時に道義的敗北、道徳的敗北だ。なぜなら一つの人種を他の人種に優越させるという考え方からは、国際主義というのは出てこない。そういう意味のヒットラーの人種理論の敗北、これは道義的敗北だと言っている〔『ソヴェト勢力の型態』

二四二―二四三頁〕。だから僕は、原理的には維持されていた気持ちも、現実の問題として非常に拙《まず》くなったし、歪曲が起こっているということはいえる。

武田　だから僕は一時無政府主義的気持ちになった。というのは、日本、アジアのインテリが無政府主義的傾向になった。それはなぜかというと、何か絶対的な強者というものがあるわけだ。それが威張ったり、自己の光栄を誇ったりすることがちょっとでもあったりすれば、何となく世の中が暗くなる。一番強くて一番未来性のある人が一番謙遜で一番威張らなくなってくれれば、すべては解決するのじゃないかと思う。

丸山　すべてが解決するかどうかしらないが、政治の自己制限ということをもう少し倫理的に表現すれば、やっぱり政治における悪の必然性というものを認めるということだ。それは進歩的な政治、社会主義的な政治なら社会主義であるということから悪が出てくる《こないか》と考えないで、政治というものにともなう不可避的な一つの悪があるということ。

武田　それは、フルシチョフとミコヤンは両方とも自国内におけるそれを自己批判して、停滞もあれば歪曲もあれば、全然とりあげない、見ざる聞かざる語らざるという部分があるとハッキリ言っているから、人間性悪説とまではいかなくても、少なくとも性善説は成り立たないということを認めて、その上で政治をやる。

丸山　そこでまたスターリンに帰るけれども、さっきのウェルズとの対談で、「あなたは、人間がすべてその性善であるという仮定から出発していられる。けれども私は悪人が多いということをわすれない」〔『世界はひとつ』二〇〇頁〕とスターリンは言っている。これはプロレタリアートおよびプロレタリアートの前衛にも当てはまる。およそ政治的指導者になれば、なることによって非常に多くの誘惑がある。個人崇拝、相拮抗〔ママ〕される経験、あなたの言った憎悪の反応とか、革命悪、いわばそういったものがよほど自分でコントロールしないと、出てくるものなので、自分が前衛であるという、そういうことで、自分をジャスティファイしてしまうと非常に危険なことになるということだ。

武田 それがドストエフスキーの今度の会議の問題に関係している。だから僕にとっては、今の日本文学の沈滞などに全部関係している。

丸山 僕は〔ソ連共産党が〕変わりつつあるが、変わっている意味を原理的にまだ向こうが自覚していない〔と思う〕。いわんやこっちにおいてをや。非常に変わっているけれども、変わるのは当然だ。つまりマルクス主義というのは、ギリシャからの長い政治的な伝統にのって、西欧のヒューマニズムの上に形成されてきた大前提がある。それが突然変異でマルクス主義が生まれたわけじゃない。マルクスのものだけ読めば、その中には大きな前提があって、その前のやつが言っているから当然言わないということがある。マルクス以後を金科玉条とするとヒューマニズムが消されてしまう。やっぱり長い伝統というものを見なければならない。

武田 今度のことなんか、みんながほんとうにまじめに考えていれば、さかのぼって勉強もするようになるだろうし、お互いに、わからないことは横の連絡をとって、組合および政党以外の婦人団体とか、いろいろな団体に……。

丸山 だから、やっぱり中国のヒューマニズムの伝統というものがあるのじゃないの。仁とか、ああいう孔子以来の。

武田 中国の場合は、何回も王朝が変わり、異民族に統治された傾向が近代まで続いた。だから、人間というものはどういうものであり、しかも人間のこういう政治形態というのは必ずいつかは滅びるという信念はある。

丸山 だから政治に対して中国の方が眼が辛いということだ。だから、権力者に対していかれちゃわないということだ。それを裏返しにすれば、中国のヒューマニズムの伝統。

武田 それと、政治をどういうふうに受けとめたが〔ら〕いいか。たとえば、条文は守るが、やっていることは反対のことをやって経済を確立するということは昔からやっている。だからヒューマニズムというのは、そういう一種の自信がなくちゃできない。たんなる同情心じゃね。むしろ同情心だと逆にイントレランス〔intolerance 不寛容〕になる。だから、性悪説にもとづいたヒューマニズムなんだ。どうしてもドストエフスキーになるよ。

丸山 だから要するに否定的な面からいえば、軍事占領下の統制社会主義が平和的に実現できるなどというのはおかしいわけだ。だからこれは問題にならない。野坂〔参三〕理論〔編者注③〕への復帰は問題にならないと思う。それは一つハッキリしている。

武田 一番重要なことは、支配階級がはたしてイギリスのように聡明叡知であるか、それとも聡明叡知であってもそれを守りきれ〔る〕ないか、ということはあるわけです。

丸山 僕は、日本の支配階級の伝統からいうと、国際関係については非常に眼先がきく。しかし国内においてはおそろしく盲目である。だから結局国際関係が冷たい戦争が続き、あるいは結果するという情勢になれば、日本の支配階級はがぜん腰が強くなるということは、逆になれば腰が非常に弱くなるということだ。つまり、国内情勢によって決定されないで、情けないことに国際状勢によって決定されるということじゃないか。それは日本の支配階級は、国際関係についてはオポチュニストだ。だから確固とした信念とか、自分を保守党とよぶ勇気すらもない。自由民主党といわざるをえないほど信念がない。だから、暴力機構は完成させるけれども、それを裏づけるイデオロギー的な基礎とか信念とか、そういったものがまったく欠如している。そこでプロボケーション〔provocation 挑発〕をするのが一番危険なんだ。日本の支配階級は、破防法〔破壊活動防止法〕で暴力的にやってくる。そのときに、暴力には暴力をもってということでやれるかというと、日本の現在の社会主義政党の力および組織力ではとうていできないということだろう。

武田　それからもう一つ、これからの支配階級のもっている近代的な機能というか装備。その場合は、革命はおそらく軍隊および警察の氾濫〔反乱〕以外に不可能であるということ。

丸山　武装方針とか軍事方針とか、それはナンセンスだ。さりとてここで言っているような、議会に強力なとりでを築いて、議会が社会主義変革のてこになるという形での変革が、近い将来にくるかというと、こない。

武田　僕は絶対にこないと思う。日本の生産の、農業および工業の育ち方がそうだもの。工業というのは鉄および兵器産業でしょう。農業というのはやはり保守党の地盤でしょう。そうしたら、どこからそういう平和革命のはしごができるか、ちょっとわからない。議会勢力において工業的、農業的、どっちにころんでも、それがちょっとでもわかれば今の社会党の政策がわかるが、見込みが、ちっとも理論的に解明されてない。

丸山　だから社会主義革命とかそういうことじゃなく、つまりブルジョア民主主義を守る。その枠内で社会政策を実行すれば、平和的でかつ進歩的な政府ができるということだ。それを目指すということだね。それ以外にないのじゃないか。

で、それはどうしたら作り得るかというと、それはつまりここでも言っているように、議会だけの力では社会主義変革もできないし、日本の状況では、僕は日本の経済の底の浅さとかそういうことを考えると、やはり常識となっている程度の社会保障制度をかちとることも議会だけの勢力では不可能だ。そこでどうしても議会外の組織された大衆と、議会外〔内カ〕の勢力とが結ばれなければならない。ということは、社会党というのは頭でっかちの国会政党だ。下へいけばいくほど細っている。逆三角形の政党だ。共産党というのは正三角形の政党だ。つまり、一番下部に一番浸透している細胞組織をもって、日常活動して、上へいけばいくほど細っていて、議会にいくと一番勢力がなくなるという政党だ。

そこで一番平凡な、この正三角形と逆三角形が、何らかの形で一緒にならなければとうてい対抗できない。一緒になれば、議会外の大衆的なエネルギーを組織化すること、議会内からプッシュする、両々相まって支配階級から譲歩をかちとることができる。それは社会主義変革じゃないが、ブルジョア的、進歩的な政策をかちとることができる。だから日本では社会階級主義が向こう〔ソ連カ〕で達成したような、あるいはイギリス労働党が達成したような福祉国家を作るためにも議会だけじゃ駄目だ。しかし議会を支配した大衆行動だけでももちろん駄目だということだ。すると近い将来に、共産党が議会内に保守党と拮抗するくらいのマジョリティーをやれるかというと、絶対にやれない。また、近い将来に社会党が共産党と匹敵するような地方組織および下部組織を整備できるかというと、これもまずのぞめない。これが国会政党だ。そうすると、どうしても逆三角形と正三角形が何らかの形で力を合わせることがなくては、福祉国家すらなかなかかちとれないだろうということになる。

統一戦線の問題だが、フルシチョフ声明では統一戦線一般の問題と、特殊的平和協力による問題と、二つ問題を出している。一般の問題には

「生活はあらゆる労働者政党間の接近と協力を要求するばかりでなく、またこのような協力ができる本当の可能性をつくり出す多くの問題を日程にあげている。これらの問題のうちもっとも重要なものは、新たな戦争を防止する問題である」

と言って、平和運動における協力の問題に移っている。ここでは、民主主義社会〔社会民主主義〕との協力を特に強調して、結局現在「すべてこのことは労働運動のあらゆる指導者に歴史的な責任を負わせるものである」。そのために統一戦線を作るために、相互の批難を棚上げにして、接触をみつけてゆくことが必要であるということを言っている。

「この場合社会主義へ移行する形態について、われわれとはちがう考えをもっている社会主義運動の人々との協力は可能であり必要でもある」

というのは、社会民主主義のことを言っている。かれらの考えは間違っている。けれども態度は誠実であると言っている。これだけでは少し日本の場合に足りないのではないかと思う。

まあこれだけでも社会民主主義運動および社会民主主義の勢力を現実に認めてきたということは、やはりソヴ

エトの進歩と思いますね。これをダラ幹〔堕落した(だらけた)幹部〕とか、何とか言わないで、現実にそれが大衆をとらえているということを主張し、認めたのは進歩だと思います。しかしこの点は、日本なんかの方が認めているのじゃないかな。

武田　それからもう一つ、改良主義が非常に軽蔑され、もちろんそれはそうだが、改良主義がそういうのは、日本には現在あるかどうか分からないが、地道に何でもこまかい問題を具体的に解決してゆく努力。それほどの努力をしないでたんに瞬間的な爆発を待っているというような革命主義というものがあるわけだろう。だからそれが中野の療養所の問題〔編者注④〕にしても、とにかく基準的問題だ。それは改良主義とかいって、少しやってゆくという精神は、もはや許されない。

丸山　それはすでにドイツの社会民主党の中で、さんざん議論されて一応解決をみていることだ。にもかかわらず過去の経験を学んでいないということだ。あす〔そ〕こでドイツ社会民主党の右派、左派、中央派と非常な論争をやっているわけだが、結局つまり、社会改良と、改良主義を区別する。社会改良主義というものは、あくまで排撃する。これはつまり個々の改良の積み重ねによって、するすると社会主義が実現されるごとき幻想を、大衆に与える点で間違っている。しかし社会改良を軽蔑するのは誤謬であって、社会改良というのはどういうことかというと、勤労者の日常的な生活の向上のために改良する。どんな小さな問題であろうとも、そういうことは改良主義じゃないという。それはやはり非常に大事なことだと思う。

武田　それは、日本の革命主義的の場合は爆発した……。

丸山　それはカタストロフィーの理論で、それはアメリカ《〔カウツキーカ〕》がさんざん批判されて、ローザ〔Rosa Luxemburg〕なんかがさかんにたたえた《〔叩いた〕》んだが。

武田　共産党員なんかでも、奥さんたちが愚痴を言っている。家庭のことを考えないで、家庭外の党生活をやっていることは困る。『アカハタ』に頻繁に出る問題だ。つまりそういう努力もできないで、社会革命ができるという安易な考え方はもはや許されなくなっているということも示している。

丸山　それがあるから福田恆存〔評論家、劇作家〕なんかに突つかれたのだ。局地解決主義はいかんが、つまり局地解決の日常的な努力というものが大きな大衆の訓練になるし、非常に大事なことだし、何もかも革命を待望するということになっちゃおかしな話だ。天から降ってわいたように、ある日眼が覚めてみれば革命が成っていた、というものじゃない。

武田　そういう改良政策もできないような人間では、とうてい革命が担当できないということは考えられるでしょうね。

丸山　平和共存の問題で、このフルシチョフ演説で重要なのは、平和勢力と平和地帯を一応区別した点だと思う。平和勢力というのはソヴエト、中国、その他社会主義諸国および人民民主主義国というのは平和勢力だ。彼らの理論によれば、本質的に社会主義から戦争をしなければならない必然性が出てこないわけだ。利潤生産じゃないから、そういう点で社会主義は理論的に平和政策しか出てこないという意味で平和勢力だ。しかし従来はいわゆる第三勢力、あるいは中立主義をとっているようなアジア、アラブ諸国に対する考え方は曖昧だった。一時は非常にハッキリ排撃したし、日本のコミュニストも第三勢力および中立主義を非常に排撃していた。ところがフルシチョフの演説で、

「平和勢力はブロック不参加をもってその外交政策の基本とすると宣言した一群の平和愛好国家がヨーロッパとアジアに出現したことによって、非常にその力を増した」

「その結果、社会主義国と非社会主義国とを問わず、ヨーロッパとアジアの平和愛〔好〕国諸国家を網羅する広大な平和地帯が世界に出現した」

だから平和地帯があって、平和勢力はその中の力になる。インド、アラブ諸国は現在の方向では平和勢力ではないが、平和地帯に入る。オーストリアもそうだ。そういう非社会主義勢力による平和地帯の出現、これが重大なことだと思う。相対立するブロックに属さないポリシーを認めたことだ。今までは二者択一だったが、それに対してインドの立場を認めて、両方つなぐものは何かというと平和五原則〔編者注⑤〕だ。これによって平和地帯と平和勢力がつながっている。そこを広めてゆくことによって平和地帯を拡大してゆくことがソヴエトの政策だ。

それともう一つは、平和共存とイデオロギー闘争との問題だ。つまり平和共存の考えをイデオロギー闘争にも持ち込むのはいけないと小田切〔秀雄〕〔編者注⑥〕理論がやっつけられている。こういう考えは非常に有害であり、まちがっている、とハッキリやっつけている。これは、ソヴエトのように共産党が権力を獲得しているところとそうでないところとは、具体的には非常に違ってこなければならないし、フルシチョフの演説を見ると、主としてこれはソヴエト国内に向かって言っている。その考えはまちがいだということを国内に向かって言っている。というのは、

資本主義イデオロギーの残渣《ざんさ》と闘わなければならない。ほかのところは残渣でなくて、対外的社会主義イデオロギーの方が絶海の孤島だから、非常に状況が違う。それを機械的に、それ、というのでやっちゃ、非常に拙いと思う。

だから、理論としては小田切理論はまちがいだけれども、マルクス主義でないイデオロギーをもっている人に対して具体的にどういう態度をとるかという問題になると、ソヴエトおよび人民民主主義国家のように、すでに共産党が権力を獲得している国とそうでない国と、非常に違ってこなければならない。それを機械的にフルシチョフのあれを適用されるとへんな問題になる。たとえば、イデオロギーの違った人に対する寛容の問題とか、自己批判はするが政治的な攻撃をしないとか、反動とか。いろいろの問題に関連してくる。だからそれは統一戦線の問題とも関連してくるので、やはり慎重に考慮しないと。イデオロギー闘争を苛責《仮借》なくやるというのは、ソヴエトの政策としては正しい。また各国のコミュニストが、イデオロギー的には絶海の孤島の位置にあるコミュニストが、機械的に、平和共存とイデオロギー闘争は別だと、苛責《仮借》なくやったらどうなるか。僕は、統一戦線はこわれる〔と思う〕。自己批判しないかというと、批判の仕方が問題です。

だから僕はやっぱり、ディスカッションと政治的闘争というものとの区別を、わきまえなければいけない。ディスカッションによる批判と、政治的闘争。政治的闘争ということは相手を絶滅させ、屈服〔さ〕せることですよ。だから、僕はそういうものを、違った学問的立場なり、思想的立場にもち込んだら、統一革命はできないと思う。そうでなく、ディスカッションによる批判はさかんにしなければならない。それをへんに遠慮して、まあまあということじゃ、ほんとうでない。たとえばプラグマティズムに対しても、マルクス主義者は批判しなければならない。しかし学問的ディスカッションという約束を守らなければならない。その点では、小田切氏のある指摘は正しい。それが混乱して、政治闘争になってしまう。どうしたって、統一戦線ということを言えば違ったイデオロギーとの協力になる。だから協力ということと批判は矛盾しない、だから批判の仕方が、政治的の批判の仕方と同じじゃいけない。政治的批判の仕方は、やっつけるということだけです。

ソヴエトの出方というのは、フルシチョフとミコヤンだけからは出てこない。たしかなことは言えないから参考の意味で聞いていただきたいが、第一には、西欧圏の諸国に対してどういうふうに出るか。たとえば日本はこれに入る。いわゆる自由国家群に対しては、第一は貿易協定、文化交換、そういう経済的、文化的な交流をますますさかんにしてゆくという方法をもっているということ。

第二には、現実にその国を支配し、あるいは議会に圧倒的勢力をもっているところの政府および政党に呼びかけてゆくということ、つまりそういう点で非常にリアリズムになるということ。鳩山〔一郎〕が天下をとったら鳩山に呼びかける、岸〔信介〕が天下をとったら岸に呼びかける。それから自由民主党が議会に圧倒的多数をもっていれば自由〔民主〕党議員を招待する。社会党が多くなれば社会党議員に呼びかけるというように、現実にその国を支配している勢力、あるいは議会で現実に多数を占めている政党というものに重きをおくということ。それから共産党の弱いところでは、極力社会民主主義系の政党および労働組合に積極的に呼びかけてゆく。日本でいえば日本社会党、総評〔日本労働組合総評議会〕の場合には全労〔全日本労働組合会議〕、そういうものに積極的に呼びかける。そのためにちょっとその国の共産党の立場が拙くなっても顧慮しない。非常なリアリズム、共産党に対するモラル、シンパシーというものをその場合あまり考慮しない。もっぱら平和を獲得する政治的必要から非常にリアリズムでゆくということだ。だから、共産党はよほどしっかりしないと引きまわされることになる。これは、インドの共産党がネールについて心配している。さかんに宣伝したらソヴエトがもちあげて、〔インド共産党は〕大いに自己批判した。

だから、よほど柔軟な考えをしないと、各国共産党は立場がなくなるということは、外交政策と国内政策を峻別しているからこっちも峻別しろということだ。つまり両極の誤謬に陥っちゃいけない。つまり国内問題と国際問題をごっちゃにして、革命が成らなければ戦争勢力が現在権力を握っているから帝国主義になりやすいから、それに反対するという行き方。これだとソヴエトがいわゆる戦争勢力と提携するという結果になってくる。さりとてソヴエトが手をさしのべたから国内問題についても何もしてないということになったら、共産党は存在理由がない。だから、鳩山に日ソ交渉を鞭撻するが、国内問題については徹底的に闘争するというふうに別々にしなければならない。その点で、各国の共産党の立場は非常に困難になってくるという見通しだ。

それから第三は、原爆と軍縮協定を強力に推進してゆく。それから個別的な友好条約の積み重ねと、集団安全保障と二本立てでゆくということだ。

それから、アジア、アラブの非社会主義国に対するやり方。これは第一には、大胆に帝国主義と植民地体制に対する闘争をアジテートする。今までは無差別に支持したが、これを峻別して、西欧諸国および西欧〔自由国家〕群諸国に対しては、革命は国内問題だということを言って各国共産党を突っぱねる。だからおよそそういう点で、国内問題については言わなくなる。国内を社会主義にしろということは言わなくなる。平和競争一点張りでゆく。アジア、アラブその他植民地諸国に対しては非常にアジテートする。イギリスや何かはカンカンに怒って、平和共存と言っても違うじゃないか〔と非難しても〕、これは植民地民衆、大衆をつかむというために、植民地大衆に対しては闘争をアジテートするというのが僕の見解だ。第二には、ヒモのつかない大規模な資本および技術援助を提案するということ。これを、西ヨーロッパのヒモのついた国家援助とどちらをとるかということで選択を迫ってくるということ、第三は、中立主義ないし中立〔平和〕地帯の域〔意義〕を積極的に評価してゆくこと。だいたいこの三つです。

それから、中国、人民民主主義国に対しては当然のことで、ますます援助を強めてゆくということは当然だ。ただユーゴー〔ユーゴスラヴィア〕に対してはあらゆる手を尽くして、これをコミンフォルム〔共産党・労働者党情報局〕に復帰させるように努力すると思う。ユーゴーの階級闘争を、ほかの人民民主主義と同じように見ている。それから、強大なユーゴーという言葉を使っているということは、完全にコミンフォルムと決裂した以前のユーゴーに対する取り扱いとまったく同じだ。というのは、ユーゴーに対しては、これを中立〔平和〕地帯にとどめないで、平和勢力の中に入れてゆくように今後努力すると思う。

さっきの、闘争を呼びかけるということ。植民地、半植民地および独立した場合のアジア、アラブ諸国は、共産党が非常に強いけれども、その場合共産党にはやっぱり呼びかけない。その場合、インドでいえば、ネールに一番呼びかける。だから植民地の独立闘争とその国の内部の革命問題をやはり峻別してゆく。非常に細かく考えてゆくわけです。だから、独立闘争については非常にアジテートする。しかし、その独立闘争と内部の社会革命の問題とは区別する。その点は今までゴチャゴチャだ。実際共産党が、独立闘争を一番やっている。にもかかわらず、ビルマ、インドネシアでも、非共産主義指導者が、今独立国家の一応頭脳になっているわけだ。これを帝国主義〔の植民地支配からの独立〕という線で結集するバンドン会議〔一九五五年四月に開催されたアジア・アフリカの独立国政府首脳の会議〕を非常に評価している。

（終わり）

編者注

①この武田の発言の背景にあったと思われるフルシチョフ報告の部分を次に紹介する。

「社会主義への移行形態が将来ますます多種多様になるであろうことは、大いにありうることである。この場合、あらゆる事情の下で、これら〔人民民主主義諸国の〕形態の実現が、かならず内戦を通じて行われるとはかぎらない。敵はわれわれ、レーニン主義者を、時と場合を問わぬ暴力一遍倒主義者とみせかけることを好んでいる。たしかに、われわれは資本主義社会を社会主義社会へ革命的に改造する必要を認めている。そして、これが革命的マルクス主義者と改良主義者や日和見主義者の異なる点である。一連の資本主義国にとつては、ブルジョワ独裁の暴力転覆とそれにともなう階級闘争の激化が避けられないのは疑問の余地がない。しかし、社会革命の形態は多種多様である。そしてわれわれが暴力と内戦だけを社会改造の唯一の方途と認めているというのは、実際と違う」（「ソ連共産党第二〇回大会におけるフルシチョフ報告（上）」『世界週報』第三七巻第八号、時事通信社、一九五六年三月一一日、三二頁）

なお、この少し前のところで中国について次のように述べられている。

「中華人民共和国も、社会主義建設で多くの独自なものをもちこんでいる。中華人民共和国の経済は革命の勝利前は、極端に遅れており、半封建的、半植民地的性格を帯ていた。人民民主主義国家は決定的な管制高地を闘いとり、それを基礎として、社会主義革命の発展過程で、私営工業および商業を平和に改造し、社会主義経済の構成要素に歩一歩と転化する方針を実現している」(「ソ連共産党第二〇回大会におけるフルシチョフ報告(上)」三二一―三二二頁)

②ここまでの所で丸山は、革命が暴力的形態をとるか、平和的移行が可能かに関するマルクス主義の古典的な議論を紹介している。しかし九一頁後半で引照されているエンゲルスやレーニンの主張の典拠が示されていないため、議論がどこまで妥当なのか疑問が残る。この問題は以下の点とも関係する。九〇頁後ろから四行目以下でエンゲルスの「エルフルト綱領」からとして引かれている文章が(速記録では要旨)、実際は彼の「エルフルト綱領草案批判」の一節で、その執筆は一八九一年だということである。他方で丸山は「ずっと後になると」エンゲルスが、前の見方(平和的移行論)を改めたとしている(九一頁)。エンゲルスは一八九五年に亡くなっていることを考えると、この「ずっと後」という表現には何かの混同があるようにも思われる。いずれにしても、この部分については問題があることを指摘して、詳しい検討は今後の課題としたい。

③一九四六年一月一四日付の「同志野坂と党中央委員会の共同声明」およびそれに方向づけられた「第五回党大会宣言」(同年二月二五日付)で示された、「平和的且つ民主主義的方法」によるブルジョア民主主義革命を「当面の基本目標」とした理論を指す。

④国立療養所の付添婦制度廃止問題を指すか。丸山は、一九五四年四月に国立中野療養所へ二度目の入院をした。このときの経験をもとに、丸山は以下のような一連の文章を残している。「一療養患者としての意見」(一九五五年七月、『丸山眞男集』第六巻、岩波書店、一九九五年)、「断想」(一九五六年一月、前掲書)、「中野療養所雑感」(一九八六年九月、『丸山眞男集』第十二巻、岩波書店、一九九六年)。

⑤「平和五原則」とは、一九五四年、中国の周恩来首相とインドのネルー首相によって宣明された、領土・主権の相互尊重、相互不可侵、相互の内政不干渉、平等互恵、平和共存の五項目からなる国際関係の原則を指す。

⑥小田切秀雄「思想上の「平和的共存」」(『新日本文学』第一〇巻第三号、一九五五年三月)などで展開された、「平和を守るための思想の戦線・イデオロギー戦線全体の展開の仕方」(対立するイデオロギーの「平和的共存」)をとく理論を指すと思われる。小田切の一連の論文とそれにともなう他の知識人たちとの論争については、田中単之「「思想の平和的共存」について」(「囲む会」編『小田切秀雄の文学論争』菁柿堂、二〇〇五年)などを参照。

戦争責任をめぐって
——支配層の場合——

一政治学者

最近、竹山（道雄）さんなんかが問題にしてまた新しく関心の的になったけれども（実はファシズムの研究の問題では前から問題になっていたことだが）〔編者注〕、日本の支配層の責任意識のないこと、どこにも責任の主体が見つからないという問題がある。これがどこから生じて来たかを解明しないと、たとえば、竹山さんが出されているような問題も十分解明されないのではないか。つまり、日本の戦争以後崩壊した、あるいは、現在も残っているかも知れないが、一応戦争前の支配体制——天皇制自身が膨大な無責任な体系だということ。

どうしてそういうふうになるか。まず第一に、天皇がヤヌスの頭のような性格を持っていること。実は日本憲法〔大日本帝国憲法〕の建前からいうと、大権事項が多く、かつその程度が強く、議会のコントロールは限定されている。それは統帥大権によって最も端的に現われている。にもかかわらず、天皇の輔弼《ほひつ》の重臣たちのリベラルな考えによって天皇は立憲君主としての教育を受けた。また護憲三派内閣〔第一次加藤高明内閣〕から犬養〔毅〕内閣の倒壊までは一応軍部大臣を除いては政党出身者によって構成され、議会のコントロールを受ける体制が出来た。半ば立憲的である。しかし、根本的な政治体制自身は絶対主義的なものがそのまま残っている。そういうヤヌス的な性格が、国家の最高統治者、主権の総攬者としての天皇の責任をアイマイにしている。

第二には、それと密接に関連して、日本の統治構造自身が多元的なこと。もしこれが典型的な立憲君主制であったら、君主無答責の原則によって、君主の行為については国務大臣が議会に対して責任を負い、議会は国民に対して責任を負うというルールを確立している。ところが、日本には議会を通じないで直接政策決定過程に影響を及ぼすような擬似プレッシュア・グループ〔圧力団体〕が沢山ある。それも枢密院とか貴族院とか制度的に保障されている勢力のほかに、〔政党の〕院外団とか右翼とかいうものがあって、元老とか重臣に働きかける。すると、そのプレッシュアによって国策の大きな決定が、議会及び内閣というポリシー・メーキング・プロセスにおいて一番大事な場所をツンボ桟敷に置き、それ以外のところで決定されて、しかも責任は負わないという特殊な統治構造が生れる。この多元性が端的に現われているのは戦争の真最中における日本の政局の不安定性だ。これは他のいかなる全体主義国家にも見られない特色で、東京裁判の時にもこの点は問題になった。

曾て『原田〔熊雄〕日記』〔『西園寺公と政局』全八巻・別巻一、岩波書店、一九五〇—五六年〕の編纂をしていた時に、松平〔康昌〕元内大臣秘書官長が、実に面白い比喩を出された。それは満州事変から敗戦までの過程は、次々とおみこしを担いでいるようなものだという。初め数人の人がみこしを担いである所まで行った。担いでいる間にくたびれた。すると次のグループがどこからともなく現われて代ってみこしを担ぐが、これもある地点まで行くと面倒臭くなってみこしをおろした。こうして日本全体が谷底へ落ちた。これが日本の満州事変以後の過程だ。だからこの場合「谷底へ落っことさし〔せ〕たのはだれか」と詰問すれば、最初みこしをかついだ奴は「俺はこの地点まで担いだが、それから先は知らない」という。次の奴も同じようなことをいう。最後に谷底に落っことした奴を詰問すると、「この断がい〔崖〕絶壁まで来たら後は谷底へ落ちるしかないじゃないか」という。こういう統治構造の多元性からくる政局の不安定。これが責任意識をアイマイにしている。それを裏返していえば、ナチのような特殊なファシスト政党が日本に欠如していて、みんながみこしをかついだということになる。

これがビヘビヤー〔behavior 行動〕の面に現われると、主に二つの意識形態になって現われる。一つは、すべての人が天皇の臣下であるという臣下意識を持っている。自分が政治的な最高の責任者でなく天皇を輔弼する臣にすぎない。そこから政治的な責任意識は出てこない。もう一つは、権限意識である。議会政治家が実質的に無力であったので、したがって政治家の責任がなくて官僚としての責任しか存在しない。官僚は自分の権限については責任があるが権限外は責任がないということになってしまう。だから一元的な政治的主体がなかったのでまた政治的意識もそこから生まれてこない。

次には日本のブルジョアジーの寄生的な伝統である。明治以来、主体的にブルジョアジーが国家権力を駆使したというより、国家権力に常に寄生し甘い汁を吸って来た。明治の言葉で言えば、「紳商」的な性格を持っている。独立の産業ブルジョアジーとしての自主的な成長がなかった。一九三〇年―四〇年代のブルジョアジーはすべて時の国策の指導者に動かされただけだ、という被害意識を持っていたということ。この点についてはさらに歴史的に細かく分析してゆかなければいけないが、確かに満州事変前後を見ると、少なくとも日本のブルジョアジーが日本の大陸膨張に主導性を持っていたとは言いにくい。このことは井上〔準之助〕蔵相とか高橋〔是清〕蔵相といった例外のケースを取ってみるとはっきりする。久野収〔哲学者。平和・市民運動家〕さんが竹山さんの本を「ブルジョアジーの無罪証明である」とうまい論を使われたが、同感である。

昭和十二、三〔一九三七、三八〕年ごろからはさらに事態が違ってきている。一つは軍部自体が二・二六事件の粛軍を経て軍部の中にあるラジカリズムが減退し、軍部が国家機構の一翼というよりはもっと大きな役割を果したわけだが、全体として日本を戦争体制の中に持ってゆく方に主力を注いで国内の革新の面は背景に退いた。独占資本の方は、日本経済の戦時経済化が進むにしたがって戦争経済自身の拡大再生産以外に利潤を保障する途がないというので、客観的には戦争体制に適応してゆかざるを得なかった。そこで軍部とブルジョアジーが密接に結びついてくるプロセスが出来る。にもかかわらず主体的には伝統的なブルジョアジーの寄生的な性格があるので、最後まで自分たちが主導権を取ったという意識がない。天皇制——官僚——ブルジョアジーという支配層がどれも責任意識を持たなかった。妙なことに日本では天皇制の「機構」自身が戦争を遂行さし〔せ〕て行ったというふうに説明する以外に戦争遂行の普通の意味の能動的な推進力は論じられないという結果になった。この点を社会科学的に解明することがやはり大事なことではないか。それでないと、一方では独占資本に戦争の主体を一元化して全部独占資本がやったことだという一元論的な見方と、他方では軍部の青年将校が悪かった、佐官級が悪かったんだ、あとは無罪だ——という軍閥悪玉論の両極端の誤謬が生まれるのではないか。要するに、支配層の戦争責任の問題を究明するには、日本の天皇制自身のからくり、深い病理を解明することが重要だと思う。

——申し出により特に氏を秘す——

編者注

竹山道雄『昭和の精神史』(新潮社、一九五六年五月)。『丸山眞男集』第十六巻(岩波書店、一九九六年)三二六頁参照。

1957

革命と反動(東洋とヨーロッパ)

——竹内好との対談——

1

丸山 進歩の思想を唯物論的に解釈すると、歴史は無限の進歩の過程になってしまうわけです。観念論的に解釈すると、歴史とはある完成されたものをめざす、それへの動きだということになるわけです。だからそれは論理的には必ずしも一致しないんだと、この二つは、完成思想と進歩思想は。ところが、歴史的にあらわれた進歩の思想ではその二つはくっついているんですよ——一八世紀の進歩の思想では。

竹内 進歩というのは前の進歩ね、つまり無限の過程という進歩というのはいつ出てきたのです？　完成の方は古くからあるわけでしょう。キリスト教からあるわけですね。

丸山 キリスト教は、しかしむしろ、つまり堕落の歴史ですからね、だから。

竹内　理想の状態を完成するわけでしょ。それから堕落してまた、だけどつまりしんじん〔信心カ〕。

丸山　終末論ですね、むしろ。歴史哲学の構造としては、終末論を否定して、つまりキリスト教の歴史哲学から神様を奪っちゃって、人間自身の向上の可能性、人間の自力による向上の可能性というものを認めたのが啓蒙哲学で、したがって、啓蒙哲学は反キリスト教的、反宗教でね。だからその啓蒙哲学の無限の向上という考え方と、それから一九世紀になって起こってきた歴史主義とが結合したのが、マルクス主義だと僕は思う。

歴史主義的な見方というやつは、つまり無限の向上という見方ではない。そうじゃなくて、歴史的個性という見方ですよ。だから中世は中世なりに、近世にない価値をもっている。近世はまた近世の価値をもっているということがいえる。中世より近世が進歩したとはみないわけです。むしろそういう歴史主義とは、自然法に対立する観念だから。自然法とは、何か規範をもっていてその規範に人間がだんだん近づいていくという主義でしょう。歴史主義というのは、そうじゃなくて規範を否定して、歴史にもっと内在して理解するという見方ですから、これはロマン主義のようになってしまって、実際には中世の讃美みたいになってしまった。ロマン主義、サビニー〔F. K. Savigny　ドイツの歴史法学派の創始者〕とか。歴史―民族精神とか言い出しちゃって、サビニーやなんか。

だからその歴史主義の中のロマン主義をすて、啓蒙主義の中にある人間の進歩と完成という理念と結びつけたのがマルクス主義だと思う。だからマルクス主義の中には自然法思想と歴史意識とが、よくいえばアウフヘーベン〔Aufheben 止揚〕されている、悪くいえば混在しているということになっている。それでその価値意識みたいなもの――自然法からきている――これが一九世紀の中期になるとダービニズム〔Darwinism ダーウィン主義〕になる。

ヘッケル〔E. H. Haeckel ドイツの生理学者、生物学者〕とかああいう自然科学的一元論がおこってくる。価値感〔観〕、進歩と完成という面がなくなってしまうですね。すると自然科学的一元論ということになってしまって、一九世紀の中葉から、つまりこれはエボリューションということになって、つまり進歩ではなくて進化という考え方ですね。進化という考え方が出てくると、これは適者生存といわれるように、あるいはもっと極端にいうと優勝劣敗ということになって、進歩の思想と逆になってしまうわけですよ。つまり、一番ひどい形では強者の権利。つまり大衆の解放なんていうことではなくて、歴史過程において生き残っていったやつが進化に適応したから、歴史に適応したから生き残ったんだと。それをつまり社会的な、貧しい者は敗残者である、適応性を失った者である、そういう者を救済するというのは進化の理にそむくんだという考え方ね。

それから帝国主義を合理づけるんだって、未開民族が――文明の力で滅びていくというのは(インディアンなんか)適者生存の力を失ったから滅びていくんだという。こういう考えだから、社会的ダービニズムになるとマルクス主義の反対になってしまって、貧しい者の解放とかそういう正義の理念ね、マルクス主義の中にあるヒューマニズムというか、あるいは正義の理念というようなものが全部否定されてしまう。ただ冷厳になる。宇宙の進化みたいなものだけ認めるということになってしまう。日本なんかみると面白いのは、堺利彦とか、ああいう人がやっぱりまず進化論を読んでいるのですね。丘浅次郎〔生物学者〕とか。進化論からマルクス主義にいっているんですね。

そこでさっき言ったマルクス主義の自然法的な面ね、マルクス主義の前提として立つもの、つまり価値的なものね、そういうものがドロップしてしまっているというのは、そこに一つ原因があると思う。儒教的なものがその代用をしているんです。日本の受け入れられ方では、マルクス的な社会進化がダービニズムと一緒になってしまっている。それは普通は、ダービニズムは弁証法がない、というふうにして説明されるわけです。だから非弁証法的に理解された、というふうに。だけどそれだけじゃないと思う。人類解放とかそういうむこう〔西洋〕の啓蒙主義のヒューマニズム、何かそういうものの背景が、科学主義というものの名のもとにドロップしちゃったという気がする。人間を支えているのは、そういう正義感なのだけれども、河上〔肇〕さんなんかでもそういうものだけれども、書くときにはそういうものはドロップしてしまうわけですよ、むしろ。

竹内　これは儒教的なもんでしょ。

丸山　そうそう。

竹内　一つの自然法というようなものですね。

丸山　そうそう、そういうものですね。

竹内　中国では、しかし、そうなんだけどねえ。進化論が入ってきて、歴史意識が植えつけられたのは進化論〔の影響〕です。

丸山　だから僕はやっぱり、歴史は進歩するんだという、そういう歴史は退歩するんでもなければ、また歴史は同じもののくりかえしで〔あるが〕、単調なくりかえしではなく、進歩するんだという観念の中には、同時に蓄積という要素が含まれているわけなんで、蓄積という要素を否定されるとたんなるプロセスということになってしまう。たんなるプロセスとして理解するから、これは非常に直線的になってしまってね。つまり蓄積というのは、より豊かになるということであり、より豊かになるということは、過去のものが蓄積されながら、同時にもっと進んだものを吸収していくということなんで。

そうじゃなくて過去のものを否定して、次のものになるということになると、極端にいうと、ファッションや流行と同じことになってしまうわけですね。だから僕は歴史の進歩という観念には、蓄積という観念が――蓄積とはさっき言った完成の思想としてあらわれている、やはりそういうものが歴史の進歩という観念の中に本来あったということね。それがダービニズムなんかによって、いつの間にかドロップしてしまったということ、思想史的にいえば、〔そう〕ということに問題があるんじゃないかと思う。

竹内 あのダービニズムを経過するということで、永遠の過程ということになりますかね。

丸山 そうもいえるんじゃないですか。マルクスの中にも、弁証法の理解〔に〕は永遠のプロセスという面があるんですよ。というのは、弁証法自身は本当は円環の思想で、つまり自分自身に還帰するということでしょう。自己疎外から自分自身に還帰するということです。これつまり円なんですね。

ところが、ヘーゲルがそれで現実を合理化しちゃったもんだから、それで神学みたいになってしまったから、マルクスはそれに非常に反対して、弁証法というものを神秘化しないで、事物は無限に弁証法的に進化するということを言ったんですね。だからそこには当然、無限のプロセスという契機があります。ありますけれども、しかし実際にその通りにマルクス主義の体系がなっているかといえば、さっき言った人類の前史は終わるとか、つまりマルクス主義の中にある終末観的な構造ですね。階級社会の止揚以後、ひとたび失われた人類のパラダイスが再びよみがえってくるという考え方は、やっぱり、自己還帰だろうと思う、マルクス主義は。だからその意味では、無限という考えに徹底していないと思う。ところがダービニズムになると適者生存でね、環境に対する適応性でしょう。適応性だから文字どおり無限の段階であって、終点はないんですね、理論的にも実際的にも……。

竹内　日本ではどうなんですか。日本で本来あった歴史観、歴史意識といった。

丸山　本来というのはむつかしいけれども、一番はじめにあった歴史意識はやっぱり末法思想だと思いますね。『愚管抄』〔慈円著〕などの……。あそこでは、末法思想の中に何とかして人間の能動性を認めようという努力がみられますね。だから、一路ただ末法にいくんじゃないということを、『愚管抄』ではさかんに言っているんですよ。ある段階まで堕落がおしすすむと、もう元へかえせない。しかし堕落のはじまったばかりのところは、人間の努力いかんではくい止められるということを言っているんですね。

それから今度『神皇正統記』〔北畠親房著〕へいくと、もっとその能動性の契機が強く出て、むしろ末法の方が背景にしりぞいてしまう。『神皇正統記』の中では、やはり今の世が末法だということを言ってますが、しかしあれは基本は伊勢神道ですからね。古代神話に万物が太陽のめぐみで生々発展するというような考えがあるんでしょう。だから当然非常にオプテミステック〔optimistic 楽観的〕なんですよ。『正統記』では、末法の方が床の間のかざりのように言葉になってしまった。だから神道のは歴史意識ではないが、何といったらいいのか、生の哲学〔Lebensphilosophie〕みたいなものです。楽観論があるでしょう。

だから〔本居〕宣長なんかの歴史意識もそうですね。復古神道といわれるけれども、やっぱり彼のを読んでみると何《〔ママ〕》、野蛮から文明への進歩を、やっぱり進歩とみとめていますよ、彼自身は。だから田舎に住みたいとか、都会は俗化しているとかそういう考えを、非常に嘲笑しているんですね。彼は『たまかつま《〔玉勝間〕》』〔十三之巻「しづかなる山林をすみよしといふ事」〕なんかで、人間の生活がだんだん文明化してくるというのは、これは当然なんで、自分なんか田舎や山林の中などに住んだら淋しくてしょうがないということを言っていますね。やっぱり一種のシビリゼーションという意識があると思う。

それからもう一つは、儒教に対する対抗があるから、儒教的な自然法を否定するでしょう。そこから歴史意識が出てくる。日本の場合は、地理的相対性の意識と同時に出てきているというのは面白いと思う。〔編者注①〕地理的相対性——熊沢蕃山あたりから出てきています。つまり水土という観念ですよ、水と土ですね。儒教の理念そのものは普遍的だ、しかし水土に応じなければいけない、だから日本の風土にもってくれば中国の儒教と違った形をとらなきゃいけない、ということを言って、地理的唯物論のようなことを言っています。地理的相対性の観念がまず出てくるんです。

竹内　ああそうですか。

丸山　それがおしすすむと、宣長みたいに儒教〔的〕自然法の普遍性自身も否定してしまう。あれはまったく中国固有の教えなんだと、日本には妥当しないんだということになってしまうんですね、むしろ。だから地理的相対主義が歴史的相対主義を誘発する契機になっているというのは、非常に日本的であると思うんですよ。中国というのはお隣りにあるから。だからその毛沢東に「永遠」の発想があるというあなたの考えは、僕は非常に面白いと思うし、それは大いに強調されていいと思うが、しかしそれは西洋の進歩の思想にも実は違った形で前提になっているんだな。

〔西洋には〕ギリシャから続いてきたヒューマニズムというものがあるわけで、これはむしろ永遠の理念みたいなもんですよ。進歩の理念の背景にそういうものがあったんですが、ドロップしちゃったわけですね、歴史主義におされちゃって。だから僕は進歩の理念と矛盾しないもので、むしろプロセスという考え方と矛盾すると思う。すべてをプロセスでみるという、すべてをプロセスに解消しちゃうという見方ね、それと永遠の理念というものが対立するんじゃないかしら。永遠に向かっての進歩だというふうに考えられないのかしら。

竹内　その永遠というのは、直接のもとは大同思想ですがね。大同思想の転換したのをこういうんですがね。つまり古代にあったのを逆に未来にもってきた。大同ということは毛沢東も言っているし、孫文も言っている。両方とも広義に使われている。日本ではそういうふうなものはないでしょうが、それにあたるものは？

丸山　つまり大同じゃないんだな。古代には、仏教や儒教が入ってくる以前には、非常に人心がやわらいで楽しく世の中を送っていたのに、ああいうのが入ってきて世の中がさわがしくなり堕落した、というのはあるんだけれども……国学なんかで。

竹内　それから復古思想ですね。

丸山　そうそう。大同思想というのはどういうんですか、一種の共同体ということね。ある社会のイメージがあるわけでしょう、大同社会というものには。漠然としているけれども……。

竹内 ありますね。

丸山 それがないなあ、日本の場合は。ただ楽しく過ごしていたんだというだけでね、社会のイメージというやつはないんじゃないかな。

竹内 そうねえ。それはちゃんと文字に書いてあるからね。「大道の行はれしや」(『礼記』「礼運」)云々というやつね。

丸山 そう言ってますね。

竹内 道で落っこってても拾わないとかね、泥棒はいないとか。つまり差別がないということね。

丸山 安藤昌益の「自然世」〔編者注②〕の思想、あれがそうですよ。「法世」以前の自然世には搾取がないという考えは、大同みたいなものから影響があるのかなあ。むしろ荘子なんかじゃないか。

竹内 同じですよ。大同というのは老荘的なものですね。

丸山 そういう千年王国みたいなやつは、だから……。

竹内 ただね、それはつまり、ユートピアになるわけです、過渡期にはね。しかし、そのもとになっている永遠というやつは、ギリシャもあるしキリスト教にもあるけれど、実際の具体的なあらわれ方としては資本主義という力関係が出てくるわけでしょう。思想というものとしての接触としてでなくて、あらわれ方は、資本主義の侵入、帝国主義の侵略という形で出てくるわけでしょう。東洋に対する……。西欧のその近代社会が膨張して、それがこっちへ侵略してくるという形になるわけです。それと伴ってきているわけです。

丸山 ああ東洋ではね。東洋のうけ取り方はそうですね。

竹内 そこで思想上の一致は見出せないわけなんだ。

丸山 それはそうです。

竹内 だからまず侵略に対する抵抗運動というものは、やっぱり思想的にはやはりきまった体系で対立されているわけです。相手を認めたら、それは抵抗にならないから。

丸山 そこはつまりテクノロジーの問題になると思う。テクノロジーをまるごとふくめて否定するか、つまり進歩の思想にしろ、ギリシャの永遠の思想にしろ、あるいは中世の神の国にしろ、テクノロジーと全然かかわりなく生じたわけですよ。それから一八世紀の進歩の思想も非常に公式的にはそうだと思う。一九世紀になって産業革命になってはじめて、テクノロジーというものが非常に大きな契機になって、テクノロジーを応用して自然界を改造してゆく。自然を征服していくと同時に、人間社会の不平等を打破していくというのが進歩の観念と結びついたと。そういう段階で東洋に入ってきたわけですね。そこで東洋は、最初はテクノロジーもまるごと否定するという形でリアクションがおこっているんだと思うんです。日本の幕末でもそうだし。

ところが次の段階になってくると、それでは要するに負けてしまう。と同時に、テクノロジーを否定するこっちの力は、文字どおり土着の非常に伝統的な支配形態というものと結びついているわけで、そういうものがテクノロジーを排斥しなければ維持できないような、そういう社会構造になっているわけでしょう。するとそこから出てくる革命的な力というものは、はじめはもちろんそういうオール西洋の排斥というものと一緒になっているが、次の段階では敵の武器をうばって、テクノロジーという武器をうばって、この上からのしかかってくる伝統的な支配体制をやっつけると同時に、帝国主義をやっつけるという構造をもっているわけでしょう。するとそれは、テクノロジーの単純な否定という段階とは違ってきている。そこでテクノロジーを肯定するということは、非常に大きな東洋の思想の革命的な変化がおこったのではないかと思う、そういう意味では。

竹内 それがだから、テクノロジーだけを入れようというのは中体西用論でしょう、社会思想。ところがそれがうまくいかなくて、エチオピアやインドだとうまくいかなくて、今度はまるごと入れるという口火になるわけですね。そういうやつ、つまり西欧派だね。すると今度は野蛮な反動、これとが□□〔空白〕に分割するわけですね。その中から革命運動が起こってくるわけでしょうけどね。

丸山 その革命運動は、テクノロジーをたんに狭い意味での技術だけに限らないで、社会組織、産業組織、〔つまり〕組織という観念が、やっぱりテクノロジーの産物だと思う。これは中世にもない。ギリシャにもない。組織というのは、人間を組織化するという考え方は、やっぱりそれはテクノロジーの発展と結びついている。□□□□〔中体西用カ〕論は文字どおり機械をとるということでしょう。ところがそれを、社会の組織化という意味で社会をテクノロジカルにみていくという見方ね、それが入ってくるんで、たんなる技術をとり入れるというものと違ってくると思う。そこではじめて体制―レジームという問題が提起されてきた。これはたんなる専制を打破するとか、あるいは農民暴動とか、そういう昔からくりかえしてきたやつと違って社会再組織ということ、これは一九世紀にはじめて出てきたわけです。コントの有名な本が『社会再組織の原理』〔*Plan des travaux scientifiques nécessaires pour réorganiser la société*, 1822.〕でしょう。ああいうのをマルクスが受けついできているわけです、社会の再組織ということ。テクノロジーの問題というのは、そこまで拡げた形でマルクス主義に入ってきている。そういうものを僕は、摂取したんじゃないかと思うんです。

そういう意味で、そこではじめて伝統的な概念をひっくりかえすと同時に、ヨーロッパ的な資本主義のおしつけを排除する問題が、そういう任務が出てきたんで、それでないと、やっぱりそれこそ義和団というかな、革命的な主体であってもたんに狭い意味の技術を否定するという意味のテクノロジーの拒否ですね、それにとどまってしまうか。それとも中体西用論みたいに体制はそのままにしておいてテクノロジーだけ入れる、東洋道徳、西洋技術というか、そういうものになってしまうか。どっちかになってしまうんじゃないか。つまり義和団的なものか、あるいは中体西用論かというようなエントヴェダー・オーダー〔Entweder-oder あれかこれか〕を打破するところに、新しい革命的なエネルギーが生まれたのではないか。だからガンジー主義もネールなんかになって変〔化〕していって、産業化をだんだん認めるようになってきた。そういうことになってはじめて現実のプログラムになっている。はたしてガンヂイズムがそういう〔テクノロジー拒否の〕契機をずっとおし出していったら、革命の指導原理になったかどうかという問題はあるんですよね。

竹内　それはならないですよ。それはそこで、また動・反動の関係になるだろうね。支配が強い場合に、ああいう形をとらざるをえなかったということ。ゆるんだからネールが出てきた。それは中国だって同じでしょうね。

丸山　だからそういう意味のテクノロジーの採用ということを原理的に否定しないと、進歩の観念を原理的に否定するということにならないんじゃないか。さっきの歴史意識は進歩の思想とね、進歩の思想は歴史的な見方を背景としているんだけれどもね。日本の、非常に特色なんだと思う。進歩の思想と歴史意識がくっついているというのは。むしろ歴史意識だけの歴史をみると、進歩の思想に対するリアクションとしておこっている。歴史意識が進歩の思想に対する〔リアクション〕、第一、ロマン主義がそうだしね。

それから一九世紀の後半の歴史主義というやつね。進歩史観に対する反動ですよ。歴史的個性という見方。それからトインビーなんかの見方、あれは進歩史観に対する反動でしょう。〔歴史主義〕そっちの方が西欧の歴史意識の主流なんですね。ただバックル〔H. T. Buckle イギリスの在野の歴史家〕などとは違うけれど……。

それで歴史主義みたいなやつとマルクス主義とが非常に密着しているのは、日本の特殊の精神的気候だと思うな。

竹内　そうですか。歴史意識というものには、それがよくわからないんだけれどもね。つまり歴史が教訓であるとか、ああいうのを歴史意識というんですか。

丸山　いやいやそうじゃなくて。非常に広い意味では、歴史についての意識という意味じゃそうだけれども、そういう意味じゃなくとれば、それ〔歴史を教訓とする見方〕は歴史意識の逆ですね。歴史を道徳化する見方に対する〔歴史主義の〕反撥ということからいえば、歴史を文明の進歩の過程であるとか、人間がだんだん立派になっていく過程であるとかいう見方も、非歴史的になるわけですよ。むしろ歴史主義を徹底すれば、そうじゃなくて、ある時代なら時代を、その時代の内在する価値意識から理解していくというのが歴史だと。たとえば、中世を近世〔へ〕の過渡とみないで、過渡とみる見方はいけないと。

そうじゃなくて、それ〔進歩史観〕は近代主義になるんだな、むしろ。近代主義というのは歴史主義じゃなくて、近代を絶対化する見方になる。逆に中世を中世から理解していくというのが歴史意識だというわけでしょう。だから逆になるんですよ、むしろ。進歩史観みたいなやつと。

竹内 日本ではマルキシズムが歴史主義とくっついちゃっている。そのために今いったような意味の歴史意識が出てこないということですが。

丸山 いや出てこないというか、なんかつまり〔鶴見〕俊輔君なんかの書くもんだな。つまり非歴史的な見方というようなものを強調する見方ね。

竹内 あれは強調ですか。

丸山 ああいうのは僕、よくわからないんだが。

竹内 久野〔収〕君にはわりに歴史主義に対するアンチ・テーゼの意識が強いんですよ。俊輔の方は不感症というところがある、歴史に対する。歴史というものをそもそも認めないという、よくわからないんだけどね。

丸山 つまりもっと、たとえば僕の本の批評〔『日本読書新聞』第九〇〇号掲載の鶴見の書評〕なんかでも、もっと非歴史的な見方に徹しろというんだね。それで遠山〔茂樹〕君とちょうど逆になるんですがね〔『思想』第三九五号〕。まったく逆の批評を受けちゃったんです。わかる気もするが、まだ、ちょっとわからないんだ。その非歴史的見方という意味が。

竹内 つまり、歴史を背景にいつももっている考え方というものに対する不信感というものがあるんでしょう、俊輔は。

丸山 そういうものね。

竹内 それは現代の病弊というか、現代人の弱点、そういうふうに書いているんじゃないか。そういうふうに彼自身が本来もっていないように思うんですがね。やっぱりそれは〔ママ〕……じゃないかな。久野君の方はあるんですがね。相当そういう——気がねというか。

丸山 歴史家に対する気がねね。

竹内 そういうものだけでは困るという見方。本来彼はもっているから。俊輔のはね、本来にもっていないんだ。

丸山 シュヴァイツァーなんかね、言っているのはさっき言ったプロセスですよ。物事をすべてプロセスに解消する見方が、これが最大の現代の危機なんだということ。ゲーテのは、プロセスという考え方はないんだという、いいものと悪いもの、完全なものと不完全なものという考え方しかないというね。そういうものとも違うのかしら。

竹内 まあゲーテじゃないな。それは調和とか統一とかいうことはあんなり〔ま〕考えてないな。

丸山 しかし歴史、本来の歴史主義というものも、そういう統一ということを考える見方もあるけれども、逆に歴史主義が徹底すると非合理主義になるわけですよ。不調和の思想だな。歴史的個性の思想だからね。歴史法則というが、歴史法則的なものを否定するわけだから。歴史主義を徹底していくと歴史的一回性の思想でしょう。〔それに対して〕歴史法則というのはくりかえしを前提にしているわけですから、そういう意味では。

竹内　ああそうですか。歴史をそういうふうに徹底さし〔せ〕たものというのは、たとえばどういうものでしょう。

丸山　まあ、ランケでしょうね。ランケは歴史主義の祖ですけれどね、むしろ。彼が一番反対したのはヘーゲルですからね。ヘーゲルみたいに歴史を何らかの〔……〕。

竹内　歴史外の絶対者の道具として歴史を解釈するという。

丸山　つまり目的論的歴史感〔観〕でしょう。マルクスはもちろん問題にしていないんだ。というのは、歴史外的な概念を精神から物質に置きかえたのがマルクスだとみるわけなんだから。神様のかわりに生産力というやつが出てきたんだとみるわけですね。

竹内　そのそういう歴史主義と、実証主義というか、歴史研究の実証主義ね、これとはどういうふうに関係してくるのですか。

丸山　ですからやっぱり文献主義みたいなものとは、アカデミズムの中では非常にくっついているんですね。ことにドイツの史学はランケの系統をひいているでしょう。ランケの、中世を中世から理解する、すべての時代は神に接続しているという観念は、進歩史観に対するさっき言ったアンチ・テーゼなんですよ。そこで進歩史観というのは、一つのイデオロギーをもっているわけでしょう。ある政治的なイデオロギーをもっているわけですよ。それを排除してゆくことになる。だから反政治的な知性とくっつくわけですね。そういう歴史主義というのは、そこでアカデミーの反政治的姿勢――なんか歴史を学問外的なものの道具にするという、政治の道具にするということに反撥するのが、これがアカデミズムの歴史学の主流になっていると思うんです。日本なんかに入ってきたのはそれでね。

竹内　歴史を解釈するのにどういうあれ〔方法カ〕を使うか。因果律を否定するわけですね。

丸山　むしろ因果的な法則というものを否定するわけです。そこでだから、ランケから今度はいろんな方向に流れてくるけれども、デ〔ィ〕ルタイやなんかだと、感情移入とか意味連関とかみんなこれ因果律の否定ですよ。因果律というのは自然現象、自然科学的な方法なんです。だから文化現象は因果律では理解できない。文化科学と自然科学を峻別する考え方でしょう。

だからマルクス主義というのは非常にそういう意味では妙な位置を占めてくるのですね。歴史を因果的に、ある意味では、因果的というとおかしいけれども、弁証法だってまあ因果的な見方とすれば、その中に入ってくるわけでしょう。だからむこう〔西洋〕の歴史学なりなんなりの発達のブルジョア歴史学のね、そういう本にはほとんど出てこないんですよ、マルクス主義みたいなものは。

つまり〔マルクス主義では〕両方が融合しているから。自然科学的というか因果的な見方ね、それから歴史意識みたいなものもあるわけですね。さっきいった個体的な見方、たとえば封建制と資本制と峻別するという見方、資本制を資本制から理解していくという見方があるわけですね。だからそれはひゅっとくっついちゃっているんだ。

そのくっついちゃっている一番の表現が、歴史法則というあの観念なんだと思うのです。あれは西欧のブルジョア歴史学にはまずない観念ですね。だけど日本では、歴史学に対する反撥が、同時に歴史法則的な見方に対する反撥になっている。それは非常に日本の精神的特性だと思う。

2

丸山　流れとしては認めるんだな。だが進歩としては認めない。

竹内　俊輔の場合だったら、流れを認めないんじゃないですか。

丸山　流れをね。ああそれはまた別だな。

竹内　彼の書くものの中には入ってこないですよ。過去にどういうことがあったということじゃないんだな、全部現在形だな。

丸山　それが、だから本当に文字どおり反歴史だな、彼は。反歴史というか。

竹内　反ではないんだな、ノン歴史。入ってこないんですよ、そんな気がする。それが特徴だな。

丸山　しかし、意識してそうやっているということだけなんじゃないかしら。

竹内　だから彼が歴史論を書けば、そういうことになるんだな。

丸山　だから歴史叙述をどうやるかということ、具体的に。白樺派ならあれでいいけれども。たとえばこれでね、徳川時代のだれでもいいけれど。

竹内 しかしやっぱりそれは同じでしょう、扱いが。

丸山 だから歴史にならないわけです。つまりそういうジャンルを認めるのか、それともそういう見方を認めて、ただそれが氾濫している〔の〕がいけないというのかね。

竹内 プラグマティズムの歴史を書いたのがある〔鶴見俊輔『アメリカ哲学――プラグマティズムお《〔を〕》どお解釈し、発展させるか――』世界評論社、一九五〇年〕。やっぱり進化とかそういうのは、あったような記憶がないですね。これはこうである、これがこうである、個別的にねマルクスはどうだ、□□《〔空白〕》はどうだとなってしまうんだね。

丸山 すると発展という考え方はないわけ。

竹内 発展は全然ない。

丸山 しかし、発生をどうやって説明するんですか。プラグマティズムがなぜ発生したかということ。

竹内 彼の場合は、発生はないでしょうね。たとえばこのような、パース〔C. S. Peirce〕ならパースに何が入っているかということを、□□《〔空白カ〕》ノートに分析するわけです。

丸山 それはむこうでいうと、サイエンスの立場ですよ。ヒストリーに対するサイエンスの立場ですよ。それは普通なんで、ただそれは同じものをヒストリーとして扱えるという前提となっているんだ。しかし、サイエンスはヒストリーじゃないんだという考え方です。それの方が西欧の常識でしょうね、むしろ。歴史を人為的に捨象し〔ち〕ゃうんだ、サイエンスというのはそういうものだと。日本ではヒストリカル・サイエンスというふうになって両方ごっちゃになってしまっている。つまり〔西欧では〕歴史は科学じゃないんだ、逆に科学は歴史じゃないんだと。

竹内　まあそうですね。

丸山　中国の『史記』〔司馬遷著〕とか、ああいう歴史というのはやっぱりある歴史的な事表〔象〕の因果関係というものを分析しているわけでしょう。

竹内　それはあんまりないんですよ。それはあるのはね、特にあるのは『〔春秋〕公羊〔伝〕』です。『史記』にはやっぱりないんです。

丸山　なぜっていう……。

竹内　相関関係はあるんです。

丸山　しかしそれはやっぱり歴史だな。相関関係を時間的な流れにおいてはかる。

竹内　時間をね、むしろ空間の流れに解消してしまうんだな。置きかえちゃう。やっぱりあるんですがね。非常に空間的ですね。それから『公羊』というのはもっと因果律を強調してね、だから非常に価値判断が出てくる。革命のあれになるわけだ。

丸山　そこがだから、つまり因果律というのは仏教的因果みたいなものじゃないか。仏教的というとおかしいけれども、本来因果律というものには、勧善懲悪の要素がないわけ。

竹内　法則ね。

丸山　まったく客観的なあれ〔法則カ〕でしょう。

竹内　そうじゃないでしょう。春秋の筆法というやつですね。

丸山　春秋で思い出したが、「春秋の筆法を以てすれば」というのね。あれはヘーゲルなんかのいう「理性の狡智」というのとどういう関係に立つのだか、あれがどうもわからないんだけれど。つまり春秋の筆法をもってすれば、日本の帝国主義がアジアの独立をもたらしたというふうにいいますね。そういう使い方は正しいんですか、春秋の筆法という使い方として。

理性の狡智だとね、たとえばヘーゲルが出したのはナポレオンの例ですよ〔『歴史哲学講義』〕。ナポレオンは何もフランス革命の理念を世界にひろめるなんていう目的意識はちょっともなかったというんです。彼は野心に燃えて方々を侵略したということです。ところが、世界精神がナポレオンという世界史的個人を道具にして、ロボットにして、自分の意志を実現している。世界精神が道具にする個人が、世界史的個人になるんですね。そこでナポレオンは世界史的使命を果たしている。しかしナポレオンの意図は、そんなものはちょっとも意識していない。しかし、みずから意識せずして世界史的な使命を果たしたということになるわけですね。マルクスはそういうのを、プロレタリアートの歴史的使命というときによくその論理を用いてるわけでしょう。よくマルクス主義者が言う、主観的意図はともかく客観的には反動的役割を果たすというやつも、そこへつながってくるわけですよ。春秋の筆法というのはどういうものでしょう。

竹内　それは大分ちがうな。因果律というのじゃないな。武田のいう記録の精神〔武田泰淳『司馬遷』日本評論社、一九四〔三年〕というものがあるね。記録するということが、記録を残すということが、最大の最高の審判なんだという考え方があるんじゃないか。

丸山　その世界史は世界法廷であるというのと似てくるんじゃないか。ヘーゲルのいう世界史が最後の審判であるという、歴史によって裁かれるという。

竹内　それは歴史自体でしょう。歴史というものの実在を前提しているわけでね。春秋の筆法では記録者が裁くんだな。

丸山　春秋の筆法をもってすればというのは、たんなる正邪善悪、つまり大義名分的、それもあるがそうじゃないんでしょう。そういうのとどこか違うんだろう。

竹内　それはやはり因果律みたいなものがあるんでしょうね。是非善悪は、こう、いろいろ移行するわけです。

丸山　そうすると、悪人がはからずして歴史的には善になる行為をするということ、それは入らないのですか。具体的には、たとえばどういう例でいうんですか。

竹内　春秋の筆法というのは通俗化すると、風が吹けば桶屋が喜ぶということになる。使われる場合はめぐりめぐって。それは仏教的なあれ〔要素カ〕が入ってくれば因果応報になるしね。

丸山　すると因果関係が——直接的じゃなくて、非常にその間にいろんな契機があるということだな。

竹内　それはあります。意図と結果とは一致しないということにもなるな。

丸山　すると日本帝国主義というのも、ある場合にはそういえるんじゃないか、逆にいえば。

竹内　そういえますね。この間の『思想』〔第三九五号〕の「歴史」の特集――そういう問題というのはどっかに出ていましたか。

丸山　あんまり出ていないですね。歴史意識の問題は出てないです。むしろ歴史学内在的な問題ね。上部構造と下部構造とか、文化遺産の問題とか、そういうことになっちゃってね。歴史意識の問題にふれたのは、上原〔専禄。歴史家〕さんなんかのは若干あれにふれているものですね、そういえば。今度は長谷川如是閑の――。

竹内　やっぱりそれは近代の西欧ということになる。フランス革命でもいいし。

丸山　しかしそれは、西欧勢力の膨張というのとは違うんじゃないかなということとシノニム〔synonym 同義語〕じゃないんじゃないかしら。そんなことをいえば、マルクス主義の普及でも何でもみんな西欧勢力の膨張ということになってしまってね。

竹内　ある意味ではそうですね、ある意味では。それは西欧――というものが変わってきているわけ。東洋観だけでも変わってきている。それは変わって世界が一体になる可能性があるかどうか、むこうの思想の発展の方向をおしすすめていって一致するかどうか、ちょっと懐疑的なんです。

丸山　だから内容的にはそうでしょう。しかし、たとえばキリスト教だって東洋の宗教で〔編者注③〕、そういう意味では、東洋から西洋にいって普及したわけです。だからそういう歴史的にみれば、近代は西洋に発している。しかしさつきの歴史主義じゃないけれども、近代というのは中世から続いているし、中世というのは□□〔古代カ〕から続いているというふうにみていけば、それを西欧思想の普及とみるのは近代だけ切断してみるからそういうふうにみえるんでね。逆説的な形では、マルクス主義の中にもキリスト教が流れこんでいるわけでしょう。すると宗教というのは、全部東洋から発しているわけです。西洋は全然生み出していないんだ。西洋から生み出したのは、科学であって宗教じゃないわけです。やっぱりそれは西洋対東洋というふうにはいえない。人類的なものというものを認めるわけです。

竹内 人類の立場というものを認めるかどうかが問題です。

丸山 人類的共同体というのは、はじめは観念にすぎない。だから具体的には、中国人は自分が人類だと思っている。それから西洋人もそうですよ。だから観念としてはあるわけです。それが実際に人類意識が出てくるのはずっとあとですよ。これが実体化してきたのは、コミュニケーションが発達しないと実体化してこないわけでしょう。だから実在じゃないけれども、しかし思想というものをみるときには、そういう普遍性というものをみんな踏んまえて出てきているのではないか。

竹内 上原さんの考え方がそうなんですが、そこまでいってはたしてそれでいいかという疑問が彼にある、それが非常に□□《〔空白〕》、上原さんの対談でもそうです、加藤周一との〔『思想』第三九五号〕。そういう考え方自体が西洋的じゃないかということ、判定□□《〔空白〕》がある。そっちの方なんか逆の方向からいって同じところに到達できればいいと思うんですよ、裏側から。表側からと裏側からと合体できればいいんだと思う。ここのところはちょっとどうも、そういう人類《〔を〕》が理念から判断して一方交通ではちょっとまずい。

丸山　一方交通ってね、東洋は東洋で、最初はやっぱり人類といってたものが実は人類じゃない。西洋が人類といったものも実は人類じゃないけれども、人類という観念はここにもあったし、ここにもあったし[9]して、それが具体的には地域的なパロキヤリズム〔parochialism 偏狭さ〕というかな、地域主義とくっついたわけです。それがこう来てフッと一つになっちゃったということで、こっちがこっちを征服していく過程とか、こっちがこっちを征服していくとかということではないんですよ。

竹内　一つになりますか。

丸山　一つ〔に〕なるということが、つまり同時に多元化してゆくことですね、逆にいえば。だって多元性というのは、たとえば回教とキリスト教がある時期に共存していたということは、多元的であるといわれないと思う。統一的なものが基礎にないから、そういう意味ではただ偶然的に並存していただけだと。

竹内　でも、しかし東アジアに対しては統一があるんじゃないか、もとが同じですから。

丸山　だからあの地域ではね、たとえば儒教なら儒教。

竹内　共有できるだけの共通の基盤が。

丸山　それはあるんです。たとえば儒教なら儒教というものが発生したと、〔回教なら〕回教が発生したというそのときの状況というものをつかまえてみると、共存しているという時代はあってもコミュニケーションがなければ多元性というのはないわけでしょう。するとコミュニケーションと相関的だと多元的というわけ。コミュニケーションが世界的になるということが、多元性というものが実在しうる根拠であって、それまでは多元性という意識も生じないんじゃないかということなんです。

竹内　コミュニケーションなりテクノロジーなりが、それほど普遍的になっているかどうかが疑問なんだ。チベットのあれだとか、アフリカなんか随分らしいけれども、何かそういうふうに残っているところがある。

残っているところは、そういうふうなもので征服されていくというか、浸透し、最後まで浸透しうるかどうかということ、どうも太平洋の真ん中とかね、残るものがあるような気がする。そいつが、原爆で世界が滅亡したら、そういうやつが、生き残ったやつが征服するという空想がありますがね。それは比喩なんだけれども、その比喩が実際にあてはまるという事態が起こる可能性があるんじゃないか。東洋というか、非資本的《〔ママ〕》主義というか、そういうふうなものが、そういうところに根があるんじゃないか。

丸山　だけどそれは、テクノロジーに対する反撥として、それは〔まず〕テクノロジーが普及しなければ。さっき言ったことに戻るけれども、ナショナリズムだってなぜ一九世紀の後半から起こってきたかといえば、テクノロジーの普及を前提にして起こってくるんで、そういうものが、ただとり残されているというんじゃ絶対におこらないと思う。テクノロジーが入ってきたからおこったんで、そういうものがそれに対する反撥として、ある意味ではそれをとり入れるものとして。

竹内　だから今の西欧のアジア観、つまり価値的な差別はつけないで、頂点とそれに対する対応ということ。しかし、それがうまく説明できるところがあるか。まだそれだけでは十分でないところがあるという気がする。

丸山　つまりリアクションとみる見方が、そういうものを前提にしているんじゃないかと僕は言うんですよ、むしろ。全体とリアクションと〔を〕みたいという見方が。なぜリアクションが一九世紀におこってきたかということですね。それは一六世紀でもなく、一七世紀でもなくですね。それは開国という問題ですね。

竹内 そこをもう少し考えて。ちょっとそれは考えたってだめだけどね。

丸山 それは非常に面白い。

竹内 たとえば帝国主義は悪いという考え方、それでナショナリズムと《〔カ〕》あれ《〔関わりカ〕》があるわけです。それがしかし同時に、植民地状態が悪だという観念がともなっている。そういうのは、ちょっといまのあれからは出てこないんじゃないか、進歩史観というものから。

丸山 そうかなあ、僕は出てくると思うんだけれど。平等という観念、民族平等という観念が人間の平等という観念を国際間に適応すれば、植民地的な搾取も国内的な搾取も論理は同じなんですよ。

竹内 いや国内的搾取じゃないんですよ。自分が搾取される状態にあることが悪だという見方。

丸山 だからプロレタリアだってそうでしょう。今までの空想的社会主義だとか、オーエンにしてもフーリエにしても、みんな工場主でブルジョアジーですよ。産業革命の結果、非常に悲惨な状態におちいった。これを何とかしてやりたいというんで、空想的社会主義が出てきたわけです。マルクスになると、自己疎外されているプロレタリアートが、まさに自分自身を解放するという主体になって。そういうことが、マルクス主義の画期的な意味ですね、そういう意味では。搾取されている奴がれんびん《〔憐憫〕》の同情としてではなく、プロレタリアを、もっとも人倫性をうばわれているプロレタリアートが、ゆえにもっとも人倫性を奪回し得る歴史的な使命を帯びているという。そいつを僕は〔マルクスが〕国際的に適応したんだと。

竹内 どうもね、マルクスのあれ《〔思想カ〕》というのは、□□《〔社会カ〕》主義というのは、エリットの思想じゃないかと思うんですがね。プロレタリアートという彼の範疇は。ちょっとそこのところ――彼自身もプロレタリアートじゃないんでね。

丸山 それはそうですよ。だから社会主義という理念はプロレタリアから発生しない。しかしそういう考え方、プロレタリアートを歴史的にみる〔考え方が〕全然内在的に出てくるかという〔と疑問だ〕。つまり農民暴動やなんかと、昔からの農民暴動と同じになってしまうんじゃないか。〔竹内〕好さんみたいにまったく内在的にみていくと。

竹内 農民暴動の方へ意味を認めたいわけなんだ。

丸山 それがどうして一九世紀以後になって、非常に同じそれが、歴史的な大きな力になったか。昔から農民暴動はあったけれども、そういうものは体制を変革する力にはならなかった。つまり農民暴動を潰されてあとに同じものができてきたということです。一九世紀以後になって違った意味をもってきた。しかし好さんの言うことはわかるが、結びつきです。こっちを否定しちゃあいけないと思う。

それ〔社会主義という理念カ〕と元からあるものと結合するということですね、結合の論理ですよ。だからマルクス主義プラスアルファといっても、アルファプラスマルクス主義といってもいいんだ。アルファの方に主体をおいて、しかし全部アルファであるというのは無理じゃないかな、そういう意味から。テクノロジー、やっぱり工業化自身を否定すると、そう、工業化自身が反動である。

編者注

①これと関連した議論として、『丸山眞男講義録』第七冊(東京大学出版会、一九九八年)二六七—二六八頁を参照。

②丸山が安藤昌益の「自然世」について論じた文章として、「近世日本政治思想における「自然」と「作為」」(『丸山眞男集』第二巻、岩波書店、一九九六年、六四頁)、『丸山眞男講義録』第一冊(東京大学出版会、一九九八年、二五五頁)等を参照。

③丸山は、一九六六年度の「日本政治思想史」講義の中で、「伝統の植物主義的発想」(そこに生えているものだけが伝統だという考え方)に言及して、キリスト教を西洋文化に還元する見方を批判し、「むしろ現実はオリエントから発したもの」と指摘している(『丸山眞男講義録』第六冊、東京大学出版会、二〇〇〇年、一七頁、参照)。

1958

丸山先生に聞く

始めに〔口〕述筆記ということでお話をうかがったのですが、しかし、或る完結された文章よりも、われわれのちゃちな質問でも、それを記すことによって、論理や思考の過程が鮮明に辿《たど》れた方が、丸山先生を理解する(大ゲサないい方ですが)上に、より手助けになること、それから又ササイな日常的、或は具体的な問題をむしろ表面にとり出した方が、一層当面のわれわれの生き方を考えるのに有効であるとの観点から、こういう「丸山先生に聞く」というような形式にした訳です。

(東京大学法学部政治コース談話会〉編集部)

円満さへの抵抗

A　皆卒業して社会に出る訳ですが、今日は一つ社会生活のいわば方法論と云ったようなものをお話ししていただければ、参考になると思うんですが。

丸山　別に考えて来た訳でもないので、そう開きなおってきかれても困りますが、卒業する人によく話すのは、例のシュヴァイツェル〔Albert Schweitzer〕博士が、『私の幼年時代と少年時代』〔『わが幼年時代と少年時代』長崎書店、一九四二年〕の中でいっていることです。要約すると「私は本能的に、円熟した人間と呼ばれているものになることを警戒して来た。よく、大人達が青年の頃は感激したとか、思想や確信をもっていたというような話をするのを傍できくと悲しいまた恐ろしい気持になった。そこでは感激性や理想主義が大切な宝物のように回顧されているのだが、同時にそれを保持することが不可能なことがいわば一種の自然法則のようにみなされている。世の大人達は、少年達に得々として、お前達の心情と精神を昂揚させているものの大部分を、やがてお前達は幻想と思うようになるだろうなどという。嘗《かつ》ては真理と正義の勝利を信じていたが、いまはもっと「おとな」になったというような説教をきかされて、人々は青少年時代に貴重と思っていた思想と確信を一片一片と放棄しながら、他人を手本として「円熟性」を求める。しかしそうした説教は生経験者《なまけいけんしゃ》のいうことで、本当に深い人生の経験者は、青年の理想主義こそは人間にとっての真理であり、それを捨てることは、人生の嵐をたやすくつきぬけるために、ボートを軽くしようとして食料や水を海に捨てるようなものだ。普通いわれている円熟というのは何のことはない。分別くさいあきらめにすぎない」という意味のことです。私はこの言葉が好きです。

A　しかし、そういう考え方を持ちこたえて行くこと自身大変なことですね。

丸山　ええ、ことに現在のヒューマン・リレイションの中ではむつかしい。このごろ問題にされているアメリカの『組織人間』〔W. H. Whyte, Jr., *The Organization Man*, 1956.〕という本でいっているように、現代社会はどんな分野でも機構が厖大になり、組織が高度化して行くので、職業や階級の個性がだんだんなくなって、「オーガニゼーション・マン」という一種のタイプに画一化されている。つまり、官庁とか銀行とか学校とかを問わず、また資本家と労働者の区別よりも、組織への適合性ということの方が人間の鋳型を作る上にヨリ強力になって来ている。良い人間とは組織の中で周囲とうまく調和しながら、能率的に働く人間ということになる。ところがホワイトによるとこれは危険な傾向で、歴史を見ると独創とか創意とかといったようなことは、孤独な人間とか既成の組織の中では軋《きし》ってうまくベルトにのらないような人間からしか出て来ていない。さりとて組織をなくするわけにはゆかないから一番の問題は、こういう組織の肥大という傾向の中から、どうしたらそうした独創や発明の泉源を枯らさぬようにするかということになるというのです。これは典型的なマス化の現象ですが、日本でも勿論こういう傾向が戦後十年を経た今日に顕著に出ています。もっとも、調和ということも一つの徳で、それ自体はいいことですが、他の徳とのバランスを破ってまで強調されることが問題なのです。職場の調和については、「君主〔子〕は和して同ぜず、小人は同じて和せず」という『論語』〔「子路」〕の言葉に尽きているでしょう。コンフォーミティーということと、ハーモニーということがとかく混同されるように思います。

A　しかし、日本の調和とアメリカのそれとでは違うんではないのですか。アメリカでは、独創を尊ぶ資本主義の精神があるのに対して、日本ではむしろ儒教からきた和の精神の方が強いように思うのですが。

丸山　それは日本の方が複雑ですね。日本の方には、アメリカ的な、企業の中の一つ一つの歯車としての調和の要請と、儒教というよりも家族主義的、あるいは部落共同体的な調和、企業一家と云う考え方との両面を持っていますね。

B　私達が会社に入ると、恐らく直ぐ会社で家族主義的な考え方をするように強制されると思うのですが。

丸山　家族主義的というかどうかは別として、例えば大会社などでも、よく社員が「うちでは」云々などといいますね。これは単に表現だけの問題じゃない。

C　会社に入った人から聞いた話ですが、その人は会社の仕事と自分の楽しみとをはっきり区別して会社では仕事を一生県〔懸〕命やるが、それから帰えるときに嬉しそうにして帰っていっていたんです。勿論仕事は仕事だからしっかりやっていたのですが、或時上役が君は帰えるときにあんなに嬉しそうに帰えるが、ああいうことは君のためによくない結果をもたらすと注意されたそうです。

A　つまり、会社は人間の全存在をまるごとのみこもうと云う訳ですね。

丸山　そうですね。むろん仕事や職務をさぼるのはよくない。職務に対する責任と義務感は近代的人間のミニマムの資格です。しかしそれは本来、限定責任です。ところが組織が人間をまるのみにするから、とかく無限責任になりやすい。だから建前が厳しい無限責任で、実際はその中でいくらも抜け道ができるということになってしまう。市民としての面が職務の中に見失われてしまう傾向は、公務員に対するモラルや要求などの場合にいちじるしいでしょう。朝から晩まで公務員でなければならないような意識がある。だから市民としての当然の義務であり権利である政治活動の範囲までが、公務員ということで縛られてしまう。こういうように、日本で職業上の組織が全人格をまるのみこみにしがちだということの裏には、官庁、会社といった職業組織の他に、例えば教会とかサロンとかサークルというような、職業と違った次元で人間を横に結合するだけの力を持ったソサイティが、十分発達していないという由来も作用しています。だから諸君が卒業して夫々〔それぞれ〕の職場に入っても、なるべく色々な形で、違った職場の人と接触する機会、あるいは同じ職場でも違った目的のサークルを出来るだけ作って行くことが、組織化＝官僚化に抵抗するためには大事でしょう。同期生の集まりでもいいんです。とかくそういう集まりはＹ談やマージャン、ゴルフの話といったことだけになりがちだけれど、しかし何もないよりはいい。

物に対する情熱

丸山　それから話は別だけど、もの(Sache)に対する情熱をいつも失わないことが大切なのじゃないですか。ものというのは自分の仕事に関係した問題でもいいし、仕事外のことでもいいので広い意味です。なぜかというと大体ものへの情熱が薄い人に限って、井戸端会議的人間関係への関心が強い。またものへの情熱が減退するに従って、その真空を職場の他人の言動に対する関心や、自他の地位や評判などへの関心で埋めることになる。むろんわれわれは皆んな多少とも俗物性を持っているから、そういう関心から免れるわけにはゆかないし、それ自身が悪徳というわけじゃありませんが、大体富や地位や評判から来る心理的満足などというものは、比較による相対的なものだから、極めて不安定でまたキリがないものです。だからそういう観点から自他の比較ばかりしているとノイローゼになるだけです。

C　しかし、仕事に対する情熱をもつと云っても現在の大きな組織の中での自分の仕事というのは、全くとるに足らないもので情熱を打ち込むことはむずかしいと思います。上にゆけば、興味のあるような仕事にぶつかると思いますが。だから、そこでは当然人的関心が強くなるのも止むを得ないのではないですか。

丸山　いや仕事といっても、何も与えられた職務ということではなしに、例えばガラス会社ならガラス工業の日本経済に占める意味とか将来、あるいは生産行程のもっと技術的な側面に対する興味でもいいじゃないですか。一応デタッチト〔detached 客観的〕な興味ということです。上役になったら仕事に興味を持つだろうといっても、上役は上役なりにますます職務の性質上人間関係に関することが多くなるので、むしろ反対のこともいえるわけです。ただきっき人間関係といったのは、極く身辺的な、誰が出世が早いとか、誰と誰の関係は近頃まずいといった噂話のことをいうので、労務管理というような問題をいっているのじゃない。労務管理という問題にデタッチトに関心を持つなら、それは立派にものへの情熱です。処世の心得からいっても、あの人間は遊〔游カ〕ぎがうまいとか、いつも策動するというように周囲から思われるようになったら結局マイナスです。廻り道のようでも、自分のペースと自分の「事柄」をじっと守り、追究〔求〕して行くものが、結局は正しい評価を受けるようになると思います。甘いといわれるかもしれないが、現代にもっとも必要なものは、そういう「甘さ」です。

最近見た『戦場にかける橋』〔デビッド・リーン監督、一九五七年英米合作、同年日本公開〕という映画が印象に残っているのですが、あれはイギリス人の将校が捕虜になって、日本軍のために橋を作るのでしょう。橋を作るのは、直接的に云えば利敵行為だ。そんなことはあの将校は百も承知している。しかし彼は立派な橋を作るということを自分の仕事として、それにプライドを感じ全力を傾注する。そういう毅然としたジョン・ブル魂が憎らしいほどよく出ている。日本人は国家や集団の権威を背景にしたら強いが、一対一の人間の対決になるとどうしてもああいうイギリス人に押されてしまう。平素の環境から遮断されると途方にくれてしまう。残念ながら……。

A　物に対する情熱がないと、現状逃避的になりますが、日本人には一般に情熱があまりないんじゃないんですか。

丸山　そうね。しかし、エネルギーと活動力は非常にある国民だと思うのですがね。ただそれが先きにも云った人的関係への顧慮といった事に大量的に使われて浪費している。もう少し合理的にこのエネルギーが配分され、もっと生産的な事柄に注がれるといいと思うのですが。

自己の隔離

丸山　それから、諸君がこれから世の中に出ていろいろ苦境に陥ることが公私ともにあると思うのです。その際、これは福沢〔諭吉〕がいっていることなんですが、「大事に面したときには、逆にそれを小事と考えて軽く決断せよ」といっているのは面白い意見です。つまり、いまその事が死ぬか生きるかというような大変なことのように思われても、もう十年か二十年経って考えると、きわめて事理明白で簡単なことで、どうしてあんなにキリキリ舞いしたのか分らないというような事が多いでしょう。いわばそういう時間的な距離を意識的に設定すれば決断が容易にでき、またあまり誤らないものです。空間的な距離、例えばイギリスならイギリスから今の状況を見たらどうだろうかなという風に考えてもいいわけです。要するに自分を自分の場所から隔離してみるのです。むろんこれも現実には仲々むずかしいが、少なくもそういう心構えを持っていると、気が楽になり、冷静な判断が出来易いことは確かでしょう。

A　一般に自己を客観化する場合、例えば西洋では絶対的な神というものがあります。ここでは神という非人間的なものがあることによって、逆にもっとも人間的に自己を主張することができるという逆説が働き、又自己を客観化することが容易だと思うのです。ところが神のない日本では、自己を客観化する場合、何を基準にみたらいいのですか。一般には思想だともいえますが。

丸山　それは人によっていろいろじゃないですか。マルクシストには、歴史法則が「神」ですし、西郷〔隆盛〕が「人を相手にせず、天を相手にせよ」〔山田済斎編『西郷南洲遺訓』岩波文庫、一九三九年、一三頁〕といっているのも、天を媒介として自分を隔離しているわけです。

A・B・C　それではどうもありがとうございました。あまりそんな話ばかりすると、だんだん「道徳教育」に近くなりそうですから、このへんでカンベンして下さい。

（文責任編集部）

1959

一月一三日　丸山眞男先生速記録

〔関東大震災の記憶〕

〔前略〕それでやっぱり関東大震災が日本の社会主義運動の本格的に展開し出した最初でしょう。大杉栄が殺されて、日本に無政府主義とか、社会主義という問題が世の視聴を集めた時代です。自警団というのが組織されて、これはつまり戦争中の隣組みたいのものですが、かわり番こに詰所に詰める。そこへ遊びにいったときに、知ったかぶりした男がいた。セミ・インテリで、きいたようなことを言う男なんだけれども、それが「今のやつは無政府主義と社会主義と同じように思っているけれども、無政府主義と社会主義は違うものだ」ということを一席ぶっていたのを今でも覚えているけれども、自警団の詰所でそういう話が交わされたくらい、主義者というものが非常に大きくクローズ・アップされた。それを背景にすると、亀戸の虐殺ということがわかる。社会主義者というシンボルと朝鮮人というシンボルがくっついていってテロになったわけで、しかも大正一三年が虎の門事件、難波大助事件でしょう。〔中略〕

それからこれは社会的事件じゃないけれども、東京へきたのが大正一一年、〔編者注①〕そのときに平和博覧会が上野に開かれた。これはずいぶん賑かな博覧会だったですね。第一次大戦後の平和を祝したもので、ワシントン会議とか、いろんなことが書いてあったのを覚えています。

それから僕がはっきり覚えているのは、原敬の遭難事件、〔編者注②〕あれは震災の前だけれども、これは何時ころか覚えていないけれども、僕は寝床についていたのですが、目さましたら親父が支度している。それでこれから新聞社へすぐいかなければいけない、総理大臣が殺されたということだったのです。子供心に新聞記者というのは楽じゃないなあという漠然たるイメージがあります。

それから関東大震災、これは強烈きわまるものです。これと今度の戦争とほとんど匹敵しますね。関東が焼けたという点では似ているでしょう。これは一日の夜になると、新宿も麴町も空がまっかですからね。そうして五分おきくらいに余震がある。もちろんうちの中に入っていられないから、近所のお寺〔正応寺〕へ野宿したのですが、お寺の本堂の柱が揺れるし、がらがらっと瓦が崩れる。だからものを取り出すのが大へんだった。お昼の時間になると、お袋がうちへ入ると、がさがさっとくるから、また飛び出してくるというように、一日に何百回と余震がある。子供ながらに一睡もできなかった。

それで朝鮮人のうわさは一日の午後に伝わりました。口から口へというううわさがいかに早いかということは、地震が一日の一一時五八分ですが、その日の暮れないうちに、浅草の十二階が折れたということが伝わったですよ。交通機関が途絶しているわけで、結局歩いてくる人の話、話で伝わるわけですね。戒厳令が布かれて、ちょうど信州の親類が麻布の連隊に入隊していたので、それがすぐ様子見にきました。剣つき鉄砲でいられると、心強かったな。非常に安心感があった。それでその日は非常に恐怖の一夜を明かしたわけですが、翌日になって麹町の方から火がきている。四谷見付のお堀で何とか食いとめると言っているけれども、こっちに飛び火したら間に合わない、子供もいるから、今のうちに逃げた方がいいという相談が大家族の間に、つまり古荘家と井上家と丸山家の大評定の結果きまったらしいのです。

それで最初大山郁夫さんのうちが小石川にあって大きなうちなんです。庭も広いし、あそこなら安全だろう、小石川にある大山郁夫さんのうちに逃げようということになって、それではまず使いを立てなければいかぬということで使いになったのが柳瀬正夢というプロ〔レタリア〕・マンガを創始した人です。まだ若かったけれども、総髪していて、この人と親父なんかが相談していたのを覚えていますよ。それで大山郁夫さんのうちにいったきり雀で、全然帰ってこない。それでこっちでは心配を始めた。どうも顔が朝鮮人に似ている、途中で引っつかまって殺されちゃったのじゃないかと心配した。朝鮮人虐殺は至る所でしょう。自警団が朝鮮人と見ると殺しちゃうのです。それで朝鮮人は濁音がよく言えない。たとえば「どんなときでも」を、「とんなときても」というのですね。それでザジズゼゾとかなんか言わせる。言えないと殺しちゃうのです。それで日本人も少し似ているやつは間違えてやられている。戒厳令がしかれているけれども、その限りでは無警察状態。ぱあっとこもをかけて、竹やりでつ《〔突〕》くんです。そういう状況ですから、柳瀬正夢先生やられちゃったのじゃないかということになった。

ところが日はだんだん暮れてくる。それでこうしてはいられないというので、長谷川〔如是閑〕さんのうちに直行しようということになったのです。それで古荘〔毅〕先生が先頭に立って歩いていったのです。四谷の塩町から東中野まで、その途中の行程なんか実によく覚えていますが、青年団が悪いこともしたけれども、避難民救恤《きゅうじゅつ》にはよく働いた。辻々に牛乳を用意してある。僕らは子供だから、しめしめというので、牛乳をずいぶん飲んだよ。辻々でそういう青年団がサービスしてくれました。町はごった返しで、避難民で大へんだけれども、子供でもってよく歩いたものだと思ってね。四谷から中野まで、結局夜中の一一時ごろ着いた。途中で離れちゃいけないから、のぼり立てていくんですよ。

それで大久保と東中野の間、今の青梅街道をずっと歩いていった辺で、巡査が縄を張って入れないのです。それはどういうことかと思ったら、映画館の中に朝鮮人が逃げ込んだというのです。中から爆弾投げるから、爆弾の届く範囲と覚《おぼ》しきところに縄を張って、交通を途絶したのです。大人が黒山のようになってそれを見ているわけで、しーんとしているのが印象に残っている。ほかのところはすべて大雑踏ですから、そこへきたら、しんとしている。そこを通り抜けて、こわいことの連続だったが、一一時過ぎに長谷川さんのうちに着いて、そうして長谷川さんのうちにみんなでゴロ寝したわけです。

それでお米がすぐなくなってしまった。暴利取締令がすぐ出たのですが、買い占めやられちゃってないのですよ。どっかからかお米を工面してきても、みんな食べるだけないので、薄いおかゆにして、みんなですすって食べました。ところが考えてみると、あのときは東京だけだったから、たちまち全国から救援物資がきたから、すぐ何でもなくなった。その直後だけで、その点が今度の戦争と基本的に違いますね。日本全体が関東大震災みたいのものだ。僕の兄貴〔鐵雄〕はその当時からひょうきんのところがあってね、最初の大地震の直後はみんな逃げちゃったでしょう。そうすると何でも食いほうだいだったのです。お菓子屋なんかチョコレートがその辺に山のごとく散乱していて、食いほうだい。今食ってきたといって、みんなを笑わしていました。

それであとでお袋が話したけれども、長谷川さんのような冷静な人でも朝鮮人の話を一笑に付さなかった。だからパニックのときに流言蜚語はいかにおそろしいかということがわかる。長谷川さんも鉄の棒、しゃくみたいのものを持って歩きましたよ。柳瀬正夢という人はそのときどうしたのか記憶はないですが、社会主義者だったから、大山さんのところに連絡にいく途中つかまっちゃったのかもしれない。あれとそのあとの大杉栄の事件、これは甥を殺したでしょう。ほんの小さな子供心にもショックが大きかった。あれが強烈にそういう幼稚なる社会意識を喚起さし〔せ〕たですね。〔長く中略〕

〔母と父〕

僕のお袋くらい苦労した人はないと思うけれども、日本の母というのはおそろしく苦労しているものですね。僕は子供のときに、親父を憎らしいと思ったな。家庭での態度が実に横暴なんです。ほとんど新聞記者で、しかも転々としているのですからね。〔中略〕

『京城日報』の主筆はかなり長くやった。〔編者注③〕僕らが中学時代から高等学校の初期にかけては『京城日報』の主筆時代ですね。これは総督がかわり、副島〔道正〕さんが社長をやめたときに辞職した。〔中略〕それで『京城日報』

でずっと短評欄を書いていたので、『大阪毎日』の「余録〔硯滴〕」という欄を毎日書くことで『大阪毎日』に入ったけれども、五〇ちょっとこし〔越〕していたでしょう。新聞の定年は五五ですから、すぐ定年になっちゃうというわけで、そこで客員になったわけです。それで首にならないで二五年もいたわけです〔一九五三年退職〕。とうとう晩年は落ち着いたけれども、これは客員として短評欄だけ担当していたということと、子供が大きくなって、そうやたらに浪人できなくなったという二つの理由だろうと思うのですよ。だから最後の毎日新聞が絶対に長い。

それで中学時代は、親父は朝鮮でしょう。それからあとは『大阪毎日』でしょう。一年に数回帰ってくるだけで、一番上の兄貴が大学、僕が高等学校、次〔矩男〕は中学というのがめじろ押しに並んでいるのをお袋一人で切り盛りしなければならないわけで、大へんな苦労だったわけですね。経済的にも実に苦しかった。親父が一番下の弟〔邦男〕が大学へ入ったときかなんかに、小生もこれで一家心中を免かれ申し候と書いたというけれども、新聞記者は経済的に恵まれなかったですね。だからそのしわ寄せはお袋にかかってくるわけで、実に気の毒だった。親父はものすごいかんしゃく持ちで、かんしゃく起こすとどなりちらして、見さかいなくなっちゃうのです。だから手がつけられなかった。それを見ていたから、親父は社会的には一応リベラルで、実際そのために出世コースからは損もしているが、うちへ帰ると実にひどいということを身をもって感じたな。実に封建的というか、家父長的というか、ひどいのだ。お袋はずいぶん苦労したと思うのですよ。

お袋に言わせると、『大阪朝日』の通信部長時代〔編者注④〕が世間的には親父の全盛時代、三〇そこそこで部長で、どこへいくにも汽車一等なんだね。通信部長というのは方々に支部があるのを連絡とるわけで、いく先々で支社の社員が迎えに出るわけで、大へんなもんなんだね。そういう経験をして、そのあと苦労に苦労をしたわけです。だから「お父さんが辞職しないで、朝日にいれば、今ごろ左うちわだ」ということをよく言ったです。それに対して親父がその辞職したときの模様をよく話した。〔新社長の〕上野〔理一〕さんがうちまで慰留にきたというのです。最小限の犠牲であれするから、あなたは辞職することはないからとどまってくれと言ったけれども、断じてとどまらないと言ったが、痛快なものだ。ただし痛快料は高い。この痛快料の高いというのは実感なんだね。そういうことを語った当時、その当時の部下がみんな重役ですからね。それで僕は今でもそういう意味で不肖の子だという意識があるのですよ。

というのは、親父は小学校は終わったけれども、長男だからいなかで百姓を当然させられるわけでしょう。信州松代藩というのは貧乏な藩で、さむらいが小ぽけな畑をもって食っているのですよ。ところが畑の仕事がいやでいやで、畑の中に隠れて本を読んでいたらしいのですが、その親父に家出の強い決心を固めさせている大きな原因だったのは徳富〔蘇峰〕の青年〔物〕なんですね。これは親父だけかと思ったら、大内〔兵衛〕先生も歓喜させられたというのです。『新日本之青年』と『将来之日本』。それはあれを読んだときは、こんなことをして空しく一生を送るべきかということを考えたそうですが、親父もそこで断然決心して、ついに家出しちゃったのです。家出して横浜で新聞配達やって、とにかく苦労して専検をとった。そうして早稲田、当時まだ大学じゃなくて、〔東京〕早稲田専門学校といっていた当時の早稲田の政治科〔行政〕に入ったわけです。それでその辺のことはよく知らないけれども、そのとき親父〔幹治の父、鐵次郎〕に泣きついていった。おじいさん〔眞男からみた祖父〕に詫を入れて、三年間だけ学費出してくれといったらしいけれども、おじいさんががんこで、黙ってうちを出るのはとんでもないというので、勘当したわけです。ところが親類の人が間に入って、「幹治〔編者注⑤〕さんはなかなか伸びそうだから、何とかして助けてやれ」ということで、それで親父もやっと折れて、それじゃ早稲田にいる三年間だけ学費を送ってやるといって、早稲田の三年間学費を送ってもらっていたわけです〔一九〇一年卒業〕。

そういう経歴を経ているわけで、いわば苦学なんです。「早稲田専門学校なんか出たって、当時就職なんということはほとんど考えもしない」とよく言っていましたよ。僕の兄貴のころが昭和の恐慌時で〔一九三四年京都帝大卒〕、一番就職難のころで、東大の法科でも二〇%くらいだったです。小野塚〔喜平次〕総長が「卒業証書」というと「失業証書」と聞こえるという話があったくらい、失業がひどかった。そのとき親父が言ったのを覚えています。「官立大学だから騒ぐのだ。われわれのころは私立大学なんか出てみろ、失業が普通であって、失業するもんだと思っている」というのです。だからみんなどっかにもぐり込んでいるのです。偉い人の書生になったり、トップ・クラスだけは試験受けて弁護士になる。それ以外にない。会社なんてものはないし、何やって食っているかわからない。うちの親父は学生中から日本新聞〔編者注⑥〕に投書していたらしいので、ちょっと知られていたので、中のやつ知っているのがいて、簡単にとってくれたのですね。ところが日本新聞に入って、何日も経たないうちに校正やらされたら、見出しの校正を間違えちゃったのです。それがそのまま載っちゃったら、下宿に帰ってみたら、「翌日より出社に及ばず」〔編者注⑦〕。採るのも簡単だけれども、首にするのも実に簡単なんだよ。

それからどういうことか知らないけれども、青森の商工会議所の書記になりすましちゃったのですよ。それから青森の商工会議所の書記から『京城日報』にいったのです。『京城日報』は二度いっているわけですが、〔最初の時も〕『京城日報』では二〇幾つで論説書いていたわけで、その後主筆になっても、あまり違わないのです。それから『京城日報』をやめて、日本新聞にきたわけです。そこで特派員になったわけです。ですから、日本新聞は二度入っているわけです。最初は校正の誤植で首になってね。だから晩年には陸羯南は〔日本新聞に〕関係していなかったけれども、交渉なかったようですね。そういうわけで流浪を経ているわけですね。

それで親父はよく言っていた。日本の社会では帝大を出れば、馬鹿でもある程度いく。帝大を出ていないということのために、どれだけ損するかわからない、実に下らないやつがただ帝大出ているというだけで黙ってどんどん出世していくというのだよ。だから僕らにお前たちは学校出たら、社会主義者になろうと、共産主義者になろうと、一切干渉しない、自分の好きな道をいってくれ、ただ学校だけは出てくれ、学校出ないと、日本では実際的に損するのだということを言いましたよ。それはよほどこたえているんだな。新聞みたいの比較的自由な世界でもね。〔長く中略〕

〔検挙・勾留とその後の監視〕

僕を取調べた人は一高〔旧制第一高等学校〕のすごい大物、つまり一高のキャップから派遣された大物だと思ったらしい。僕は何にもそういうあれ〔左翼活動〕には関係していなかったのですから、幾ら調べたって何にも出てきやしないですよ。うちには知らさなかったのですが、寮のやつは変に思っていたらしい、急に消えちゃったからね。それですぐ帰されたが、そのときに幾ら調べても、結局何にも出てこないというのが、結果において非常にたたったですね。というのは、僕の同級でやられたのはかなりいるのだけれども、たとえばうちをアジトに提供したというやつがいる。これは一高の処分でいうと、無期停学です。そういうやつはそれだけだということがわかるから、あとくされないのですね。僕の場合は何にもないのです。それは同じ一高だから左翼の連中は知っていますよ。それで一緒に白十字でめし食ったりしていることは全部向こうにわかっている。日本の特高〔特別高等警察〕というのは特筆すべきものだと思ったな。「お前はいついつに、白十〔ママ〕で、だれだれと会っただろう」。その通りなんだ。これは白十の女の子がスパイだったらしい。相当大物とも知っているわけですが、イデオロギー的には左翼ということは知っているけれども、組織外の人には〔彼が左翼組織人か否かは〕わかりませんよ。ただ普通のイデオロギーの話をしているわけですが、向こうから見ると、そこがわからないのね。〔長く中略〕

本富士〔警察署〕というのはあのように電車通りに面していて、一高生が寮歌を歌って通る。壁一つ中では陰惨な拷問が行われている。あれは短かったけれども、猛烈の体験をする。〔中略〕それから帯刀貞代〔婦人運動家〕さんがつかまって入ってきたのです。みんな両方並んで正坐しているわけだけれども、一番端の窓ぎわのやつは見ているわけですよ。のぞいたらものすごくおこられちゃう。僕が入ったときに一高生がやられたのです。とっぱじめに身体検査やられるでしょう。とがったものは全部取り上げられちゃう。それで〔自分が〕身体検査されている最中に〔のぞいた一高生が〕引きずり出されてきた。そうして踏んだりけったり、たちまちお尻から血が出る。ひいひい言いながら、「どうしてお前のぞいたか」、「一高生が入ってきた、一高生はだれかと思って見た」というのです。すごいところへ入ってきたと思って。それだけでいけないのだ、そういうふうにのぞくとひどい目にあうのだけれども、一番端のやつは見ているわけですよ。あるときに一番端のやつが女がきたといったのだな。それとほとんど同時ですよ、一番奥にいたやつが疾風のようにぱっと前に出てきて、みんなが首すりつけて見るのだ。それは帯刀貞代さんだったらしい。そういうセックスに対する飢えというか、ものすごさ。やっぱり一九才ですからね、大へんな体験をしたわけです。

そうしてさっきの一高生が大きな声で寮歌歌って通る歌の声が聞こえてくると、中ではそういう陰惨な拷問が行われていること。釈放されて出ると、本郷通りはいつもと同じように店には電気がこうこうとしているし、喫茶店はいつもの通りにやっているし、こうやっている間にあの中ではすごいことが行われているのだと思うと、今の言葉でいえば実存的になるよ。

だから僕はどんなすごい動乱とか、革命とか、そういう時代は僕らが歴史の本だけで読むと、人民が一斉に立ち上がってチャンバラやったように思うでしょう。しかしそういうものじゃなくて、パチンコやっているやつはパチンコやっているし、結局アクチーブス〔活動家〕が血みどろになって抗争している。それはたんなる少数者じゃなくて、革命が起こるには起こるだけの必然性はあるのだろうけれども、ほとんど大部分の国民の生活はまずユージュアルの生活、アクチーブスだけが権力と血みどろになってやっている。そういうものだという感じがする。〔中略〕

石田〔雄〕 実際変なもんですよ。何にもしていなくてにらまれるというのは、ちょっと珍しいケースでしょうね。

〔進。労働法学者〕君なんか不思議に思っているのだ。彼なんかあばれた方ですからね。向こうから言わせると、無気味なんですね。〔中略〕とにかく「〔軍隊の簡閲〕点呼」にいくでしょう。「点呼」を受けても、何千人という「点呼」ですよ。最後にあいさつがあって解散。すると「ちょっと待て、この中に丸山眞男というのはいるか」というのです。「ちょっとお前だけ残れ、あとのもの解散」というのです。何だと思っていくと、「あそこのすみに立っている人のところにいけ」というのです。背広着たのが二人立っている。「お前このごろ元気か」とか、「何を勉強しているのだ」ということを聞く。憲兵なんですよ。要するに、お前はどこにいてもちゃんと見ているということでしょう。あのいやな気持はほんとうに忘れないな。何か論文一つ書くにも突っ込んで書こうとすると、ここでどうかなあと思って、一歩手前で逡巡するというあの気持、あれはほんとうにいやだったな。〔中略〕

だけれども、助手になってからもやっぱり憲兵隊に呼ばれたけれども、帝国大学助手で、それは言葉が全然違うな。しかし「点呼」は統帥権のもとに入る。そういうせいもあるのだろうと思うけれども、「お前このごろ何しているのだ」という言葉づかい。ところが「憲兵隊にいついつに出頭されたし」ということで、若松町の憲兵隊にいくと、まずお茶が出て、「どうですか、近ごろは。社大党〔社会大衆党〕が三七名も議会に出るというのは、やっぱり時代というのは動くもんですね。私たちもあなた方について少し勉強しなければいけないと思っているんですよ」とか、世間話で、「どうも御苦労さんでした」ということですよ。だから年に二回の定期診断みたいのものだ。それが奇妙なことに、助手から助教授とだんだん丁寧になっていく。日本の官僚制そのものなんだな。

しかしこれは軍隊いったら全然ないですね。そういう目に会ったことない。だからさっきの転属〔点呼〕のときに言われたのは変なことだと思うけれども、それは学歴でそういうことを言ったのです。それならば〔思想問題〕「お前のようなアカは」と言いますよ。「お前のような自由主義のインテリは」というのだ。〔だから〕それ〔簡閲点呼後の質問〕は学歴で言ったと思うのです。軍隊では免れた。〔中略〕

〈バリケードとしての大学〉

それから大学というのは、ああいう反動期においては一種のバリケードですね。お城です。その中に逃げ込んじゃうと、とにかくほっと息つけますね。そういう意味では逆に考えると、別に個人を責めるわけじゃないけれども、大学のようなところにいて時勢に便乗したやつはほんとうに唾棄すべきだという感じがするのだ。それが飛行機会社にいたとかいうならしようがない。一生懸命やるより自分の行動というものはない。いわばそういう体制の中にいるわけでしょう。しかし一応あの戦前の時代でも、大学というところは頑張ろうと思ったら、頑張れるところですよ。それだけのお城だったよ。お城にいればいいのに、わざわざ出ていってちょうちん持つというのは、やっぱりおかしいじゃないか。それが圧倒的になっちゃったでしょう。大学の話をすれば長くなるけれども、防戦にいとまなしという格好でしたからね。

僕が太平洋戦争始まって以後憲兵隊にいったとき、東大の法学部は憲兵隊ににらまれていることがわかった。ほんとうにマークされていた。開口一番、田中耕太郎は教授会で枢軸が負けた方が日本文化のためだと言ったそうじゃないかと言うのです。初め一高のときつかまったときは、気持ちが動顛していたから。ぶん殴られたりするでしょう、だから留置場の中に入ってきて泣いたですよ。おれという人間はなんてだらしない人間だと思ったね。〔長く中略〕それだから、太平洋戦争中に憲兵隊に調べられたときは、さすがの臆病の僕も度胸がついていた。そのときは全然動じないな。テープレコーダーでとられても恥かしからぬ返答をしたよ。教授会というのは時間割作ったり、来年の授業をどうするということをきめるので、世界情勢を話すところじゃないということからまず言いはじめてね。それは昭和一六〔一九四一〕年、太平洋戦争が始まってから二週間くらいの極度に神経過敏になったときですね。だから後半期は特高はほとんど縁がなかったですね。もっぱら憲兵でしたね。〔中略〕

〔読書の経歴と関連人物評〕

マルクス主義というのは高等学校時代で、そのころは知的興味で読みましたが、やっぱりほんとうに勉強したのは大学ですね。そのころ経済学部に大内〔兵衛〕さんがとてもかわいがった平沢〔道雄〕という秀才がいたのです。フィリピンで死んだのですが、しょっちゅうあんなできるのはいないって言っていましたよ。すごい秀才だったのです。『資本論』のわからないことは平沢さんに聞きにいった。これはさすがに今生き残りの石田〔礒〕、宇佐美〔誠次郎。財政学者〕、あの辺のところがみんな一目おいていた。一年上でしたがね。

それで僕らの仲間では読書会やっていたのです。最初ローザ〔Rosa Luxemburg〕の『資本蓄積論』、それからヒルファーディングの『金融資本論』やりましたよ。それなんかもおもてじゃやれませんから、各自のうちの持ち回りですね。それなんかわからないところはみんな平沢に聞きにいったですよ。

それから戸谷敏之というのがいたのです。これが平沢なんかとグループで、平沢と戸谷は二大秀才といわれたのですが、戸谷とは本富士で一緒だったのですよ。中でひそひそとずいぶん話した。戸谷氏はお袋が毎日泣きついてくるのが一番かなわぬと言っていたね。戸谷氏は実に気の毒なんです。つまり大学の入学試験に受かっていた。ところが一高を退学になった。一高退学になると、一高卒業の資格がないので、大学の入学許可も取り消しになっちゃうのです。変な話だけれども、今度文相になった橋本龍伍は一高の活動が大学入ってからばれたのですよ。どういうわけだか助かっちゃったのだ。ばれて、もし一高を退学になったら、全部御破算になって、中学卒業になっちゃうわけだ。戸谷氏はそれになったわけで、それで法政にいったのです。それで大塚(久雄)さんについたのです。

それから人間は戸谷はほんとうにりっぱだ。それは宇佐美とも話したのですが、それは学問、人間ともにといったら、戸谷だと言っていた。宇佐美は高等学校違うけれども、ほかの高等学校の連中でもそのくらい評価していたわけです。彼が本富士の中で「どんなもの読んでいる」と言うので、僕はどっちかというと、高等学校のときカント読んでいたのです。当時はとにかく気負っていたから、一生懸命読んでいたわけだ。カント、ヴィンデルバント、リッケルト、そういうものを読んでいる。「カント主義の立場からマルクス主義の方法論みたいのものに疑問がある」ということを戸谷氏に言ったのです。戸谷氏が「僕もそう思っていた。だけれども、とにかく君はヘーゲルの『論理学』をよく勉強してみろ。僕はあれでもってそういう考え方から抜け出た」というのです。

しかし僕は本富士を出てから、間もなく大学の受験準備になって、ヘーゲルどころじゃない。ヘーゲルのほんとうの勉強をやったのは大学の三年のとき、南原〔繁〕先生がヘーゲルの『歴史哲学』を〔演習の〕テキストに使ったので、これこれと思ってやった。それだって大学のころよりも、ヘーゲルをほんとうにがんがん読み出したのは大学残ってからですね。マルクスの方が早いわけです。〔中略〕

それで徂徠の論文〔「近世儒教の発展における徂徠学の特質並にその国学との関連」〕を遠山茂樹氏が非常にほめて、歴研の年報に紹介したのですよ〔『歴史学研究』一九四二年五月号〕。しばらくして歴研から一ぺん話を聞きたいからという通知があった。僕は遠山氏の紹介なんだろうと思ったら、渡辺基、いま林基という歴史家がいるでしょう。彼らしいのですよ。彼は僕と中学で同じだったのですが、向うは慶応いって、慶応の『三田新聞』で大いにあばれたわけです。それで彼が推薦したらしいのです。それで歴研というのは全然知らなかったのです。歴研の存在は知っていたけれども。学士会館で報告をしましたよ。そのとき当時の歴研の人たちが相当きていたらしい。暗幕を張って、灯火管制の中でやったのを覚えていますよ。そうしたら、そのとき宇野〔脩平〕というやつがいた。今東京女子大の先生やっているのだけれども、これは昔なかなか鳴らしたのです。その後〔日本〕常民文化研究所にいっていたのですが、今非常に変わっちゃって、じみの研究ばかりやっているようになったのですが、なかなかアジテーターだったのですが、それがその会にきていて、終わってから、君はだいぶさっきの説明の中に革命的という言葉を使ったけれども、ああいう言葉は使わない方がいいですよって注意してくれた。

それに一般の読書についての感じが今の人にはわからないですね。〔杉浦〕明平は非常な読書家なんですよ。彼の菊坂の下宿にいくと山のような本があるのです。岩波文庫はたいていもっていた。あるときふっと行ったら、南原繁『国家と宗教』というのがある。君はこんなもの読むのかと言ったら、びっくりしたことがあるけれども、すべての人についてそういうことがある。たとえば『たった一人の山』という浦松〔佐美太郎。登山家、文筆家〕さんの本。そういうふうにくだらない本が九〇%、つまり時局便乗、戦争本というのが九〇%。あれはいい本だということになると、大塚〔久雄〕さんの本でも何でも買う。明平が『国家と宗教』を持って歩いているのはこっけいですよ。クリークスブークス〔Kriegsbuch〕という言葉は安井琢磨〔近代経済学者〕に教わった。あれは山上御殿の食堂で話してくれた。第一次大戦のあとでドイツの古本屋でクリークスブークスというのは二束三文でくず屋へ売られて、戦争中出たのに大したものないというので、クリークスブークスというそうですが、非常にいい言葉だと思ったですよ。

B〔聞き手〕　序文は実にいさましいのがあってね。それは紙をもらうために序文だけはしようがないというわけですね。

A〔丸山〕　何か一言謳《うた》っておかないとね。ことに左翼の人のはそうなんだ。だからさっきの僕のような経験を背景にして考えれば、左翼の人のはそういう点を考えてやらないとね。たとえば風早八十二の『民事判例集〔全国民事慣例類集〕』とかいうのが日評〔日本評論社〕から出ていますが、それの序文《はしがき》というのはすごいんだ。それがしょっちゅう引き合いに出される。風早氏のいかにだらしがなかったかという。それは序文だけだったけれども、すごいこと書いてあるのですよ。あれはまったくカモフラージュなんだ。なぜならば他方では『日本社会政策史』という大したものを書いているのですからね。だからまったくカモフラージュなんだ。あのくらいやらないとどうなるかわからない。

もとも子もなくなっちゃう。それでまず魔よけをしておくのですよ。これはリベラルな人はそれほどする必要がない。右になればなるほどそれをする必要がない。たとえば吉田茂的リベラリズムの人からみて、「なんだ〔風早は〕だらしがない」と言ったって、それは無理なんだ。当時の国家権力からどういうふうにみられているかという問題を離れては考えられないわけですね。

B　高等学校のときの立沢〔剛〕さんですか……。

A　最初にベルトアンシャオウング〔Weltanschauung 世界観〕という字は立沢さんに教わったのです。立沢さんは僕らの入る前だけれども、ずっと文芸部長をやっていました。文芸部というのは左翼の巣窟なんです。ことに優秀なのがいた。すごいマルキストが拠っているわけでしょう。あの当時おそろしくレベルが高いのですが、そういう連中今どうしているかと思うのです。高等学校のときにあまりすごく優秀なやつというのはあまり伸びないのかなあ。とっても論文を書いていましたよ。立沢先生のマルクス理解を反駁す、また立沢さんが書くというように、非常に気持ちのいいものですね。堂々たる論戦です。それで立沢さんはリベラルだったけれども、その連中がつかまって処分されるときはずいぶん擁護したらしい。それで立沢さんじゃなまぬるいということになって文芸部長を変えちゃったのですが、立沢さんは反マルクス主義の論陣を展開するのです。〔中略〕

B　田中〔耕太郎〕先生の個人じゃなくて、自然法というのは。

A　田中先生の学問する態度とか、それから物事に対する判断の仕方、世の中に対する判断の仕方、こういったものは当時の時勢では、生意気の言い方をすれば、僕らと同じだという感じだったけれども、自然法に特別どうということはなかった。これは南原先生に初めからついていたからね。キリスト教というものはそう知らないけれども、カント勉強して、それからヘーゲルでしょう。ずっとそういうプロテスタンチズムの勉強していましたしね。だからそういう点ではあまり影響を受けなかった。というより、むしろ逆に「自然と作為」という論文〔「近世日本政治思想における「自然」と「作為」」〕を書いたときは、〔自然法を〕目のかたきにして書きました。つまり朱子学というやつの崩壊過程でしょう。やっぱり「作為」の思想が近代社会契約説にいたる、これが人民主権説にいたる近代的の思惟だという立場が固くあったから、こいつを守ろうということでしたね。

ある人は田中さんという人はリベラルの人だ、カソリックでリベラルというのはおかしいじゃないかということを言ったことがありますが、思想、哲学そのものは別に知らなかった。しかし思想家だという感じはしたな。というのは、つまり現象的な事柄の見方それ自身にも、なんかオリジナルなものがあった。それから一つの事柄と他の事柄と関連づけていく見方、そういう点は田中さんという人は相当の思想家だと思う。これは偉い人だと思う。立場は別としてね。〔中略〕

非常に淋しがり屋だから、反面世論を敵とするというところがあるのです。先生は戦後僕らと離れちゃったのだけれども、ときどき「世界平和の基礎条件」〔「世界平和の基本的諸条件」（高野雄一他編『現代国際法の課題』有斐閣、一九五八年）カ〕なんというのを送ってくるのです。しようがないから、「先生と考え方は現在離れているけれども、戦争中一緒に先生と話し合ったあのときの思い出というのは忘れられない」ということをお礼なんかに書くわけです。そうするとすぐ追っかけて返事がきますよ。ファイト満々なんだね。「あなたが私と非常に政治的の見解を異にしていることはよく知っている。にもかかわらず、日本には非常に違った思想をほんとうに理解してくれる人がいない、そういうトレランスの精神が乏しいが、あなたならわかってくれると思うので、違うことを承知で送った次第です」と書いてあるのだ。ああいうところは愛憎が非常に強い人でしょう、だからいったんほれた人というものはずっとほれているのですよ。いったん憎んだ人はだめなんだ。そういうところがある。だからそういうところは非常に危険なんですね。だからどうしても子分を作る。あるところへいったら、ぱっと距離をおいて接していないといけないのだ。ずるずると引きずられて子分になってしまう。子分作るの〔が〕好きな人です。淋しがり屋だからでしょうね。その点は南原先生は違うな。結局「われはわれ、人は人」という考え方ですね。だから非常にはっきり「〔思想史は〕君の方法じゃだめだ」なんて言うけれども、僕は僕流でやったって別にどうということないし、僕は大学時代だって、もし田中先生だったら破門されているようなことをかなりやっていますね、南原先生に。

B　中国の康有為、梁啓超などについては。

A　助手時代に「作為」の論文書いたあとしばらく勉強しました。特にそれは□□□□〔郷紳階級〕から〔自強〕儒教運動が出てくる、これがつぶされるところ、これが日本との比較で非常に興味もったのです。なぜああいう支配層の内部の抗争運動というものが日本では成功して、中国では失敗したのかということに非常に興味もって、日本との比較の観点からやりましたが、それっきりさっぱり勉強していないのですよ。それだもんだからつい最近僕のところに残った野村〔浩一〕君に、ぜひ中国のことをやってくれといって、彼は□□□□〔公羊学派〕の論文を書きました〔編者注⑧〕が、昔読んだ

けれども、今では批判能力なしですよ。〔中略〕

〔「である」思考批判と精神的貴族主義の必要性〕

B 〔前略〕現代人はみな非常に限定された性格が強くなっているので、いかにして全体への要求をすすめていったらいいか、それはどんな立場の人でも切実だと思うのですが。

A ある自分の視座をもつということは非常に大事だと思うのです。そうでないと、現代のようにだだっ広くあらゆることに行動を要求されているときに、ただそれに反応していくということになると、何でも屋になって、変なものだと思うのです。そういう自分の視座はこれだという意味での専門をもつことは、僕は現代の時代には必要だと思うのです。

日本のまずい点はそれが人間の区別になっちゃう。つまり大きくいえば文学者と社会科学者、自分は文学、自分は社会科学。こうなると社会科学の中で自分は政治学者、自分は経済学者ということになって、人間の区別になっちゃう。これがまた縄張り意識とくっつく。おれの領域に入り込んできたとか、そういうことになっちゃうわけだから、なるべく問題を非人格化して考えるというとおかしいけれども、文学者とか、政治科学者とか、そういうことをいわないで、それは人間としてだけでたくさんなんだ。

ただ文学とか、社会科学とか、政治学とか、そういうおのおのの固有の問題というのはありますね。だからそれを自分なりのものからすべてのものに関連しているものだから、ある視座からすべての問題を見通していく。

その関連を見きわめていくという態度が必要だと思うのです。だからすぐ「おれは文学者として」ということになっちゃうのはどうもまずいような気がする。これは「「である」論議〔理〕」でちょっと書いたのだけれども。〔中略〕

つまり社会科学なり、文学なりの基底にある思想というものを問題にしていけば、それは関連がつくんです。社会科学と芸術というのはジャンルが違うので、これは社会科学と文学の関係といったって、それはそもそも次元が違うのだから話ができないと思うのです。そうでなくて、社会科学を生み出すような思想と、それから文学を生み出すような思想というものを問題にしていくとすれば、そこで話し合いが可能になると思うのです。だからそれは同じことになるけれども、思想そのものを文学の場合は凝固したものではなくて、つまり精神的な生産過程を問題にするわけですね。でき上がった思想というものじゃなくて、でき上がった思想というものはいわば極端には学者みたいのものででき上がっていく、文学は精神的のプロセスが問題で、そこに思想の問題があるわけでしょう。だからもし比較するなら科学的な生産活動と芸術的な生産ですね、あるいは科学的の創造と芸術的の創造との関連というふうにものを考えていけば、その間にいろんな問題を生産的に解決していくんじゃないか。そうじゃなくて、社会科学的な労作の結果と、芸術的創造の結果とを比較してみても、それはそもそも違うのですからね。だから「おれは何とか者」というと、相互にコンプレックスになってまずいと思うのだ。〔中略〕

僕は自分がなかなかできないけれども、つもりとしては何とかしてせっかく学問やっているのだから、大きくいえばほんとうのアカデミックのものの見方を自分も学びたいし、また日本にそういうものを根づかせたいという気があるのです。アカデミズムというものの見方はアカデミーの中にいるわれわれも、アカデミーの外にいる人々も、僕に言わせるとみんな「である」論議《〔理〕》なんだ。つまり一方ではそれこそ現実に超越して、高遠なる学問をやるのがアカデミーであるという。片方では、かすみ食って生きているので、あんなのは有閑的の仕事にすぎない、つまり切れば血の出るようなものは何にもないというような批判になるし、片方はそれを裏返して、それこそほんとうの学問であると居直っている、そういうものだと思うのです。

これはあらゆるものがそうだけれども、垣根の区別、空間の区別ですね、アカデミーとそうでないものとの区別ですね。それはそうでなくて、やっぱりものの見方の問題です。したがって学問でいえば、どんな対象でもそれについてのある見方をすることがアカデミックな見方だということになるわけで、浪花節だっていいわけなんだ。そういうことでなくて、垣根の区別になるから、対象の区別ということになるのじゃないかしら。そうすると垣根を取っ払うということは何でも屋になっちゃう。

今伝統的のアカデミーそのものも正当に理解されていないということと、それから今度新しいアカデミズムという問題と二つあるのですね。伝統的にアカデミーそのものも理解されていないというのは、例をあげますと、最近東大新聞が「アカデミーにもの申す」という特集をやったのです〔『東京大学新聞』一九五八年九月一七日号から一二月一〇日号まで一三回連載〕。いろんなアカデミーの悪口を言う人を動員してきて書かしたわけです。それは結局みてみると、現実にある大学の批判なんです。その中で中野好夫さんがどうしてアカデミズムというような舌を嚙むような言葉を使うのか、どうして東京大学《〔大学〕》にもの申すと言わないのかと言っている〔九月二四日号〕のですが、これが一番当たっていたな。

僕にいわせれば、もし批判さるべきものがあるとすると、東京大学は果たしてほんとうにどこまでアカデミズムであるかということから批判さるべきである。ところがそうでなくて、その内容になっているのは教授がボスであって、子分を作って、子分をあっちこっちに配置するとか、あるいは教授と助教授の封建的の関係とかなんです。そういったことは少なくともほんとうのアカデミズムとは何ら関係のないことであって、それはあらゆる社会にある現象が大学の中にもある。あるいは大学の中にははなはだしくあるかもしれない。しかしそれはほかの社会にある現象が大学にもあるということにすぎないのであって、アカデミズムというものじゃないのだ。むしろそういった批判の仕方では、僕は大学のほんとうの批判にはならないと思う。

それからもう一つは、現代の学問なり文化というものを、創造的に日本に根づかしていくのじゃなくて、たんにいわゆる芸能化していくという方向を、何でチェックしていくのか、何で文化の質を維持していくかということでなく、ただ特権的であるとか、閉鎖的であるといったって、それはたんなるコンプレックスから出た悪口にすぎない。ほんとうに悪い意味でアカデミーの中で居直っているのは、そんなものを聞いてもへとも思わない。

それからただ現実にある大学を批判するのだというなら、アカデミズムという言葉を使わないで、真正面から大学制度の批判、大学の現実の批判ということで問題にしていくなら、そのうちの一つとしてそういうことを取り上げていった方がいいんじゃないか。そういう徒弟制みたいのものをアカデミズムというのは、そういう二重の意味で非常に危険なんじゃないか、こう思うのです。現実の大学がいかにアカデミックでないかということで批判してくればいい。

そういう点で問題がだんだん拡がってくるのだけれども、エリートということ、エリートの思想だとか、エリートの論理だということをよく言うのですね。日本のインテリは非常な大衆コンプレックスをもっている、それなるがゆえに逆に大衆崇拝だから、エリートと言われると、一ぺんにしゅんとしちゃうのだ。それもさっきの問題と同じで、共産党みずからが前衛と称しているのは最大のエリートじゃないか。

つまり貴族の場合を考えたって、貴族は義務づけるという言葉があるけれども、貴族であるということから当然義務を負っているというところで貴族制が成り立っている。もしそういう義務感がなくなれば貴族制は崩壊する。トックヴィルがアンシャン・レジームでなんであばれたか、ノーブル〔レス〕・オブリージ〔noblesse oblige〕がなくなったからだ〔編者注⑨〕。歴史的の貴族でさえそうでしょう。

そういうほんとうの機能的の意味のエリートというものがなければ、文化というものは、ことに現代の社会では低俗になる。自分はエリートであるといばっていることは何ものも意味しない。やっぱりそういう意味でエリートというものを目指すということ、そういうことがあって、初めて僕はほんとうの文化の質というものが維持されると思う。それは大衆から遊離するとか、大衆と対立するということじゃない。それもさっきのような垣根の論理で、大衆とエリートと区別するから、そういう考え方が出てくる。変にエリートと言われるとしゅんとするのは、日本に〔いかに〕ほんとうにインテリジェンスがないかということを逆に証明します。

だから政治に巻き込まれちゃう。文化の立場からいったら、一体何を守るのかということのほんとうの確信がなくて、政治に対抗していけませんよ。僕はそういうことは実際ロマン・ローランから学ぶな。守るものは非政治的の価値ですよ。非政治的の価値についての確信があるから、確信を持って政治行動ができる。しかもそれが何でもなくできるのだ。特にここでルビコンを渡ったとか、おれは政治に入ったとか、そういうふうに考えないで、当たり前の行動としてできる。しかし当たり前の行動ということは、守るべき価値についてはおのずから行動は制約されてくる。

だから、話がちょっと飛ぶけれども、警職法反対の国民会議ですか、あそこまでエネルギーを結集したものを何とかしていかしたいという努力が方々にあるわけだ。これを安保条約改定〔阻止〕のためにという目標に向かってこのエネルギーをあれしていくということ、それは日本のような風土ではそういう考え方が出るのは無理はないと思う。まさに一ぺん解散しちゃったらなかなか集まらないから……。しかしこのこと自身が問題なんだ。せっかくあそこまででき上がったのがもったいないから、これを何とかとっておきたいという感じだね。

これは福田〔歓一〕君がイギリスから帰ってきて聞いたのだけれども、〔編者注⑩〕イギリスなんかの考え方は違うね。スエズ出兵というと、すぐその日のうちに大学教授が自然発生的に集まって、われわれは何をすべきか、どういう行動をすべきか、デモをするか、声明を発するか、すぐ相談がある。その場合に大学教授が政治行動したらどうかということは何にも議論にならないというのだ。当たり前のことじゃないか。それでそういう集会が方々にできるでしょう。スエズ出兵賛成の方も集まるわけで、必ず両方のデモがあるわけだけれども、それが政府がスエズから撤退すれば、即日解散、何のあとくされがない。いつでも集まれるから、あっさり解散しちゃうのだ。せっかくでき上がったのにもったいないというのとはだいぶ違うのだ。それは現実からいえばもったいないのだ。現実から考えれば、そこは考えなければいけないけれども、もっと根本的に考えなければならない問題があるということですね。

〔新しい日本史像の提出と欠如理論への応答〕

やっぱり政治に対する文化の自律性というものの根本は、歴史的にいえば宗教だったわけですね。ヨーロッパでは教会と国家というモデルがあって、政治価値に吸収されない価値に対する意識が非常に普及していて、それがほかの学問とか、芸術とかの関係に押し及ぼされてきたのだろうと思うのですね。そうなると、話は古いが、僕は明治維新のときの近代化のやり方が問題に思うわけです。日本の運命の岐路は戦国時代にあったのですよ。石山本願寺を信長がつぶしちゃったということ、それから堺の自治都市をつぶしちゃったということ、それからキリシタンを秀吉と家康が根絶しちゃったこと、そうして仏教を行政手段にしたことが決定的の意味を持っていると思うのだ。明治ではなくて、そのときに政治価値からほんとうに独立の文化価値というものがなくなって、政治価値に従属してしまったわけだ、逆にいえば。

そこまで遡って徳川時代から明治までみていくと、よくいわれる欠如理論になって、何でも日本にないないということになるけれども、逆に遡っていけば、問題は幕藩体制からそういうマイナスが出ているので、それ以前には文化的のレベルにおいても、いろんな可能性においても、いろいろの発展の可能性においても、ヨーロッパより当時はレベルが高かったですね。一五世紀末ころにおいては向こうはルネッサンスが始まるかどうかというころでしょう。こっちの室町末期から戦国の末期ころは非常に高いです。それから一向一揆や山城一揆、それから自治都市の建設に示された民衆のエネルギーは相当のものだし、それからキリシタン、まったく異質的の文化に対する民衆の理解は大へんなものです。とにかくザビエルが驚歎しているのですね。当時の宣教師もこんなに優秀な民族がこんな辺ぴ〔鄙〕なところにいるとは想像できないとびっくりしたのです。これはラテン語のミサを当時の聖歌隊はやすやすと歌った。それからハビアンの『妙貞問答』を見ると、実に高度のアリストテレスの哲学をそしゃく〔咀嚼〕しているわけです。まだ身分制がそんなにはっきり形成されていなかった時代を思えば、つまりヨーロッパにおいては封建制がその前すでに強固にあったわけでしょう。日本の民衆と当時の〔ヨーロッパの〕民衆と比較してみると、あらゆる可能性と能力においてむしろ日本の方が進んでいた。もし開きが出たとすれば、まさに三百年の鎖国によって大きく引き離されちゃったといってもいい。

問題を明治以後だけに限っていうと、しょっちゅう懐疑論〔決疑論〕になっているように、明治が日本を近代化したかとか、帝国主義の発展を結果的にジャスティファイするか、全部不当であったかということが〔を〕いつも繰り返しているしかないと思うのだ。やはりもう少し根源的のエネルギーみたいのものを尋ねていく必要がある。だから徳川封建制、つまりほんとうの封建体制というゆえんは中間的身分の自主性ということなんですよ。向こうでいえば貴族ですね、それから自治都市、ギルド。そういう政治権力と民衆との中間にある集団の特権ですね、これが封建制の一番の要ですね。この強さというものをみると、実に日本は弱いです。弱かったからこそ明治維新がやすやすと行われた。このように中間身分が何ら抵抗しないということは驚くべきことですね。ということはほんもののの貴族じゃないのですね。ああいうイギリスのようなアリストクラシーの伝統がない。非常に簡単に身分の障壁を取っ払って、国民的の統一国家を作ることができた。中国の場合に比べると、郷士〔紳〕のようなものもなかった。だから中国はそういう意味の適応には失敗した。日本ではいとも簡単に身分が撤廃されちゃう。そうして最高の政治権力に一切の価値が吸収されているわけですね。

抵抗権というものを発生的にみると、身分の抵抗権なんですね。つまり身分を解体しちゃって、ばらばらにされた個人というのは国家権力の前にまったく無力になっちゃうのです。身分というやつが国家権力〔に対する〕のバリケードなんです。それで抵抗権の思想が一番強いのはイギリスなんです。一番封建的な国なんだというと言葉はおかしいけれども、そうです。日本はそういう点で今度の皇太子妃〔一九五八年一一月二七日婚約発表〕じゃないけれども、実に簡単なんだね。あれに対して日本にほんとうの身分があったら、容易なことじゃできません。実に簡単にめでたしになるでしょう。敢然とそれを言う勇気はない。それはちょうど廃藩置県のときと同じで、あっさり天皇に奉還しちゃって、内乱を賭しても身分を守るというやつは実に乏しい。

こういうときにできるデモクラシーは弱いデモクラシーになる。マイノリティの権利とか、多数に対する少数の権利というもの、あるいは「千万人といえども、われ往かん」〔『孟子』「公孫丑上」〕というファイトが非常に出にくい。だから世論が全部戦争に向けば、それに対して抗することは困難だし、民主主義の世の中だから民主主義であるというにすぎない。これでは僕は非常にいけないと思う。それでは精神的貴族、社会的貴族というのはできません。これは滅びる運命にある。精神的貴族主義がなければ、日本のデモクラシーは多数という名の暴力の前に屈せられてしまう。世論が多元的にならないで、もっとも世論を有力に指導したものにくっついていく。それが進歩的の方向に向いているときはいいけれども、いつ風向きが変わるときにどうなるかわからない。周りが動いてもとどまっているというやつがないのですよ。

それでよく思うのですが、将棋というのは非常に日本的だと思うのです。敵の中に攻め込むと強くなる。逆に攻め込まれると、敵の歩《ふ》が強くなっちゃうわけでしょう。攻めたときはものすごく景気がいいけれども、攻め込まれたら最後、とうてい目もあてられない。場によって強さが違ってくる。西洋将棋だとそういうことないですよ。王様はどこいったって王様だし、僧侶はどこいったって僧侶ですよ。

話は飛ぶけれども、将棋というのは勉強すると、その意味で将棋哲学というのはおもしろいと思うのですよ。これはファナスチックス〔編者注⑪〕というか、日本人の倫理が状況の倫理で、世界がデモクラチックになるかどうかにかかっている。日本は状況についていく。世界がファッショ化すれば、ファッショ化する。これは将棋は徹底したところの状況の行動ですね。つまりリースマンの用語に従えば、徹底した□□〔編者注⑫〕です。全部動き方が違うでしょう。みんな違った動き方をするから、それをよく見きわめて行動しなければならない。これはノイローゼになるですね。プリンシプルで行動していたら、すぐとられちゃうのですから、絶えず四方八方に目を配っていかなければならない。それが日本の処世術でしょう。人によってモラルが違う。それを使い分けていかなければならない。

そういう話をあるところでしたら、ある人がそれは転向の問題にもあてはまるというのだ。つまり敵の駒を使えるという遊戯はあまりないんだってね。ところが〔将棋では〕敵の駒を使える。これはあやまって《〔謝〕》、今度忠勤、日本帝国の忠良な市民《〔臣民〕》になれば、一生懸命働くのだな。「捕虜はどこまでも敵の捕虜」じゃない。あやまれば「よし許してやる」ということになる。まあまあ、きのうは悪いことをしたけれども、ごめんなさいといったからいいじゃないか。だから責任意識が出てこないね。〔中略〕

それでほんとうの意味の大衆に対する奉仕の意識ということと、つまりさっきの貴族は義務づけるということとくっついているわけで、精神的貴族主義というものはそういうものだと思う。そういうものがなくて、エリートの考えがあるからね。そうするとエリートというやつは民衆を蔑視するとか、文化を作るものは常にエリートであるという竹山〔道雄〕さんみたいの居直りになるか、大衆偏重でそれはけしからぬ、ということになっちゃうのだね。

室町から戦国の初めはおもしろいですね。茶の湯とか、日本の独得の芸術はあの時代でしょう。民衆芸術として発展して、殿様芸術になったのはあとですからね。〔後略〕

編者注

①これは丸山の記憶違いで、一家が兵庫県芦屋から東京四谷に移転したのは大正一〇(一九二一)年春のことである。ただ平和博覧会が大正一一年に開かれたのはその通りである。

②原敬が東京駅頭で刺殺されたのは、一九二一年(つまり丸山家が移転してきた年)一一月四日の午後七時二五分頃という。この情報が新聞社から丸山家に伝わった時には、当時七歳の眞男はすでに床についていたのであろう。

③丸山侃堂は、牧野伸顕から副島道正(朝鮮総督府の機関紙『京城日報』の社長)に推薦され(『丸山眞男回顧談』下、岩波

書店、二〇〇六年、九―一〇頁)、その主筆として一九二五年から単身赴任し、一九二八年一一月に退社した。本文には、副島の社長辞任は朝鮮総督がかわったことによるとあるが、斎藤実から山梨半造への総督交代は一九二七年一二月一〇日であり、侃堂が翌年一一月に退社するまで一年ほど間があったことになる。また侃堂は一八八〇年五月生まれで、退社時には四八歳。

④侃堂が『大阪朝日新聞』通信部長だったのは一九一六年一二月から一八年一〇月であり、三六歳から三八歳にあたる。本文でふれる辞職は、「白虹事件」の責任をとり、村山竜平社長以下が辞職したのに連袂したものである(『丸山眞男集』別巻(岩波書店、一九九七年)の「年譜」二八―二九頁参照)。

⑤速記録には「幹治」に「みきじ」とルビがふってある。実家や親類中ではそれが本来の呼び名だったのかもしれない。ただ侃堂自身は自著『硯滴・餘録』(道統社、一九四二年)の奥付で「カンジ」としている。

⑥「日本新聞」は、日本新聞社が発行する新聞『日本』というのが正確だが、ここで丸山は発行元と新聞の名称を兼ねて使っているとも思われるので、そのままにした。以下同じ。

⑦この段落における丸山の記憶は不正確な点が多い。日本新聞社、陸羯南、『京城日報』と侃堂との関係などに関して、『丸山眞男集』別巻の川口重雄による丸山眞男「年譜」の冒頭部分を参照されたい(二七頁)。

⑧野村浩一は中国近現代政治思想史家。丸山がいう論文は「清末公羊学派の形成と康有為学の歴史的意義」で、『国家学会雑誌』第七一巻七号(一九五八年)、第七二巻一号、三号(一九五九年)に掲載。

⑨ここは文意がとりにくい。一つの解釈は、ここで丸山は「旧体制で民衆があばれたのは、貴族がノーブレス・オブリージをなくしたからだ」というトクヴィルの主張に引照しているというものである(山辺春彦説)。

⑩福田歓一は西洋政治思想史家。一九五六年八月から英国に出張し、五八年一一月に帰国。『福田歓一著作集』第十巻、三四〇頁参照(岩波書店、一九九八年)。

⑪速記録ではこのようになっているが意味が通じない。文脈から推して situation ethics 状況倫理という言葉を丸山は使

ったのではないかと思われる。

⑫文脈から判断して、リースマンが主著『孤独な群衆』で、現代大衆社会の人間の行動様式をさして使った言葉「other-directed behavior 他者志向的行動」が入ると思われる。

音楽・音感教育について

〔前欠〕はならない。結局、音感訓練のねらいは、それぞれの耳の性能を音楽的に最大限に発揮させるようにするにあり、音楽の専門家を作ることが目的ではない。

音感訓練においてもっとも重要なことは、鳴っている音を聴きわけることであり、和音の場合には、それを構成している個々の音を聴きわけると同時に、その和音を一つの個性をもったまとまりとしてつかむことである。言葉の場合でも同様であるが、たとえばサクラという語は、サ、ク、ラ、という三つの文字がそれぞれ聴きわけられると同時に、サクラという一語としてとらえられる。そのように、和音の場合はたとえばC、E、G、という単音を聴きわけつつ、同時にそれをCEGという一つの音楽の単位としてとらえなければならない。楽曲はだいたいにおいてこのような和音の組み合わせからできているので、そのようなものとして聴かなければ、実は曲の一部しか聴いていないことになり、それでは曲を完全に理解することはできないわけである。音感訓練を十分に受けていない耳は多くの場合、複雑な交響曲などを聞いても、その一部分――たいていは主要旋律を受け持つ楽器の音、第一ヴァイオリン、フルートならフルートというように――しか聴いていないことが多い。かりに他の音が聞こえていても、それは聞こえているのであって、和音としてはとらえられていないことになる。

音楽においては、まず何よりもこの聴く、――聞こえるのではなく――ということが大切であるが、これは音感訓練を受けてみないと本当のところはわからない。だからおそらく、音楽の鑑賞のみならず、演奏においても、作曲においても、聴くことがまず何よりも大切だということを言えば、奇妙なことと感ぜられるであろうが、実は、本当に自分の出している音を聴かないで、譜面どおりピアノを叩くのは、いかに指だけよく動いても、これはタイピストにすぎない。ピアノは目と指で弾くのではなく、耳と心で弾くのである。われわれの教育はタイピストの養成を目的としない。それゆえにこそ音感訓練を重視する〔心→耳、耳→心〕。「心から出でたり、願くば心に達せんことを」とベートーヴェンはいった〔「ミサ・ソレムニス」楽譜冒頭〕。心から心へでなく、右手から左手へ、親指から薬指へというピアノひきがいかに多いことか。

この訓練ではドイツ音名を用い、この点にわが国の学校教育で用いているドレミ音名と異なるので、父兄の方のなかには、子供の頭が混乱するからやめてくれという人もあると野田〔美津子〕さんからきいた。しかし、ドレミ音名は音感訓練にはまったく不向きで、これを用いることは技術的に困難であるし、また実は混乱するのは親の頭の方で、子供の頭はもっと柔軟だということをご承知ありたい。同じピアノのキイが、ある場合「ラ」と呼ばれ、ある場合「A」と呼ばれることが、そんなに混乱を起こすのだとしたら、外国語教育などはまったく不可能だということになる。

二、われわれの音楽教育は音楽の専門家を作ることを目的としない。音楽教育の本当の目的とは、聴くことのできる人間を作ることである。まず何よりも聴くという態度と、常にハルモニィということを心がける態度とを音楽教育は養うのである。それゆえプラトンも言ったように〔特に『法律』第二巻〕、音楽教育は情操教育であるとともに人間教育でもある。わが国では、ちょっとばかりピアノやヴァイオリンが上手に弾けたり、コンクウルというものに通ったりすると一大音楽家であるごとく錯覚し、なかにはまたそれを目ざして子供に音楽を習わせる人も多いのであるが、音楽屋になるということが真に子供の将来にとって幸福であるかどうかは非常に疑わしい。したがって親としてはそのような野心をもたないで、音楽を本当に子供の身につけてやる、すなわち音楽を通して人間らしい人間とすることだけで満足すべきではないのか。また本当の意味の大音楽家はそういう雰囲気のなかから出てくる。

いったい、本当に音を聴くことができるようになってくると、一面において音楽が非常に楽しいものとなるが、同時に自分の演奏を他人に聴かせるなどということは恥ずかしくなってくるのではないかと思う。本当に良心的な演奏家にとってはおそらく演奏は一大苦痛だろうと考えられる。だから少しばかり指がよく動くからといってピアニストとしてステェジに立とうなどと考えるのは本当に自分のピアノを聴いていない証拠ではないかと思う。ロマン・ロランのように、ピアニストとしても一流に伍しえたと言われている人が、ほとんど他人に弾いて聞かせることがなかったというような話は、まことにかれが音楽の真ずいにふれていたことを示している。われわれの音楽教育の理想は正にこのようなところにある。

三、最後に、音楽のだいご味は、独奏や独唱にあるのではなく、合奏や合唱にあることに留意していただきたい。これは音楽の美の中心が、ハルモニィにあることから当然のことである。そしてそのゆえにこそ前に述べた、《まず聴く》という態度が要求される。他のパアトを聴かないではけっして美しいハアモニィは生まれない。だから真の音楽教育においては、アンサンブルが中心とならなければならず、ピアノ教育でもなるべく連弾を行うことが望ましい。特に家庭においてこのような正しい音楽の理解のもとに、家族員が合唱を常に楽しむことができるようになることが望ましい。しかし、現在の日本においてはおそらくは、少数の家族を除いては、これを望むことは困難であろう。そこで父兄に望むことは、せめて頭で音感訓練にもとづく音楽教育の真意を了解され、子供の音楽上の発達を阻害しないように、親のエゴイズムを子供に押しつけないように、注意していただきたいということである。

そして、教育とはドイツ語の Erziehung やラテン語の educatio の示すように、教師はただ生徒のなかにある才能をひっぱりだしてこれに刺戟を与えることができるだけで、出来上がったものを外から与えるのは真の教育ではないことを知っていただきたい。自分の子が他の子より技術的に上手に弾けるとかそうでないとかに一喜一憂することなく、与えられた才能がその子なりに十分にひきだされ磨かれているかに関心をもっていただきたい。それができるかどうかは、親も子も、ともに《聴くことのできる人》になっているかどうかにかかっている。このことの本当の意味はすぐにはおわかりにならないとしても、それを理解しようと努力する方には次第にわかっていただけるものと思う。

全学連幹部構内隠匿事件に関する法学生大会での発言

〔経済学部学生など「立てこもり」事件　葉山君ほか〕

大学の自由、アカデミッシェ・フライハイト〔akademische Freiheit〕とは何か。

一、それは建物や構内が他の一般地域とちがって封建時代の城郭や荘園のように教授・職員・学生以外の立入りを許さぬ地域的特権をもつということか。そうではない。現に一般の市民も政府の公務員も自由に大学構内を歩いているし、歩いて差支ない。教室などに特定の大学の催し、会以外にむやみに市民が入れないのは、地域的特権があるからではなくて、研究と教育という大学本来の使命の遂行のために制限されているのである。警官も原則的には同じことで、警官も他の公務員同様、どんな場合にもそれ自体絶対に大学の地理的区画に立入れないという合理的根拠はない。もし建物や構内という空間や営造物についていうならば、東京大学の建物の所有権は国家に属し、管理権は総長以下大学の機関に専属する。べつに教授と学生が共同に管理しているわけでもなければ、いわんや学生が管理権をもつ筈がない。こういう法律所作《〔カ〕》的なことをいいたくないが、建物とか構内を大学という精神共同体ととりちがえるなといいたいのだ。大学の自治はこういう空間的領域や建物管理の問題とは全く別の次元の問題である。空間的範疇や建物という物体的範疇でない。

大学の自由は他の意味でも特権ではないけれども、とくに地域的特権ではない(治外法権でない)。それはどこまでも大学における研究と教育の自由である。この研究と教育の自由という最高目的によって規定される限りにおいて建物や構内地域は一般地域と異った特殊の取扱をうけるのである。それは特殊の取扱であるから、何でもかでもその地域内の行動の許される範囲が一般社会より大きいということではない。ある面ではヨリ行動の自由があり、他の面では自由がない。たとえば、警官がたとえ集団的にでなくとも、構内をやたらにパトロールするのが望ましくない(構内にもスリや泥棒が歩いていないとは限らないから絶対にということはいえない)のは、それが教授や学生の教育と研究の自由に対する実質的な威圧となる可能性があるからである。その意味では大学構内は他の地域よりも高度に保護されているし、保護されてよい。しかしまさに同じ理由で、街中では自由に車をのりまわせるのに大学構内ではできないとか、授業中に銀杏並木で高声で歌をうたったり、ラジオをかけたりしてはいけないというように、外で与えられている自由が大学内では制限されることもあるわけである。つまり大学の自由という原理は本来外的制限がないが、構内は特殊地帯だというだけで「特権地帯ではない」。べつにすべての行動についてヨリ広い自由があるのではない。

二、大学は誰によって構成されるか。大学の自由の担い手は誰か。いうまでもなく総長以下教授(教育者)と学生(被教育者)である。大学は教授と学生によって構成される共同体である。大学の自由は教授と学生が大学共同体の構成員としての役割を自覚して一致することによってのみ守られる。大学の自由は自由のすべてではない。教授も学生も当然市民としての諸々の自由をもつが、大学の自由とか自治とかには、市民としての側面ではなくて、大学共同体の構成員としての側面にかかわることである。これは機能(役割)的区別であって実体的な広狭の問題ではない。もし多数の教授が大学の自由をまもるのに頼みにならないようだったら、研究の自由も教育の自由も守れる筈がない。学生だけが頑張ってもどうにもならないし、いわんや多数の学生の意向におかまいなしに自治会の委員だけが頑張ってもどうにもならない[教授の多数をおきざりにし、又はそれと離反する方向で学園の自由がまもられたためしはない]。むしろそんな頼みにならない大学に入って来たのが間違いだということになる。教育は支配関係でなく指導《ガイダンス》関係である。教育者と被教育者が経営者と労働者あるいは支配階級と被支配階級のようになって「団体交渉」する事自体が大学の危機的状況である。それだけでなく教育は指導関係である以上、何が大学の自由にかかわるか、についての最後的な判定の責任は一般的教育方針の決定と同様に教育者の側にある。こういう問題で学生はもちろん教授を説得する自由はもつ(教育者は教育することによって教育される)。どうしても教育方針とガイダンスに賛同できない学生、大学自由の解釈に承服できない学生はが〔ママ〕、その大学の教育を受けることを拒否するほかない。こうした根本的な信頼関係なくしてはそもそも大学はなりたたない。教授を信頼しないで大学共同体を守るということ自体が矛盾である。学生の自治活動も教育過程の一環である。学生の市民としての自由と混同してはならない。

大学の自由について教授が学生より多くの責任をもち、したがってまた判定権をもつのは、以上の理由のほかに、教授は恒常的な共同体の構成員《スタンディングメンバー》であるのに対し、学生は不断に入れかわるからである。

三、少し具体的な問題に入る。最近の東大中央委員会の声明や緑会〔東京大学法学部学生と教員の親睦団体〕ニュースに現われた考え方は、以上の点から見て私には全く不可解というほかないものが多い。私は病気になる前最初の学生委員をやり、又緑会評議員にも度々なったが、一部学生がこれほど教授側の意向を頭から受け付けず、広く一般学生を侮べつして思い上ったエリート意識と特攻隊精神に凝りかたまった例をみた事はない。ただのぼせた頭をひやしなさいというよりほか言葉がない。それだけに一昨日の法学部学生大会の結果〔編者注〕と、修正案を見たときは、私にとってほとんど救いに似た感じを抱いた。穏健中正という名の下に無気力と保身を生活術とする学生がふえることを内心歓迎しているかに見える会社重役や自民党や文部大臣がしばしばいう意味と全くちがった意味で、今度は「流石《さすが》に法学部学生だ、よく個人的感情にとらわれず筋を通した」と心から思った。私は甘いといわれるなら甘んじてそういわれよう。

一部学生の行動はあまりに政治的だといって非難される。本当に政治的であればまだよいが、しかし私にはすこしも政治的判断に基く行動とは思えない〔political wisdom〔政治的叡智〕〕。純粋な心情倫理であり、結果的に無責任である点で、かつての右翼青年将校のラジカリズムと基本的に似た行動様式である。このクリティカルな時期に、安保問題はもちろん水害対策、ベトナム賠償、等々国民的にとりあげて究明しなければならない問題が山積しているときに、あたかも二、三人の学生の逮捕状をめぐる構内たてこもり問題が日本の最重要の事柄であるかのようにジャーナリズムを集中させ、一般の関心を集中させる結果をまねいている点でむしろ反動的でさえある[日本の全体状況のなかでの問題の weight を一歩外に立ってながめる。デモの逮捕はたえずおこっている]。

逮捕状がでている者をかくまったり、身をひそめたりすることをどんな状況でもそれ自体許すべからざることだと私は思わない。しかし、大学の構内にバリケードをきず〔築〕いて立てこもることを学園の自治とか、大学の自由とかの名で合理化することは許されない。いわんや本当に居所が分らぬようにして官憲から身をかくすならいざしらず、その意思もなく、「ヒロイズム」の満足が目的か逮捕をのがれるのが目的なのか、幾回となくテレビや新聞の記者会見をして昂然としているのは、大学共同体への侮辱であり、教授と学生一般への挑戦である。労働者や市民にできないことが、学生にだけできるということは大学の自由とは何の関係もない。「特権」への甘ったれではないか。大学側が極力警察の立入りを控えるよう極力努力しているのは、事実上の混乱と犠牲を避け、一般学生に迷惑がかからぬようという配慮からである。構内にかくまってよいかという問題は逮捕される罪を犯したかどうかという問題とは全く別であり、いかに逮捕状が不当であってもそれとこれとを混同するのはあまりに幼稚である。安保改正問題がどんなに重要でも、それを大学の自治にひっかけて、「立てこもり」を正当化するのは論理無茶である。

こういう当然のことを御説教がましくいうのはつらい。葉山〔岳夫〕君その他個人個人の学生の品性を非難しているのではない。考え方がおそろしいほど独善的で混乱しているというのだ。批判に耳をかさないドグマの精神はどのような動機からであれ学問的精神の反対物である。もしその批判がみなブルジョワ的偏見で、マス・コミがつくり出した「世論」だというならば、全体状況、客観的状況分析の欠如――いやそんな分析以前の、コモン・センスの欠如だ。大衆運動の組織者の第一歩は普通の市民、普通の学生の考え方感じ方を内側からとらえる能力であり、それがここには全くといっていいほど欠けている。

どうしたらよいか。諸君がもっとできるだけ大勢、いたるところで討議をして、学生運動を本当に学生の運動に近づけゆく以外にない。そうでなければ一握りの学生の狂信的なバク進——それは肉体的なバクシンであって、政治行動とさえいえず正確な意味で急進的でも進歩的でもない——と多数学生の無関心との悪循環がひどくなるばかりだ。それを一体誰がよろこぶか。諸君はもうすぐ大学を出るかもしれない。しかし諸君の大学時代に、大学に嘗《かつ》てなかったような無茶な事件がおきて、それをどうする事もできなかったというのは、諸君にとっても決して名誉となることではない。むろん教授の一員である私にとってもきえがたい恥である。一諸〔緒〕に学問の府に理性をとり戻すよう努力しようではないか。

これが転機になって、法学部学生諸君の多数が積極的な関心をもって、いたるところにグループで隔意なき討議をおこすようになれば、学生運動はほんとうに学生運動になるだけでなく、諸君はそれだけ将来の日本を担うにふさわしい市民《シトワイヤン〔citoyen〕》——積極的市民としての訓練をつむことになる。

編者注

一九五九年一二月八日の東京大学法学部学生大会において、前緑会委員長葉山岳夫に東京大学構内からの退去を求める勧告案が可決された。『東京大学新聞』一九六〇年一月一日号によれば、この日の学生大会では「法廷で闘うことも同時にきめて」おり、また「九日には逮捕状不当と〔一〇日の〕デモ参加を決めた」という。

日本人の倫理観（座談）

〔出席者〕
エルベール〔Jean Herbert　フランスの東洋学者〕教授
丸山眞男
野田良之〔東京大学法学部教授。フランス法〕
エルベール夫人
カザンキ夫人

エルベール　まず私の関心の対象から申しますが、日本人の信仰というものはその生活にはっきりした影響を与えている。たとえば、行動の倫理にも余暇の場にも影響していると思います。これについて批評する前に、何よりも理解しなければならないというのが私の現在の立場です。

丸山　なるほど。無論そうでしょうね。

エルベール　といっても、今はまだ理解するというところまでいっていませんので、理解する手がかりを得ようとしているといったところかもしれません。後に理解するようになりたいと思います。そこで私は神道の影響というものに注意を向けているのですが、なぜそのような信仰、神、神社などが、何世紀頃かに起ったか、そういうことに大変興味があります。また、人々がどういう夢をもっていたかを知りたい。もちろん、私は断片的に見出したことに頼らなければならないわけですが、それを自分の眼で見たい、確かめたいと思うわけです。

たとえば先頃、私は出雲大社へ行って二つの大きな祭りに参列してきましたが、非常に興味がありました。神道のシンボルとかいろいろな関係については説明していただきたいと思いますが、同時に、出雲で人々が集まってくるのを見ていて、なぜそこへやってくるのだろう、何を得ていくのだろうという疑問をもちました。これから書くつもりでいる書物の目的も、神道について私の見たままを、というより人々がどう見ているかを書くことで、善いとか悪いとか批評をやるつもりはありません。しかし、ご承知のように、日本には私がインドで見たとまさに同じ事情があります。というのは、日本人は自分では知っていてもそれを西洋人にうまく説明できないということを、しばしば質問してみて知りました。人々が私の質問の意味を理解する、なぜ質問するかを理解するには時間がかかります。なかにはあまりに当然なことなので、どうしてそんなことが問題になるのかわからないといったものもあるわけです。

日本の神道について、西欧に理解できる説明をきいておりません。これを理解できるように説明してみたいと考えているのです。日本人が何を考え、何を感じているかであって、私自身の考えとか判断をもち出そうというのではないのです。ですから他の西洋人が書いたものには、たいして関心がありません。政治的、批評的、歴史的、考古学的、伝記的などいろいろありますが、私とは行き方が異なっています。無論、他人の書いたものをまったく読まないというのではありませんが、たいして影響を受けようとは思わないのです。西洋人の著作家で役に立つのは、チェンバレンの『古事記』英訳と註、〔編者注①〕特に出雲に関する訳は、一番良いと皆の人が言っています。今でも日本人の英訳はこれにはおよばないのではないでしょうか。もう一人は、ラフカディオ・ハーンです。ハーンは日本の生活を実際にやった上に、批評することなしに見たままをのべています。今のところこの二人だけですね、私が信頼できるのは。

丸山　チェンバレンの *Things Japanese*〔1890〕は読んでおられますか。

エルベール　読みました。これも興味ある記事が多いですが、『古事記』の註の方が啓発されます。*Things Japanese* も好きですが、この一部は晩年になってアプローチがいくぶん変わってから書かれたという気がします。『古事記』翻訳当時とは違って。もっともこれは今の話題じゃないかもしれませんが。

丸山　神道の専門家とうかがっていますが。

エルベール　日常生活における宗教の地位といった点について、神道ではインドのヒンドゥーイズムなどとはまったく違った問題があると考えますが。

丸山　あまり問題にならないのじゃないですか。日常生活では意識していないでしょう。知識人ばかりでなく、日本人は外国で考えるほど、殊〔こと〕に神道については意識していないでしょう。

エルベール　意識するしないはともかく、私の印象では非常にその影響を受けているので、無意識であればその部分を引き出してみるということ〔が〕必要ですが、それは他の国〔カ〕々の場合より難しいのではないか、この点で私の研究も大変困難なわけです。

丸山　その影響と言われることですが、これはきわめて複雑なので、原始神道、仏教、儒教などさまざまな異なった要素があるので、その一つ一つを分析してみなければならないのです。たとえば、死後の世界という観念一つをとってみても、なかなか説明しにくいと思います。

エルベール　私はどうも不思議に思うのですが、西欧の論理に合わないから、他の論理から来ているに違いないのですが、あなた方日本の人は一般に――儒教でも神道でも――祖先について非常な関心をもっている。ところが、あなた方自身がやがて祖先になるということにはあまり関心がないのではないか。祖先宗教は日本の倫理の基礎じゃないかと思います。ですから、あれこれのことをするとかしないとかいうのは、理論的に祖先にとって重要であるかないか、そういうことだろうと思います。しかし、どのようにして自分が祖先になるのか。キリスト教、仏教、イスラムなどの宗教では、死後に何になるかというのが大問題です。宗教そのものより、人々は再生を欲しているわけです。この点が私には非常に奇妙でもあり不思議でもあります。

丸山　面白いご指摘ですね。しかしこの問題については、仏教の影響も考えるべきじゃないでしょうか。たとえば輪廻の観念、人間が死後に虫になるとか動物になるとか、これが原始神道と混合しているのですね。私が大変面白く思うのは、高天原神話では、われわれが死後に行くところは醜いものにみちた汚れた場所であると同時に、神話ではこの死後の世界についてきわめて素朴な楽天主義があることです。出雲の始祖であるスサノオは、また夜の国の支配者であり、同時にアマテラスオオミカミの弟であるといったふうに、高天原神話は出雲神話と結びついています。スサノオは高天原神話では暗いもの、醜いものを代表するのに、出雲神話では新しい国の始祖であり英雄なのです。そこで日本人のもつあの世の観念には、楽天的と悲観的の両面があると思います。

エルベール　しかし、日本人は死んでからどうなるかということを気にかけていますか。モスレム、ヒンドゥー、仏教はみな死後のことをひどく問題にしていますね。

丸山　もちろんそうですが。

エルベール　ところが、日本ではその点あまり関心がないように思えるのですがどうでしょう。キリスト教、イスラム、ヒンドゥー、仏教の倫理では、死後に個人がどうなるかが問題です。死後に幸福になるか不幸になるか。日本人はこの点に関心をもっていますか。

丸山　その点はですね、日本の伝統的な考え方によれば、ある人の死後の幸福あるいは不幸は、その子孫は《や》縁者の行動によって非常に左右される。要するに、祀れば死後の魂は安心する、祀られないと落ち着かないんじゃないですか。たとえば、七月の盂蘭盆《うらぼん》ですが、これは魂が帰ってきて自分の目で子供や親類縁者に親しく会っていくということになっている。しかし、子孫などが何らかの儀式を行わないと、死者は現世に帰ってくることができない。死者の幸福は、生きている者の行動によって決まるわけです。

エルベール　なるほど。それは儒教は別として、どの宗教にもある再生の思想につながります。儒教はちょっと似ていても違いますね。行動が現世的でない動機にもとづいているかぎり、そういう動機は死後に起ることへの関心とは違いますね。それは神道独特の観念で、仏教的でも、まして儒教的でもないと思います。非常に違った印象を受けるのですが、間違っていたら訂正していただきたいと思いますけれども、これは一種の義務感ではないでしょうか。仏教やキリスト教の場合ですと、人が善良であり善い行動をすれば、後に酬いられる機会があるわけですが、これは個人的利益の観念です。神道の行き方は今よくわかったような気がするのですが、制度に対する、国に対する、神に対する義務感であって、報償とか欲求の観念以上のものだというように感じるのですが、間違っているでしょうか。

丸山　一般的にいって間違いないと思いますが、問題は義務感の内容ですね。ご承知のように、神道の神の観念は非常に複雑です。それは一方で、きわめて原始的なアニミズム――一種のアニミズムと思うのですが――であると同時に、他方では、日〔本〕神話の神々はギリシアの神々のようなところが多分にあります。

エルベール　誰もがギリシアの神々を引き合いに出されますが、神道の神々とギリシアの神々ほど似てないものは知りません。何の類似的〔性〕も見出せません。

丸山　外国の神話のように、日本の神話でも神々は女性に対する情熱とか、きわめて人間的な生命をもっている。人間生活のいろいろな面を代表している。

エルベール　根本的に違いますね。

丸山　たとえば、善神と悪神、つまりマガツヒノカミとがあります。もっとも、悪の意味は醜いものを指すので、反倫理的という意味ではありませんが。

エルベール　その点は重要です。その醜いものという点です。しかし、〔ギリシャ神話では〕かりに人間の女性と恋に落ちる神があったにしても、大きな違いがあります。そのような神の行動は、人間とはまったく異なった種に属しています。ところが神道では、神学的にいって、神と人とは同じ種に属しています。人間は神の子孫です。ですから同じ種族であり同じ家族なのです。外に出た場合に人は神になります。『古事記』にそういう例はたくさんあります。ですから、今名前は忘れましたが、ある神は人間であり、ある悪い人間は神であったりするのですね。行き方がまったく違います。もちろん、今おっしゃった善と悪についての問題は大変面白いことです。

丸山　要するに神代があって、神代の時にはみな神であり、人間はいない……だけれど神武天皇以後、神はみな人間になる。

エルベール　それは難しい問題です。その前にどういう種族がいたか。天孫から分かれたときには人間の種族がもういたわけでしょう。

丸山　高天原の国と出雲の国とは違う場所です。高天原にも出雲にも多くの神々がいる。出雲神話では神は神です。ところが高天原から出雲を見ると、出雲の神々は人間なのですね。そういう矛盾は、日本の神話が根本的にいって日本の国の成立を合理化したところから生じています。それは日本の天皇家の支配が、いろいろな部族神をだんだんに統合してくるわけですね。統合して日本の国ができた。それをあとから合理化するために、いろいろな地方の民族神話を統一して『古事記』、『日本書紀』にとり入れる。だからそこにある矛盾ができてくるのは当然ですね。

日本神話の特殊な点は、民族の誕生と宇宙の誕生が一致していることです。どの神話にも宇宙の創造、世界の創造はありますが、政治的国土の創造は別のものです。しかしそれが日本では離れていない。国家の創造でなければ再生が宇宙の創造と同じになっているのですね。

エルベール 国土の成立と国家の成立が同時に行われたとおっしゃるのですね。

丸山 そうです。支配者と被支配者と国土、この三つを備えた国家という意味で、完全に政治的な国家です。

エルベール 『古事記』の第一章に当たる部分には、創造の話がたくさん出ています。天孫降臨の前です。しかし、第二章の時期とは多くの点で違うのじゃないでしょうか。

丸山 しかし国常立命《クニトコタチノミコト》といった名前に注意しなければならないでしょう。クニは国土または国家です。

エルベール その点自信はないのですが、クニはおっしゃるような国家《ネーション》ではなく、アメとかアマの反対概念ではありませんか。クニはむしろ物質世界で、もちろんのちには国土や国家を意味するようになっていますが、しかし最初にあらわれる神々の名前を見ると、クニよりアメ、アメ〔マ〕のついた神があります。

丸山 アメ、アマに対してはツチもありますね。

エルベール ツチのついた神の名はないようですが。

丸山 アメノミナカヌシが最初で、クニトコタチがその次です。

エルベール　記憶をたどってみているのですけれど、最初にあらわれる一七の神がいちばん重要と思いますが、みなアメ、イワ、トコ、クニといった言葉がついていますね。

丸山　けれどもそれより重要なことは、ある神々と宇宙神とが血縁関係にあることじゃないでしょうか。

エルベール　そうです。非常に重要な本質的な点です。理論的にだけでなく、現実に日本の生命観念に大きな影響をあたえていると思います。どの民族や集団にもない統一性というものを感じます。私の言いたいのは、最初の神、あなた方、国土、血がみな……。

丸山　同一の起源と考えられていること。生理学的関係にあるとされていることですね。

エルベール　この理論的な関係は独特なものと思います。もちろん、これはある段階で国の政治目的に使われたでしょうが、必ずしもこの観念の起源における性質そのものを否定〔す〕るものとはいえません。キリスト教についても似た事情があります。たとえば、十字軍遠征はキリストの名において行われましたし、人々は第一次大戦中でも、キリストの名において自国軍隊の勝利を祈願したのです。だからといってキリスト教が悪いということにならないと同じように、神道についてもおそらく似た点があるのじゃないでしょうか。歴史上のある時、ある時代に、ある人々が神道を特定のやり方で利用したとしても、多くの人々はそれに賛成していないわけでしょう。将来の日本における神道の可能な、または望ましい影響という点について、どうお考えになりますか。

丸山　意識的なイデオロギー、意識的な宗教としての神道という意味ですか。

エルベール　どう定義していいかわかりませんが、一つの宗派としてでなくです。宗派のなかでも、天理教のような非常に重要なものがありますけれども、私の言うのは、一般的に民衆に対する神道の影響です。将来どうなるとお考えですか。

丸山　たとえば、私の母は仏教徒でしたから、仏壇が神棚と並んでありました。私が子供の頃はこれが一般的な姿だったのですが、われわれの世代になりますと、神棚も仏壇も少なくなっていると思います。

エルベール　どちらもですか。

丸山　そう、どちらもです。両親の世代とわれわれの世代ではまったく違いますね。

エルベール　しかし、それを進歩とお考えですか。

丸山　神道の影響は後退しているように、私には思われるんですが。

エルベール　後退ですか。もちろん、神道の歴史には盛衰があり、衰えた場合も多いですね。しかし、物事にそういう盛衰があるのはよいことで、重要な問題なんではありませんか。あなたの学生の人生態度一般とあなた方の態度を比較していただけるのじゃないかと思いますが。

丸山　われわれの方が、はるかに宗教的といえるでしょう。

エルベール　なるほど。今日の大学生を例にとって比較していただいたら。あなたは比較する〔の〕に非常に良い立場におられるわけですから。

丸山　神道や仏教に対する態度に限っていえ〔ば〕、われわれの世代と若い世代の間に差は少ないと思います。

エルベール　わずかの差しかないとおっしゃるんですね。

丸山　そう思います。われわれの世代はすでに神道や仏教への関心をなくしていました。

エルベール　学生の頃からすでにですか。

丸山　そうです。私自身はクリスチャンではありませんが、神道よりもキリスト教からはるかに影響を受けました。

エルベール　西ヨーロッパでも東ヨーロッパでもアメリカでもアジアでも、すべての国でわれわれの当面する問題があるわけですね。

丸山　神道が世界的な宗教になるなどは疑わしいと思います。神道は日本の天皇家の起源と本質的に結びついているので、普遍的な観念になるのはきわめて困難だと考えます。

エルベール　全然同感です。神道は純日本的観念で日本に限られたものです。しかし宗教としての神道をいう場合、宗教であるかないかの議論は多いのですけれども、私の知るかぎり、一つの特徴はドグマがないことです。ドグマをもった外国の宗教的な人々と同席するのは大変難しい。クリスチャンがキリスト教を扱う場合には、それが何らか善なるもの等々をもっていると信じているわけですが、神道は何ものも信じよと要求しない。ドグマがない。ドグマの教説は神道の本質的な部分でない。ですから、神道が拡がる可能性を考える場合、それはドグマが拡がることではない。

丸山　ですが、戦争中に多くの神社が建てられました。

エルベール　外国に日本の神社が建てられたのは、日本の居留民や軍人のためですか。

丸山　台湾や満州など。

エルベール　中国人もそこへ来たのですか。

丸山　中国人は無理に参拝させられたのです。あるところでは、戦争直後に神社が壊されそこにホテルが建っているが、鳥居だけ残ったという話もききました。

エルベール　おそらく政治的な口実があったわけでしょうね。

丸山　むろん、「八紘一宇」、日本の皇室のもとに世界をおおうという思想が、戦争中しばしば使われた定式だったわけです。神道は宗教としても、他の国民にとってうけ入れえなかったようです。

エルベール　私はそれを宗教とは考えませんが、神道のなかには本質的なもの、ドグマでないもの、日本以外の大民族のもたないものがあると考えます。二つだけ気づいた例をあげますと、第一に、スサノオの神話に関係がありますが、まったく異なったものの間に解き難い対立がない点です。われわれですと、二つのものを一緒にすることはできませんが、日本では、善も悪も神も人も、物質も精神も、全体的な一つに受けとられるという行き方ですね。ドグマでなくて一般的感情というべきでしょうが、神道の著しい特徴と思います。多くの問題に対するアプローチとして健全で、今人々が当面するようになっているいろいろな困難を取り除くことができるのではないでしょうか。キリスト教の邪魔になるような問題はない。そういう問題とは関係がなく、それは世界を理解する仕方であって、大変重要な点と考えます。そして、それは神道まで溯るものと考えます。他の民族もそれから利益を受けるのではありませんか。〔第二に、〕何らかの個別的な小さなことに集中して、その狭い分野で完全の域に達しようと試みる習慣、芸術でも茶道でも、一つのことに集中しなければ完全に到達できないということ。一つの小さな活動で高い完成水準に達すれば、一般的に高い水準に達したというように、多かれ少なかれ意識的に感じられているのではないでしょうか。それが本当かどうかわかりませんが、実際にそういうように感じます。もしそうだとしたら、どの程度までそれは神道にもとづいているかお聞きしたいのです。

丸山　そのようなことが日本に、日本の生活方にあることはありますが、それが神道の考え方まで溯れるかどうかという点は知りません。古代の日本には、そのような考え方はなかったと思います。たとえば、『万葉集』などにも。そういう、平凡なことにおける完全性の観念、トリヴィアリズム〔瑣末主義〕は室町時代、またとくに徳川時代以後に発達したものです。

エルベール　それはどういう影響でそうなったとお考えですか。日本の非常に特殊な点だと思うのですが。

丸山　ごく大ざっぱな理由をいえば、徳川政権の下で民衆の社会活動が厳重に制約されたので、ごく限られた範囲内で何かの技術の完成に全エネルギーを集中した。たとえば、茶道ですが、これは室町時代に最初にできた時とは非常に違ったものになった。創始者が説いた当時はそれほど繊細、入念なものではなかった。徳川時代の半〔ば〕頃からいろいろな分野でトリヴィアリズム化が見られるようになった。もちろん、芸術的な繊細な高度なものですが、徳川時代の芸術は、昔もっていた規模の大きさをいくらか失った。この点、賀茂真淵は精神、心のあり方について、男性的な精神と女性的な精神とを区別し、古代の神道だけが支配した世界ではあらゆる方面に男性的な精神がみなぎっていたが、仏教または儒教が導入されてからそういう男性的な精神は減退し、女性的な精神、タオヤメ〔手弱女〕ぶりがだんだん強くなったといっています〔編者注②〕。ところが本居宣長は、これと全然反対に、日本の本質的な精神はタオヤメぶりであると説いています〔編者注③〕。

エルベール　本居についてはほとんど読んでいませんが、好きじゃありません。私の見るところでは、神道のそういう精神は、彼にはほとんどあらわれていないのでありませんか。本居はある点で、プロテスタントに比較できます。精神を倫理的、歴史的、理論的に説こうとすればするほど、彼は精神をまったく見失っていったと私は指摘されました。だが、彼には一つのごく近代的な態度が見られます。あるローマ・カトリックの人が聖書を純考古学的、歴史的、神学的観点から論じて、そこに含まれている全体的な意味を見失ってしまったのに似ています。

丸山　それは難しい点です。なぜなら、神道に特殊なものと考えられているものにも、仏教や儒教の影響があるからです。宣長が後世の影響から来たものをすべて排除してみようとしたことは、大きな貢献と思います。

エルベール　それはそうです。後世の影響は神道を制約したと考えられませんか。

丸山　抽象観念はほとんど仏教や儒教からきています。それまで日本人が何らかの抽象観念をもっていたか怪しいと思います。

エルベール　日本人にはそれが必要だったんですね、これは私の家内の意見ですが。

丸山　古代の日本人は非常に楽天的だったと思います。死後の運命など気にかけなかった。

エルベール　楽天的だったか楽天的でなかったか、おっしゃることに確信はありませんが。

丸山　たとえば、隠居の観念など面白いですね。

エルベール　日本でまだ実行されていますか。

丸山　過去のものになったと思いますが、われわれ日本人には、いつか仕事や義務から退きたいという夢があるのですね。

ギャラントクラシー〔gerontocracy 長老支配カ〕の思想はあらゆる分野で支配的だった。徳川幕府の支配者は賢明にも、□□〔空白〕をそのギャラントクラシーの影響によって制限し、有能な人間に昇進の途を開くことが必要だと考えたわけです。

エルベール　昇進を重視したといわれますが、どのような角度から。

丸山　日本の生活における労働と余暇の観念について、ロバート・ベラー〔アメリカの宗教社会学者〕という若い学者が言っている〔編者注④〕ことですが、日本にはプロテスタント倫理に匹敵するものがあったというのです。神道と日本化された仏教、日本化された儒教の倫理はみな日本人の生活における労働の倫理、実践を尊ぶ価値観に貢献したというのです。身分的価値観が支配的であった徳川時代でさえ、それに高い価値があたえられた。それは日本の宗教の影響であって、中国の儒教と日本の儒教との大きな相違だといっています。学問はそれ自体として徳なのではなく、彼が何をなすかによって徳になるわけです。

エルベール　日本でですか。

丸山　そう。

エルベール　それを正しいとお考えですか。

丸山　正しいと思います。しかしもちろん、彼がそのような倫理をカルビニスト〔カルヴァン主義者〕の労働の合理化に比較したりするのは無論誇張です。もっとも若干の類似はありますけれど。

エルベール　それは一つのことを完全にやることと結びつくとは考えられませんか。

丸山　必ずしも同じことではなく、その二つは補い合う関係にあると思います。主人や家族や自分の属する集団のための労働の義務は非常にきびしく、人生を享楽することは何かいやしいことのように考えられている。しかし、隠居したときにはじめて、あるいは労働の場所と全然違う場所に坐っているときには、自分のもっとも好むことに集中することが許される、それに耽けることが許される。つまり、二つの別個の部屋があるというわけです。公的な生活の場では、主人や家族やに対して多くの義務を果たさなければならない。その義務の遂行は非常に辛いから、他に人生を楽しむ場所を求めることが許される。そのようなリラクゼーションの一つが隠居なのです。また劇場とか茶室とかも。

エルベール　大変面白いです。おっしゃることは私が考えていた〔こと〕とはまさに反対ですが、非常に面白い。それは完成に達する努力にどうあてはまりますか。

丸山　まだ言い足りないんです。リラクゼーションをもつのは、どの民族にもあるでしょう。義務から解放された領域を作るでしょう。そこで自分のテースト(嗜好)を洗練していくこと、そのことが規範にまで高められる。たとえば、何でも「道」になる。中国では道とは倫理であるが、日本では何でも「道」になる。たとえば、茶道とか歌道とか。つまり道とは ethical〔倫理的〕なものでなく aesthetic norm〔美的規範〕です。そういう何でもたくさんもっているのが、日本の特色です。剣道、柔道とか。この柔道は柔術とは違います。柔術という場〔合〕はたんにテクニックで、柔道はノルムです。ノルムといっても倫理的ノルムでなく、あるスタイルの完成をいうので、スタイルを洗練することがそれ自体ノルムのように考えられている。

エルベール　しかし美的な部門でも、柔道でも茶道でも碁でも、やるのは非常な意志の訓練を要しますね。それは美の探究とは関係がないのじゃないですか。

丸山　そうは思いませんが、日本の考えでは非常に関係があるのです。

エルベール　意志の鍛練が美的なものと考えられると言われるわけですか。

丸山　姿勢と環境とは切りはなせないもので、そこに何らかの調和がなければならないということなんですね。要するに、背景との関係が一番大事ですね。部屋のああいう額でも壁と切り離して美は論じられない。たとえばこの皿でも、どうして西洋料理のように同じ皿に盛られないのかということなんですよ。それは味というものが、空間的な位置と不可分のものであり、抽象されない。主柱ですが、この家みたいでは柱がくずれているが、茶室などでは一本、一本の柱で意味がきまってくる。つまり空間における位置、それ自体場所をもっていることが、大事なんです。義務という観念は空間におけるものでなく、時間におけるパーソナリティーという関連ですね。これは空間における位置づけでなく、実用化され表象される。だから、ハーモニー、人間関係の調和は空間におけるように美的なものである。見た眼で美しいという。たとえば、剣道の構えなどは非常に美しい。本当の目的からいえば必ずしも適当でないかもしれないあの構えは、見た眼に非常に大事だ。本当の目的からいえば、西洋の構えの方がよいのかもしれない。

そこで、私は今この部屋に坐っている。三時間前には大学の研究室に坐っていた。キリスト教の人格の観念にしたがえば、理想のいかんにかかわらず、この二つの間には何らかの一貫性が存在する。しかし、〔日本で〕この事情をやや誇張した言い方でいえば、私が何であるべきかは、基本的にはどこに私が坐っているか、どこに私がいるか、情況が何かによって決まってくる。

エルベール　貴下が何であるかという以上にですね。基本的に非常に重要な点ですね。

丸山　それで、日本にはコンヴァーション〔conversion 回心〕の観念がないわけです。これは、日本の伝統思想を理解することはできない。

エルベール　宗教的なコンヴァーションの意味ですか。

丸山　宗教的でもその他でもです。というのは、日本人にとってはそのいる処場〔場所〕が異なるにしたがって万事が変わるのは、あまりにも自然なことだからです。

エルベール　きわめて重要な、基本的なご指摘ですね。

丸山　自分が誰に向かって話しかけようとしているか、自分が誰と関係するかがとても重要なことです。それも抽象的な意味で隣人一般といったものでなく、たとえば、野田教授なら野田教授に対して私といったように、個々にみなちがうわけです。一般的に隣人と私との関係といったものはないのです。

エルベール　なるほど、それでこの皿はあの皿より好いと言わずに、この皿はこれに合うというのですね。

丸山　そうです。この皿、これを変えることはできない。すべてのものが、そのあるべき性質にしたがって位置されているのです。

カザンキ夫人　難しくて理解に苦しみますが……。

丸山　もちろん、私は分析的に誇張して話しているので、われわれ現代の日本人は西洋の思考に非常に影響されていますから、そういう純日本的な考え方といったものは現実には存在しないのです。

カザンキ夫人　調和ということは、常に理解するのが困難です。

丸山　私は私の人格というものをどこにいてももっているのですが、私は環境と調和することを要求されているといえますね。それに、私はいつもよく知られた世界に生きている。たとえば、家族とか村とか。環境は固定していますから、同一の集団に属しているという感じをもっています。環境と私自身との関係はどちらかといえば安定しています。これは日本の近代化について、難しいが面白い問題です。

たとえば、徳川時代のコミュニケーションというものを大ざっぱに表現してみれば、二人の人間が途で出会ったとしますね。すると互いにまず言葉とか何かで相手を確かめます。それが武士と町人であれば、互いを確認することがより難しいわけです。コミュニケーションがあって、関係が安定します。しかし、そういう意味での身分制は、明治以後まったく消滅し情況がすっかり変わったので、まったく違った、多様な情況に適応しなければならなくなりました。明治の末頃、有名な小説家夏目漱石は、日本人は全部神経衰弱にかかっている。環境があまりに複雑なものだから、あまりに変化していくものだから、日本人は誰もかれも神経衰弱にかかっていると言ったわけです〔「現代日本の開化」一九一一年〕。それで思うのですが、日本のナショナリズムの真に恐るべき力は、自分を民族または帝国と同一視することによってのみ孤独感から救われる、環境と自分の関係を安定しえたという事実にあった〔と〕いうわけです。

エルベール　その意見に賛成されますか。

丸山　いや、これは私の意見なんです。漱石は、ただ日本人はノイローゼにかかっていると言っただけです。

カザンキ夫人　それは日本人がヨーロッパ的に個人主義に走ったが、個々に神とかそういうものに帰属したいと思ったということですか。

丸山　何らかの具体的な集団の成員であった。そこではどう行動すべきかが決まっていた……。

エルベール夫人　（このところフランス語）

丸山　日本人自身でさえ、論理的に説明するのが難しい。無意識のことを取りあげて、表現するのはきわめて困難です。

エルベール　調和とか、より広い範囲のために個人を犠牲にするとは、どういう意味かと家内は申しているのですが。

カザンキ夫人　私どもの個性というものがありますね。ところがインドまたはインドの一部では、自我の人格というものを放棄する。これはアジアの精神の特徴的な点で、しかも調和のために進んでそうするのですけれども、日本ではそれを意識的にするのが特殊な点で、意識的にそうすることに大きな喜びを見出し、そうすることによって最大の調和をも実現するのだと思います。そこに、完成に達しようという意識がありますね。その完全性は一時的なものなので、それがなくならないようにたえず更新される。進んで、個人的なものを犠牲にする、そして一種の調和のためにそれをする、というのが日本の特色と思います。

丸山　大変面白くうかがいました。静的な完成の状態はない。完成はプロセスとしてのみある。

エルベール夫人　ただ過程としての完成ですか。まったく同感です。あなた方は意識的な、精神の美というものをもっておられますが、今日でも同様に……(フランス語)。

丸山　仏教の無常感を考えなくてはならないですね。この世は無常、つまり絶えず移り変わって、何もない。完成はおのおのの瞬間に存在する。ですから、自己実現または自己犠牲はそれと矛盾しない。外面を見れば、厳格な酷《きび》しい倫理を押しつけられているように見えるが、自分では仕事のなかにある種の自己実現、あるいは自分の属する大義への全的な自己犠牲の意識を見出すのですね。

中国の儒教倫理と日本のそれとの主要な差異は、中国の伝統倫理でもっとも大切なことが、各階層間に静的な調和を維持することである〔の〕に対して、日本でもっとも重要なのは、全集団の物的・精神的生産力です。もしその集団が危機の状態にあると感じたら、その集団のために自分を捧げなければならない。たとえば、外的危機にあたって、集団の成員の義務は、自分の家庭生活や財産を犠牲にするばかりでなく、極端な場合には、身分の差も無視し、乗り越えて差し支えない。封建時代において極端な場合、無能な上長者を排除することも許される。

ですから、同じ調和でも中国と日本では大変違うわけですね。

エルベール　おっしゃる意味、わかります。

丸山　中国では調和は、身分と身分の静的な関係を意味します。庶民はいかなる場合にも士大夫〔読書人〕階級の身分を尊敬しなければならない。つまり、倫理より身分制が非常に厳格なのです。

エルベール　中国については、よくわかりませんが、伝統的な中国でも言われるようにそう厳格でしたかどうか。

丸山　ところで中国には、ご承知のように進士試験〔科挙〕の制度があって、庶民は誰でも士大夫〔読書人〕になることができた。それだけに庶民と士大夫の間には厳重な差別があったと考えます。これに反して日本では、徳川時代にもちろん社会的階層の別は厳重ではあったが、非常緊急の場合には、身分の相違を無視して一体になることが許された。それは調和の意識であって、明治維新が成功した理由の一つと考えられます。ところで清末の中国では改革が失敗しました。一つの理由は、下級武士は大名の権威を声高く否定し、国民的統一のために全力をあげました。それだけ調和意識が違っています。このように実用価値が、前近代にあっても少なからぬ役割をしたのですが、この実行または労働の合理化は、カルビン流の労働のための労働ではなくて、具体的な集団の精神的・物質的生産性を高めるのに寄与する場合に、労働の正当化が行われることになります。

エルベール　生産とか行動とかいわれますが、物質的な面だけでなく非物質的な面も含まれると理解していいわけですか。

丸山　そうです。たとえば学問。知識の価値は、知識そのもののために知識が尊ばれるのでなく、知識は役に立つもの、社会の機能に適用できるものでなければならないんです。

エルベール　中国で学問がそれ自体のために尊重されるのと大きな違いですね。

丸山　そうです。その通りです。それで、大まかにいって、アジア人は一般に抽象観念それ自体のものとしては好みません。しかし、古代中国には老荘とか原始儒教のような抽象的な大形而上学がありました。

エルベール　原始儒教が形而上学だったのですか。

丸山　そう、形而上学の世界ですね。しかし原始儒教の意味したもの、天の観念、理の観念などは、ヨーロッパの自然の観念に似たところがあります。

エルベール　アジアでこれがどういうことになっているのか知りませんが、アジアには抽〔象〕観念の一つの中心がありますね。インドですが、これは高度に抽象的で、東西いずれでもインドから遠ざかるにつれて、インド―中国―日本とだんだん抽象的でなくなってきます。インドからアラビアへ、またインドからチベット、シベリアとだんだん抽象的なところが少なくなっていきます。

丸山　イギリス人などはきわめて具体的ですね。

エルベール　私が当惑する多くの問題のうちの一つは、われわれが徳性《モラリティ》と呼ぶものに対する日本人の立場あるいは位置ということなのです。この点がどうなっているか、私は出雲の神官にも、天理教の人々その他にも聞いてみましたが、この人たちは問題をまったく理解しませんでしたね。徳性というものがまったく奇妙な、聞き慣れないもの、その概念が理解しがたいものなんです。私はそれがどういう位置を占めるかを知ろうと努めたのですが、現在では、徳性の代わりに、特殊な、純粋性、純粋性の本質をなす完全性があって、これが道《〔徳カ〕》性の役をするのだと考えるようになっています。たとえば、出雲で勉強してきたのですが、神官の行動の法則と思われる〔もの〕ですね。これが祭の前の一日から五日の短いあいだにあるのですが、きわめて子供っぽいものなのです。そこにはキリスト教でいう、これこれを為すべし、これこれを為すべからず式の十戒のようなものは何もない。おそらく中心的な傾向とか中心的な願望とかはあるのでしょうが、徳性というものを何が不必要にしているかわかりません。

丸山　徳性の中心観念は、鏡に象徴されていると思います。鏡は魂を映すものです。何かを隠したりすれば、鏡がそれを照らし出します。つまり純粋性の意識とは、他に対して隠すものがないということ、われわれが純粋な魂をもつことをいうのです。他人に対して邪《〔よこ〕》しまな感情をもっていると、鏡に面したときそれが顕《〔あら〕》われずにいない。一種の(□□□)《ドイツ語》。動機が高い意味をもっていると思いますが、それは純粋な動機からものごとをなすべきで、利己的な動機からしてはならないからです。何かを目的意識をもってするそのこと自体が、われわれが何らかの邪しまな魂をもっているしるしなのです。無心で行動することが大切だというのです。

エルベール　ていねいに説明していただいて感謝します。目的意識をもってと言われましたが、それはどういうことですか。そういう関心が利己的だということですか。それとも一般に結果に到達することが……。

丸山　結果がどうあっても、目的に全面的に没入することが悪い。意識することは純粋と考えられないのです。

エルベール　私は飢《ひも》じいから何かを食べる。そこに理性が働いています。貴方と話をする。話をすることが楽しいから、貴方から学ぶことがあるから。その他いろいろ理由があり、私のすることにはつねに動機があるけれども、動機が悪いのではないでしょう。その動機を意識することが……。ところで目的への献身はそれでも。

丸山　目的(大義)への献身といっても、たとえば武士の場合なら、もちろん主人への献身です。

エルベール　ですが、もっと一般的にいって、武士ばかりでなく。

丸山　主人なら主人ということであって、抽象的な目的ではないんです。前に言ったように、集団などの精神的・物的生産力を高めるということ。正義とかそういった抽象的なもののためでない。モレス〔mores〕(集団的慣習)です。つまりそれは、倫理として自覚しないということでしょうね。後に戦国時代に武士道となりますが、文字どおり坂東武者の慣《習》いという「慣《習》い」ですね。

エルベール　それはあとから考えて、そうだというのではありませんか。このモレスというのも、またなかなかわかりませんね。私が書物のなかで明らかにしようとするのは、神道にはルールがないという批判があるが、その代わりに他のものが何かあるのではないか、あるいは不必要なことかもしれませんが、その点を明らかにする上で何が重要かがわからないんです。

丸山　それはだから、もっと広い意味で、清浄な心、潔白清浄が中心観念となっているのでしょうね。モラルとは神道では、クリーンリネス、要するに清いこと、汚れていないことですね。

野田　キリスト教では盗むということが中心になっているが、神道では盗まないということが清浄になるなら、盗むことが不純であるではどうにもならない、モラルにならない。

丸山　モラルとしては儒教のモラルだろうが、ただ、儒教のモラルは形式主義的のもので、行動は別だ。たとえば行動には魂がある、礼に合致する。これが儒教の本質で、儒教は形式主義だと思う。

エルベール　rite〔礼〕ですか。

丸山　そうです。儒教倫理はのちに方向を変えます。もっと内面的な方向へ向かっていったということですね。個々の徳目ではなく。神道に特殊な徳目というものはない。

エルベール　しかし、それでも悪いということはある。なぜ悪いのか、どうして悪いということがわかるのか……。

丸山　儒教の入る前ということですか。

エルベール　いいえ、今のことです。

丸山　今?(笑)

エルベール　今。神道の話ですが、神道を信ずる人はよい神道信者でなければならないでしょう。私が盗みをしたとする。どうしてそれが悪いとわかるかです。彼なら鏡をのぞいてみるかもしれないが、他の誰も鏡はのぞかなかったら。盗みは悪いとどうしてわかります。

丸山　別にどういうことはないんじゃないですかね。

エルベール夫人　（フランス語）

丸山　たとえば、だからスサノオノミコトがアマテラス大神の畑を荒らすというときに、彼はきたない心をもっていたか。しかしそれは結果論で、判別の規準《クライテリオン》にならない。最初から彼がきたない心をもっていたかどうかということは、判断は難しい。判断するものがない。神道に特殊なものはない。動機の倫理はある。だから純粋無垢な心としなければならなくなるんですね。

エルベール夫人　(フランス語)

野田　純粋ということは美と調和するか。〔調和〕するということが純粋性《ピュリティ》であるか。

丸山　それはたしかに一つの重要な要素と見るね。美的な秩序は破壊しない。秩序を美的に考える。

エルベール夫人　(フランス語)

丸山　宿命みたいなもので、理性は純粋な心には含まない。エゴイストにはそれはみな邪しまな、きたない心になる。要するに古代の日本人は、理性と情熱の間に強い矛盾を知らなかった。その間にある調和があった。

カザンキ夫人　しかし現在、どういうように感じていますか。もちろん、私は自分の知っているいくつかの例から感じているのですが、私はロシアにいましたから……。

丸山　要するに宗教的な影響は、伝統の宗教的な影響は、無意識の世界の内にあるのであって、意識的に宗教の影響はない。それは社会倫理としてあるだけでしょう。現在の日本では、それは学校教育として教えられるだけですね。なぜかと言われると困るけれども。

エルベール　しかし、誰でも行動するにあたっては疑問をもつでしょう。キリスト教でも仏教でも、その点難しくはない。ある行動が禁じられているにはそれだけの理由がある。宗教のことを考えているのですが、宗教にはつねにそういうものがある。

丸山　普通の答え方をすれば、社会的制裁を恐れる気持ちがある、第二には社会に順応しなければならない。この順応する必要は非常に強いのです。

エルベール　順応といわれるのは、貴方がそれをするのは誰もがそれをするから、すなわち、みんなが行動するように行動するということですか。

丸山　それもありますが、われわれは他人に笑われるようなことをしてはならないと伝統的に教えられています。笑われるのは罪だというのでなく、恥ずかしいことだからです。もし愚かなことをしたらお笑い下さいということになります。

エルベール　大変よいヒントと手びきを得ました。

丸山　これは日本に独特の点ですが、われわれは特殊な異端の思想をもっています。神道にはドグマがない。何が正統で何が異端かを区別するドグマまたは規準がない。集団に順応するかどうかによって、しかし異端の思想はあります。正統の観念がない異端の思想です。たとえば、「村八分」ですね。他のものにボイコットされる習慣ですが、全面的なボイコットではない。八〇パーセントのコミュニケーションをボイコットする。二〇パーセントは残しておく。

カザンキ夫人　その習慣の実例をあげていただけませんか。

丸山　数年前、山梨〔静岡〕県に石川皐月さんという少女の場合〔編者注⑤〕がありましたね。……。

以上、いろいろお話ししたことについて誤解しないでいただきたいのは、私は分析を試みたわけで、日本人の実際の行動ははるかに常識的だという点です。多勢の人が私の意見には賛成しないかと思いますね。

エルベール夫人　いいえ、お話をありがた〔い〕と思っています。

丸山　少しエルベールさんから日本論を聞かせてもらいましょうよ。日本は数年前考えておられた日本と相当違いますか。

エルベール　考えたり聴いたりしたところとあまり違いませんが、学生の精神状態など、よくなっていると聞きましたが、本当にそうでしょうか。数年前日本に来ましたとき、学生が絶望して自殺する例が多いと聞きました。

丸山　状態がよくなったとは思えませんね。

エルベール　よくなっていませんか。学生は将来に希望がないと聞かされました。

丸山　経済状態は最近よくなっています。たとえば、卒業生はほとんど就職できます。しかし、ある意味で彼らは希望をもっていないと思います。たとえば、人生の意味とか日本のレーゾンデートルについては。

エルベール　状態は改善されていないのですか。

丸山　改善されていると思いませんね。学生ばかりでなく、日本人一般について、日本帝国の崩壊後、国民的な理想というものが消滅しました。もちろん、日本は東西の間で調停的な役割を演ずる国にならなければならないという漠然としたスローガンはしばしば繰り返されるけれども、その現実的な意味は明瞭でありません。ですから、今日の世界における日本の地位は、はなはだ漠然としていると思います。

エルベール　しかし、私の個人的な感じですけれども、日本は古いものと新しいものを結びつけるうえで、他のどの国より大きな能力をもっています。なぜかは知りませんが、たとえば日本は新しい建築が古い建築とならんでいるのを見ても、ショックを受けない唯一の国ですね。他の国では私はショックを受けますね。日本では新しいものと古いものがまったく自然にいっています。新しいものを吸収し、古いものを保存するのは偉大な能力です。二つを結びつけるというのではなく、結びつけているかどうかわかりませんが、何ら固定観念なしに二つを保有している。

丸山　平和的共存ですね(爆笑)。異なった観念、異なった生活、異なった文化の。

エルベール　それが本当なら、それこそ日本の立派なレーゾンデートル(存在理由)でしょう。それは世界で少数の国しか解決できない大きな問題だからです。ほぼこれに近い国として私の考えつくのは、メキシコぐらいなものです。メキシコと日本は、そのこ〔と〕ができるただ二つの国じゃないかと思います。

丸山　日本では善い神と悪い神までも共存しますからね(笑)。前に論文に書いたことがありますが〔編者注⑥〕、戦争中われわれは全体主義の代わりにある種の経験主義〔?・〕を知りました。たとえば、日本式の統合、日本式のグライヒシャルトゥング〔Gleichschaltung 強制的同質化〕は、反対勢力を壊滅することではなくて、集団を解体して各個人を皇道に、翼賛会に包括することだったのですね。ですから日本の戦時全体主義というものは、ドイツのように能率的でなく、はるかにルースなものだったと思います。むろん法的には厳重だったけれども、結果としてドイツよりもはるかに非能率だったと思います。日本では、何かの異質的要素を含む教義が導入されると、まず強い反応が起こり、それから同化の段階が始まりますが、一〇〇パーセントの同化はもちろんいつでも可能なわけでありません。どうしても同化されないものはもっとも酷く弾圧される。これが一六世紀の初期のキリスト教の出会った運命だったし、明治以後は社会主義の運命でした。異質的なものに対してこの二つの面をもつという点はきわめて特殊的ですね、非常に重大ですが。最後まで順応を拒否するものは、順応の観念そのものによって、厳しく弾圧されるわけです。

エルベール　それは生物学的法則ではありませんか。

丸山　私の強調したいのは、日本は寛大さと苛酷さを同時に示すことがしばしばあるということなんです。

エルベール　それは原始的な心理の働きから解釈できないでしょうか。

丸山　たとえば、アジアの国で日本ほどキリスト教が容易に浸透できた国はない。一六世紀のはじめに初めて導入されたときのことです。しかし、同時にキリスト教は徳川期に入ってほとんど痕せきも残さず一掃されたので、これほど容易に一掃された国は他にないのですね。

エルベール　日本人が個人としてすぐれた能力をもっているのに感心します。私は日本人に友人、非常に親しい友人がありますが、なかにはまったくヨーロッパ化した人がいます。ながくロンドンに住み、英国人よりも英語を話し、私よりフランス語がうまいといった人たちです。そういう人に数年前久しぶりに日本で会いましたら、そのうえにさらにいくつかのものが加わっていたのを知りました。

丸山　日本人には個人の転向はないが、集団転向はある。〔明治〕維新は集団転向といえます。維新はセキュラー〔secular〕(世俗的)の意味ではコンヴァージョン〔転向〕ですね。攘夷から尊王開国への転向によって、西洋のものなら何でも歓迎ということになったのです。頑固さがないということは、急速な進歩の原因にもなるし、また欠点ともなります。自己犠牲の点は、戦後ずい分変わってきていますね、良かれ悪しかれ。政府の命令に従うか、国に自分を打ち込むか。自己犠牲の対象が政府の命令でなく、自分自身がたとえば、国とか村とかとの調和的関係に立つようになればよいということ。要するに自己犠牲というものは、戦後は変わってきたんではないですかね。その両面を見ていると、戦前のモラルは戦後には、良かれ悪しかれなくなっている。誰でも自己犠牲、国のためでなく政府のためでなく、調和的な関係を保てばよいということ。変化する多面的な情況に対して適応性が出てきたということですね。

青年層のあいだでは自己尊重、自己主張が強まったと考えますが、必ずしも私的なものと公的なものの結びつきを見出したとはいえません。公的なものは国家が独占していましたが、そのような権威は崩壊しました。そしてきわめてルースな社会的結びつきが残っているだけです。その露骨なあらわれが、人間の現実的な欲望となって出ているわけです。青年の行動など、たとえば、どこにも「怒れる若者〔たち angry young men〕[編者注⑦]」とか「ヌーヴェル・ヴァーグ〔nouvelles vague〕」が見られるんですね。

エルベール　二、三年前、国連の委員会に加わって日本に来ましたが、その時、青少年の不良化の問題について、日本の専門家の多くは貴方の言われたとまったく同じことを話していました。この点、その面での社会教育というものは誰がやっているのでしょうか。

丸山　そういう社会教育の主体というものは、まったくなかったですね。知識人が国民に向かって社会教育をするとかいうことがほとんどないですね。もちろん、キリスト教の運動はあります。政治運動(たとえば学生の)はただ政治目的のため、安保条約反対のためだけでした。

エルベール　どこの国にもそれ自身の問題というものがあるんですね。

エルベール　いずれにしても、日本には過去に蓄積された豊かな伝統があり、これが近代的なものとバランスを保っていますね。

エルベール夫人　伝統的なものと近代的なものとの二つが完全な均衡の状態にあります。

丸山　均衡がとれているように見えるのは、外見だけではないでしょうか。というのは、多くの対立し矛盾する要素が、いわば平和的に残っているからでしょう。われわれは各々の要素と必ずしも対決しないので、何が伝統的で何が新しいのかを必ずしも意識していません。たしかにある意味で、多くの伝統的な様相や側面はまだ残っているし、それは存在しているけれども、われわれの心の中に生きているのではないでしょう。われわれの無意識な自我の一部を形づくっているとはいえます。それをわれわれは充分に認識していません。なるほどたくさんの神社や寺や古代建築はあるけれども、思考様式を形づくる上にそれがどれだけ重要かを推定することはできません。古いものは生活にとってたいした意味をもっていないと思います。われわれは外国の観光客がすると同様に、そういうものを評価するにすぎませんでしょう。同時に多くの要素を存在させていますが、伝統的なものとそうでないもののバランスを保つことを、ぜひともやらねばならない仕事とは考えていません。均衡はないわけです。

エルベール　そうかもしれないが、あんなに大勢の人がいろいろなところへ出かけていく。あるところでは、一七種もの違ったバスが集まっているのを見ました。人々がうやうやしげに歩きまわっているのを見ると、こういう団体旅行は人々に伝統を意識させませんか。また上野の博物館なども人がいっぱいですね。

丸山　その理由の一つは、農村の生活水準が戦後良くなって、婦人たちの多くがあちこちへ出かける機会をはじめてもったということがあるでしょう。こういう現象は世界的な団体旅行の流行と一致しているわけでしょう。

エルベール　過去の□□〔空白〕ですか。

丸山　それは日本人に過去のものを保存する必要を意識させるに役立っているでしょうが、だか〔ら〕といって、そのような伝統が将来の日本人の精神に何かの影響をおよぼすことにはならないんですね。

エルベール　しかし、日本は他の国々よりもよりよい均衡を保っていますよ。よりよく成功しているのですね。日本へ来る外国人は、それに強い印象を受けますよ。

丸山　美的センス、これはきわめて洗練されたものがあるんですが、そういうセンスは急速な都市化や大都市の破壊的影響から、最近は低化〔下〕しているんじゃないですか。

エルベール　上野博物館で見たのですが、とても単純素朴な人たちが大勢来ていましてね、これは本質的なセンスを示していると思います。美的水準がとても高いのです。ほかの国では見られないことです。

丸山　色のセンスなどすぐれているかもしれませんね。

エルベール夫人　私が感心したものを二つだけいいますと、木の選び方といいますか、それに古備前の焼物ですね。

丸山　どうも、巨大な通俗化が進行しているんですね。

編者注

① *"Ko-ji-ki"*＝古事記, *or "Records of Ancient Matters"*, tr. by Basil Hall Chamberlain, Yokohama, Lane, Crawford, 1883. 一九三二年に第二版が出版されている。
② たとえば『にひまなび』(『校本賀茂真淵全集』思想編下巻、弘文堂書房、一九四二年)を参照。
③ たとえば『石上私淑言』や『紫文要領』を参照(『本居宣長全集』第三冊、岩波書店、一九四三年)。
④ 一九五八年に丸山が書評を執筆した Robert N. Bellah, *Tokugawa Religion*, 1957. であろう。
⑤ 一九五二年、静岡県上野村で、不正選挙の告発者の一家が村八分にされた事件。
⑥ 一九五七年の論文「日本の思想」(『丸山眞男集』第七巻、岩波書店、一九九六年)を指すか。
⑦ 一九五〇年代から六〇年代初頭のイギリスで、既成の権威・価値観などを批判した若い作家たちの一派。

1960

日本の進む道(座談)

——転機に立つ世界のなかで——

出席者

大内兵衛《おおうちひょうえ》　前法政大学総長、東大名誉教授(経済学)

丸山眞男《まるやままさお》　東大教授(政治学)

桑原武夫《くわばらたけお》　京大人文科学研究所所長(仏文学)

司会

美濃部亮吉《みのべりょうきち》　東京教育大教授(経済学)

美濃部　一九五九年には非常にいろいろな問題が起こって、ある意味では世界全体が一つの曲がりかどに来ているという印象も受けます。最初に大内先生に、一九五九年の世界というのはどっちを向いてどういうようなふうに動いたということから。

後退した米の世界体制

大内　一つの事実。ソ連と中国の発達のしかた、進歩のしかたがどうもほかよりは早いということで、それが世界的に承認された。その反映でしょうけれども、もう一つの事実。アメリカは国内は景気がいいけれども、世界にたいする関係においてはちょっと景気が悪い。つまり金の流出が多くなっている。そのためアメリカは、自分が世界の兵器庫であり、また一番世界で強い国であるということで押し通せないのじゃないかということを、自覚しかけていると思うのです。そこでアメリカが一番弱っているのは後進国がうまく行かぬということです。また軍事のほうからでもロケットの実験〔編者注①〕でダレス政策〔編者注②〕というものを変えなくちゃいかんところにまできた。

美濃部　そうしますと問題の中心はアメリカにある。そこで桑原先生、ちょうどフルシチョフ〔ソ連共産党中央委員会第一書記、首相〕とアイク〔アイゼンハワー米大統領〕と会談〔キャンプ・デービッド会談、一九五九年九月二五日〕されたころアメリカに行っていらっしゃってそのときの印象からひとつ……。

桑原　確実なことはやはりアメリカの庶民ですね。市民がソビエト観を変えた、あるいは変えなければならないようなものができてきたということは重要だと思います。リップマン〔Walter Lippmann〕とかケナン〔George F. Kennan〕が、アメリカは国家目的を持った国家にならなければだめだといい出した。これは非常に重要だと思います。

平和共存は永続するか

美濃部　大内先生、平和共存ということは資本主義と社会主義とが平和にいつまでも協力しうるということなんでしょうか。ソ連がもっとアメリカに追いついてきたときも平和共存というのは永続するのか……。

大内　社会主義体制と資本主義体制というものは両立しないという原理、これは間違いないと思うのだ。しかし別の見方をすれば、変えられないけれども、どっちもガンコな自信をもって仲よくやって行くということも人間の世の中にはありうるわけだ。その意味において平和共存で行ってちっともさしつかえないし、世界の実際としてもそう行くと思うのだ。なかなか十年ぐらいではいまの情勢は変わるまい。だいたいにおいてこのまま続く、ケンカしそうでしない。この十年の間に、ソ連側とアメリカ側がヘゲモニーを争いつつ、その生産力がどういう状態になるか、何パーセントぐらいの違いができるかということが、ぼくはだいたい決まると思うのだ。そのときが問題になる。せり合い状態になりそうなときが一番危険だな。そのときに決定的なのは第三勢力だね。後進国の勢力および方向です。そのうち資本主義と社会主義と、どっちの形をとってくるかということが決定的な問題になってくるでしょうね。

美濃部　その勢力関係がはっきりしたときに、いいかえれば、資本主義がとても負けだということがはっきりしても、やっぱり平和は続きますか？

大内　政治技術とか政治というものが多少は昔よりは理性的になってきているのではないかね。そういうことの加減によるので、予言はできないな。

美濃部　とにかく危険は危険ですね。

大内　ああ、危険だ。

丸山　アメリカは長い間モンロー主義でしたし、そこからくる国際政治の未熟さが現在のところまではあった。とかく善玉、悪玉でものを片づけやすい。他方ソビエトは一国社会主義で、一種の鎖国状態でやってきた。したがってこれまた違った体制なり違った世界の人々のものの考え方とか、伝統的なものが政治において持つ非常に大きな意味について、わたしの見るところでは必ずしも理解というよりセンスがない。こうした両大国が相対峙したので、そういう面でも危険があったわけですが、コミュニケーションが発達していろいろな交流が行なわれ、また米ソがいや応なしに世界平和についての責任を負わざるをえなくなった。そういうことから従来のような見方、考え方で国際政治を割り切って行くことでなくて、もう少し円熟したリアルな見方でもって処して行くということにだんだん変わるのではないか。ただそれには、資本主義なり社会主義がおのおの自分の体制がいいという本当の意味での自信なら、わたしはむしろ共存になると思うのです。ところがその信念が恐怖に裏付けられると――とうてい共存ということにいかないのじゃないか。

美濃部　その点ソ連のほうで追いついてくると、アメリカ側の恐怖の部分がだんだん多くなるのじゃないですか。

丸山　そういう危険性もあるわけですけれども、他方ソビエト体制そのものもいろいろな問題をはらんでいる。

とくに政治的自由ということは。結局計画性と、個人の自由な選択をどこで調和さし〔せ〕てゆくかという問題に当面せざるをえない。したがってわたしは、アメリカ的なデモクラシーとソビエトのデモクラシーの将来というのは必ずしも全部ソビエト型のデモクラシーになってゆく形で世界が変化して行くとは考えられない。つまり両方が変化して行く形でダイナミックに共存して行くと思うのです。むしろぼくは戦争の原因は、世界政治にそれほど責任を持たない国があちこちで核武装をしたり後進国ないし未開発国が民族国家をだんだん形成して経済力が高まってきたときに、後進国相互の間に衝突が起こったり、それにさらに大国の利害がからんで問題が大きくなるとか、やっぱりナショナリズムというのはどんな場合にもゆき過ぎる可能性がある。大国のほうは国際的にはむしろ保守的になるけれども、後進国はむりやり突貫〔カ〕するという可能性がないでもない。

大内　全く同感なんだが、半面があると思うのだ。すなわちこれからは後進国を絶対に無視してはやれない。戦争上において無視できえないということと、同時に平和的意味においても無視できない。

丸山　両刃の剣みたいなものです。

逆行する政治家の意識

美濃部　それでは日本の問題に移りたい。

桑原　アメリカにいたとき、フルシチョフの訪米について各国からいろいろな反応が伝えられたのですが、率直にいって日本の政府ならびに与党にはガッカリというところです。日本政府が親ソ的言辞をろう〔弄〕すると期待するほどわたしもバカではないんですけれど、けなすにしてももう少し世界情勢に乗るような形でけなしてもらいたい。「共産体制を解いてからの話し合い」とか幼稚園級以下ですよね。わたしはどうも日本の政治をやっておられる方の意識、世界情勢のとらえ方が逆に回っているみたいな感じがするのです。

丸山　政治家が悪いといってしまえばそれっきりですが、われわれ庶民たち自身の中において、政治というものの占めている位置がおかしい。元来日本人の中にはどうせ政治にたいする過度の期待と、それを裏返しにした、だれが出たって同じことだという失望とが妙な形で抱き合っているのですね。

小党分立と二大政党

美濃部　大内先生、こんど社会党が分裂した〔編者注③〕のはいかに解釈すべきでしょうか。

大内　新聞——世論といってもいいですが、西洋、とくにアメリカとイギリスの二大政党制は正しいりっぱな政党制であるという常識が一つあるわけです。しかし日本における社会の構造はアメリカとかイギリスとかいう国のように簡単なものでなく、非常に複雑なものです。その複雑さは、たとえばイタリアとかドイツとかフランスとかに似ている。そうすると分裂のほうが合理的だという認識があっていいと思うのです。いまの段階において社会党が割れるということは、ぼくは絶対に反対だけれども、しかし保守党も一つになっているということもおかしい。社会党も一つになることがおかしい。

丸山　その点大内先生に全く賛成なんです。議会政治というものは簡単にいうと二つの役割がある。一つは立法府としての決定をする、国家の最高機関として国家の意思が決定される場合だという意味。もう一つは国民の中のいろいろな意見なり利害なりが比較的忠実に国会の中に反映されるということですね。そのいずれの条件を欠いてもこれは建て前は議会政治でも、実際は議会政治から離れてくる。議会に吸い上げられない大きなエネルギーがあるときには、蒸気と同じことで結局そのパイプ以外のところで爆発する以外にない。政治にも一種の物理現象があるので、できるだけパイプを太くするとか、あるいはパイプをたくさん作らなければならない。

よく「小党分立になると、しょっちゅう政局が変わって安定しない」といいますけれども案外そうでないですね。たとえばフランスは有名な小党分立で、政府がひんぴん〔頻々〕と変わってきたわけですけれども、国民的レベルでは存外に安定性がある。日本は政界の安定と政治の安定がとり違えられていると思うのです。

桑原　わたしも〝いまの段階で〟社会党が割れたということについては、大内先生と同じような感じを持ちます。しかし最後は、わたしは二大政党になったほうがいいように思います。

改憲の危険強まる

美濃部　そうすると大内先生、いまの状態ですと安保条約は改定され、憲法は、一九六〇年中ということではないかもしれませんが、いつか改正される危険が非常に多くなってきつつあるように思いますが、いかがでしょうか。

大内　だいたい既定の事実だろうね。

桑原　憲法改正も行なわれる?

大内　急には行なわれないとしても同じ運命でしょう。安保改定が憲法改正を含んでおるんであってね……。だから形式的にいつ決まるかということは別だけれども、やはりそういうところへ進んでおります。

桑原　年の初めに寂しいことになりましたけれども……。(笑い)

丸山　極左勢力というものがこれだけ政治の表面で力がなくなってきて、じゃ他方で保守党なり財界の人たちは安心感を持っているかというと、いたるところにアカのにおいをかぎつけて恐怖している。他方では革命の主体的な条件というのは社会党を見たって共産党を見たっていっこうに成熟してはいない。それがぼくは日本の政治の大きな逆説じゃないかと思う。だから安保改定は通るでしょう。その他反動立法も通るかもしれない。しかしそれで保守陣営が安心して勝利感を持つかというと、そうじゃないと思うのです。むしろかれらはかれらなりにかえって不安の念におののいている。つまり根本的にはどこへ日本を持って行ったらいいかというゴールの意識がないと思うのです。ただこうなっちゃいけないってのはわかっているんですね、かれらの立場から。そこで社会党の天下になっちゃいけないとか、こうしちゃいけないという消極的な面から政策が出てきてる。

美濃部　大内先生、日本の経済は一九五九年は非常にいい、六〇年も神武景気の一番いいときよりももっと投資がふえそうだというのです。日本の経済、日本の資本主義にとってこれがいいことなのか、つまりこのように気違いみたいに上がってることの意味ですね。ぼくはけっして堅実な上がり方じゃなくて、基礎がないのにムリに押し上げているような気持ちを持つのですけれども……。

大内　美濃部君と全然同感だ。日本の経済は根本的にいえばインフレ含みである。事実上もすでにインフレの政策がとられておる。それにたいする警戒が非常に少ない。たとえばこの間日本銀行で金利を上げた。あれは一つの警戒でいいことであったけれども、その警戒の心構えがもっと早く政府にもあるべきだった。政府は非常にためらって日本銀行に押されてやっとあのようになった。そのように経済の発達をするのにムリな発達を望むのが日本の政治、政府である。よくないね。世界の経済がそれでなおかつ日本に有利に反映すればそれでもすむのですが、世界の経済が不利になったときには、日本は非常な逆境に陥る。

アジア諸国の対日警戒

大内　そこで日本の政治をかけて批評すると、ぼくは日本の保守政党というものは、岸〔信介〕内閣ばかりというのではないけれども、ずうっと伝統的に一つのはっきりした目標を持たない。たとえば原水爆の問題。日本は世界的に非常に進歩的な態度をとっている。この間の国連における会議でもそうです。その日本の安保条約の改定を、アジアの諸国が日本の政府と同じように解釈するだろうか。ぼくは反対に解釈すると思う。つまり日本はいい顔をしながら悪いことをしておると解する。また、日本政府は一方においてはインフレをやりながら、他方においてはインフレを抑えるような顔をして生産拡張をやる。だから一時は生産はふえても結局は生産拡張にならん。そんなところへ破たんが必ず出てくる。中国問題では政治と経済と切り離して、経済の面では仲よくして物をもらいたいが、政治は台湾の問題にしても承認の問題にしてもなるべくアメリカにかたよるように、しかもそのお先棒をかつぐような態度をとっておる。内政で両面政策、外交で両面政策。その両者の破たんが日本全体にやってくる危険があると思うのだ。

美濃部　先生方のお話をうかがっていますと、世界の空はやや明るくなりかかっているのに、日本は暗雲にとざされているという感じを受けて少々心細くなりました。ことしの世界がどのように動くか、いまから予想することはできないにしても、五九年を受けて、きっといろいろの出来事が起こるだろうと思います。日本のそれを平和のほうに持ってゆくために、一役演ずるような国になってほしいものだと思います。

編者注

①一九五七年にソ連が人類初の人工衛星スプートニク一号を打ち上げたことを指すか。

②アイゼンハワー政権の国務長官ジョン・フォスター・ダレス(在職一九五三—五九年)によって主導された、共産圏諸国の「解放」をめざすアメリカの積極的な「まき返し」政策。

③社会党右派の西尾末広派と河上丈太郎派の一部(河上本人は残留)が一九五九年に離党し、六〇年に民主社会党(後の民社党)を結成した。

「民主主義をまもる音楽家の集い」へのアピール

音楽家・音楽批評家のみなさん。私はひとりの音楽ファンとして本日の集りに心からの声援と拍手を送りたいと思います。

生命・自由および幸福追求の権利は私たちが何ものにも譲り渡すことのできない神聖な基本権であり、そもそも政府の存在理由がなによりそうした基本権の保障にあることは、アメリカ独立宣言以来、ほぼ二百年を経て世界の常識となっております。私たちの祖国もあの惨憺たる太平洋戦争の犠牲をくぐり抜けて漸《ようや》くこの基本的原理を日本国憲法の中に宣明し、そこから新らしい日本が出発したことは皆様御承知のとおりであります。私たち国民はふたたび過去の悲惨な途を歩まぬためには、何度でもこの原理にたちかえらねばなりません。そうして今日、岸〔信介〕内閣の暴挙によって根底から問われているのはまさにこの近代民主主義の基本原則であります。新〔日米〕安保条約の強行採決をめぐって、これだけ広汎な層からこれだけの批判が高まっているのに、何故、政府与党は馬の耳に念仏の態度で押し通そうとするのでしょうか。そもそもあれほど国民の運命にかかわる重大な条約を、解散によって国民の意向を予《あらかじ》めきく事もせずに結ぼうとしているのでしょうか。

むろんそこには種々の背景があります。しかし根本の由来はここ数年来の政府の相つぐ憲法じゅうりん《蹂躙》のやり方を私達国民が結局のところ黙って見過して来たところにあると私は考えます。一たび既成事実をさえ作ってしまえば、一時は世論がわきたっても、やがては権力の無理押しが通って行くという事態がこれまでに重なって来たからこそ、ああいう議会政治の常識では考えられないやり方をして政府は平然としているのです。権力はもし欲すれば何事でも強行してそれに法の衣をかぶせることができるということになれば、それは民主主義の基本原則の破壊にほかなりません。私たち国民は今こそこうしたやり方にストップをかけなければ、人民主権も、したがって私たちの幸福追求の権利も、政府の万能の権力の前に否定される結果となるでしょう。

政府の権力濫用にたいして憲法や法律は本当に歯どめとして効いているのかいないのか、私たち主権者としての国民がそうした権力の歯どめとして憲法を生かす力をもっているかいないのか、それがいままさに試されようとしております。これが現在の根本の問題点です。私たちの幸福はたんに与えられた幸福に満足するだけでは守ることはできません。私達が幸福を追求する積極的な姿勢を不断に保ってこそ、現在の幸福の享受は維持されます。芸術と学問の自由な発展の基礎となる基本的人権の原則を私達が貫くために、その原則を政府に守らせるために、この重大な歴史的時点において私達のあらゆる力を結集しようではありませんか。

一九六〇年六月九日　　丸山眞男

明星学園講演会速記録

〔司会者〕　目下、日本の民主主義をどう守るか、ということについて問題になっている新〔日米〕安保条約について概括したお話をうかがい、その後質問を受けたいと思います。

〔丸山〕　一般に日本の社会では、いろいろな政治的問題、社会問題について、いろいろ違った意見がぶつかり合うということが非常に少ないのじゃないかと思います。だいたい似たような考え方の人が集まって話し合いをやる、別の意見の人はまた別のところでやるというふうに、小さな集団でもそうですし、日本全体をとり出してもそうです。ある考え方から、反対の違った考え方と十分に練り合わし〔せ〕た上で、ある結論なり考え方なりが出されていき、またそれに対していろんな考え方がぶつかり合いながら進んでいく、というふうにいかないで、なんとなく気分的に賛成している人は、賛成する方の意見ばかり聞き、反対の人は、反対する方の意見ばかり聞くという現象が多いと思います。そして自分の意見のない人は、賛成論の集会に出て意見を聞くとなるほどもっともだと思い、また、反対の方へ行ってももっともだと思う。

これは、個人のレベルの問題だけではなく、戦後の日本の転換を考えてみますと、今までの日本の政治なり、何なりが間違っていた、これからはデモクラシーでいかなければならないということになったわけですが、その場合、今までのやり方のどういう点が間違っていたか、それに対してデモクラシーはどういうふうな点に長所があるか、そして、自分たちが今まで正しいと思っていたことと、これから自分たちがとろうとする方向は、どこが違って、どこがかみ合っていくかを論議するということなしに、何しろデモクラシーになれば万事うまくいく、というふうに考えたり、逆に、昔のやり方の方がやっぱりよかったと思ったり、という具合で、いろいろな違った考え方の人の間に「対話」というものがないわけです。つきつめていくといろいろな問題はそこから出てくると思います。

そこでいろいろな政治や社会の問題を考えていく上に、もちろん考えの違った人と意見をたたかわすことは望ましいのですが、ただ、そういう場合にわれわれの間には非常に「勝ち負け」思想が強いので、お互いに意見を交換し合って自分の意見を確実なものにするということよりも、「勝った」「負けた」で片づけてしまうことが多い。対立した意見でもって議論すると、どうしてもそういう結果になりやすいのです。ですから、もっとも必要なことは、自分の内部で自分と違った意見というものを仮にいろいろ考えてみて、つまり自分と反対の意見をたくさんおいてそれと対話をする、議論をする、そして両方の意見を調整する、そういうことを、自分の中で、各人がやることによって問題の理解なり、考え方なりに、深みと厚みを加えていくことです。

そういうことが、個人の場合でも、集団の場合にも非常に欠けています。私が一般に講演会が嫌いだというのも、私は、私なりの政治的意見、ある結論というものをもっていますが、それを、自分の意見に都合のいい人ばかりにお話ししたところで意味ないと思うからです。自分の考え方というものの基礎をしっかり高めていくという上には、逆に、私の意見と反対の意見をできるだけふんまえて、これに対して私がどう考えていくかという形で議論を進めていくという方法の方が、有効的であります。

そういう意味で、自分と違った意見の人は、どういうふうに考えているだろうかということを勉強して、それに対してどういうふうに意見をいうかという練習をすることが必要なんじゃないかと思います。以上のことを前提として、今日の問題点についてお話ししていきたいと思います。

Ⅰ　旧安保との比較、（平談会〔平和問題談話会〕声明）、新安保の問題点

条約とか法律とはどういうものか

今度の新しい安全保障条約は、ご承知の通り、去年の春頃からいろいろな論議が起こりまして、〔一九六〇年〕五月二〇日の強行採決になり、テンヤワンヤの騒ぎとなり、自然承認、批准ということになったのでありますが、まず第一に、およそ条約とか法律とかいったものについての考え方、つまり条約が国によって結ばれ、国が法律を制定するということは、どういう意味をもつかということを考えてみたいと思います。

たとえば安保条約を例にとってみますと、「新安保条約というけれど、現在安保条約はあるんじゃないか、今度の問題は現在あるものを改めるという問題であって、新安保条約が前の安保条約よりよくなっているのならいいじゃないか」という議論があります。つまりこの議論は、現在あるものと、新しいものと、内容的に見て、どっちがいいかという議論になってくるわけでありますが、そういう考え方の前に、もう一歩進んで考えなければならない問題があるのです。

条約は国の一つの行為である

まず第一に、条約とか法律とかは「できる」ものではなくて「つくる」ものである、ということです。条約や法律は、我々を離れて何か自然現象のようにできてくるのじゃなく、政府なり、国民なりが、つくる一つの「行為」であるということです。ですから新しいのと古いのと比較して、どっちがいいとか悪いとかいう議論じゃなく、一番重要な点は、「誰が」「どういう状況のもとに」「どういう行為をする」のかということなのです。

安保条約を結ぶということは、日本の一つの「行為」であります。今の日本の政府によって、今のような世界情勢のもとで、今の時点でこれこれの安保条約を結ぶということは、どういう国際的な影響をおよぼすか、またそれがどういうふうに日本にはねかえってくるか、そういうことを離れて、こまごました条約の内容をいいとか悪いとかいってもはじまらないのです。その点、現在のような転変する国際状況の下で、岸〔信介〕政府が、新しい一つの国際的な方向の決定をするんだという一番肝心な議論がとかく忘れられていると思います。

今までの安保条約は、日本がアメリカの軍事占領下にあり、内政・外政について干渉を受け、国際的に自由な意志をもたなかった時に結ばされたものでありますが、今度の新安保条約は、独立国である日本が、自分の自由意志でもって一つの方向を決定するものであって、その点が基本的に違うのであります。たとえば、中国やソビエトが安保条約をどう見ているかというと、今までの安保条約については、(インドやアジア諸国も同じですが)日本が自分の意志で結んだとは受けとっていない、アメリカの占領下にあったんだから、仕方なかったというふうに考えています。ところが今度の新安保条約というのは、どこまでも独立国としての日本が、現在の国際状況の中で、進んでとった選択行為であると考えています。したがって、その行為からおこる国際的波紋については日本は責任をとらなければならない。こういうふうに、世界の方でも、二つの条約に対する見方はまるで違っているし、受け取り方が違ってくるのであります。

また「旧安保は無期限だが、新安保の方は一〇年だから期限のある方がいいじゃないか」という意見もありますが、旧安保条約は占領下に結ばれたもので、いわば変則的、暫定的なものであり、いずれ日本の自由な意志が回復されたのちには、あらためて存否が検討されることは当然であるというふくみをもったものでありました。ところが新安保では、日本が自由な意志で向こう一〇年間特定の外国と条約を結ぶことで、これは簡単にはいえません。

(法律の上で時効という制度があります。たとえば私があなたに一〇〇〇円お金を借りたとします。これは二人の間に債権・債務の関係が成立したわけですが、金銭上の債務関係では、貸しっぱなしにしておいて、五年間請求しないでおくと債権が消滅するのであります。なぜそういう制度があるかというと、金を借りて、五年間たっちゃったら返さなくてもいい(七年たったあとアッ忘れていたといって返したら、それはそれでいいので)、それを国家が返さなくてもいいといっているわけではないのでありまして、貸した人が五年間黙って請求しないでいて、一〇年たってから請求してそれを裁判所へ訴えたとすると、裁判官は、五年間請求も何にもしないで、今頃になって請求しても信用できないのであります。つまり権利の上に眠っていて、現実に権利を行使しなかったから無資格であると判定するのです。)

現実に作用する力

およそ、そういう法律上の約束は、ある時点において結ばれ、形式的に効力が続いていても現実に行使しないと、実際は時の経過とともに意味がだんだん減っていく、比重がだんだん軽くなっていくのであります。だんだん減っていって、たとえば金銭貸借の場合なら、五年たてば請求権が消滅してしまうのですが、四年九ヶ月たった時に請求すると、時効の中断ということになり、この時点からまた五年たたないと時効にならないわけです。債権者が四年九ヶ月で権利を行使したことによって、債務関係が新たに生き返るわけです。そこで安保条約の場合でも、前の条約は朝鮮戦争の直後に成立したことの意味が何年かたったあととは重さが変わってきています。ここで条約を結び直すということは「時効の中断」になるという意味が重大であります。日本の進むべき道はいろいろありますが、ここで新たに一つの道を自分の責任で選び出すということは、実質的には新しい条約を結ぶことと何ら変わりはありません。

政治の問題は、誰が、いかなる時期に、どういう状況の下で、何を、どういうやり方で決定するかという問題です。安保条約についていえば、ほかならぬ岸政府が(主体)、冷戦と雪どけの二つの方向がデリケートに交錯していて、少なくも朝鮮戦争当時のような二つの陣営の固定的対立という条件が著しく変わった世界情勢の下で(時期)、しかもミサイル、大陸誘導弾といった超兵器の出現で、共存か共滅かの二者択一がいよいよはっきりしてきた時代に、中国との戦争のあとしまつを少しも片づけないままで(以上状況)、アメリカと軍事同盟を結ぶ条約——しかも期限一〇年、極東の範囲、事前協議の対象とか疑義の多い条約を(内容)、こんなに急いで、しかもああいう無茶なやり方で(方法)通すことが、どういう意味をもつかという問題です。

以上のうち一つの要素がちがえば、同じ安保条約でも政治的意味がちがってきます。たとえば石橋(湛山)内閣がつづいていたと仮定して、その後、中ソとの国交回復や経済的文化的交流への途がもっとひらかれていて、ただ日本の従来のいきさつからしてアメリカとの安保条約を急に廃棄するわけにいかないので、一応もう少し日本の自主的立場が出るような形に条約を改めていくという形で、新安保の問題がでていたら、少なくもこんな激しい反撥はまねかなかったし、中ソに対してこれほど刺激的な意味ももたなかったでしょう。ですから、主体、時期、状況、方法の問題をはなれて、条約の内容だけを比較していいとか悪いとかいうことはいえないのです。

ですから新しい安保条約を生かすも殺すも、今後の国民なり政府なりの態度にかかっているといえます。その意味で、通ってしまったからもうおしまいだという考え方も、あれほど反対があったけれど何にもならなかったという考え方も間違っています。

たとえば破壊活動防止法案〔ママ〕という法律が七年くらい前にきまりました。いわゆる破防法で、あれに対して非常に大きな反対がまき起こったことはご記憶の方もあると思います。破防法によれば、今、われわれのもっているような集会までもいろんな名目で調査したりできるわけで、憲法にきめてある言論・集会・結社の自由に対する制限であるとして、猛烈な反対運動が起こり、非常なさわぎが起こったわけであります。その結果、多少修正されたが通った。ところがわれわれの生活の中で、たとえば集会をもつ時でも「破防法があるから」というふうにはほとんど考えません。つまり国民の意識の中に、今日ほとんど生きてないといえます。また現実に破防法が適用されたのは成立後二件か三件しかないのです。これに対して、「あれだけ反対したけど、通ってみたら大したことはないじゃないか」という人もあるが、それは違います。あれだけの反対運動の重みが続いているからこそやたらに適用することができないのであります。

いいかえれば悪法も国民の監視の姿勢によって空文化できるのです。ですから、条約にしても法律にしても、形式的な有効性だけでなく、それが現実に社会の上にどれだけ作用するかという意味を考える必要があるわけです。

ご承知の通り、新安保の締結をめぐって、中国・ソビエトから非常に強い抗議が送られていますが、日本政府は、「それは誤解である。まったく防衛的なものである」といっています。だいたい中国やソビエトが新安保に対してどういう態度をとるか、日本のそういう外交政策にどう反応するかということは一年も前からわかっていることであります。対中ソ関係に非常に大きな悪影響をおよぼすことは当然予測されるはずで（それでもなお結ぶんだというならば、それも一つの考え方ですが）、結んでおいて、非難に対してけしからんというのは、政府の基本的な考え方としておかしいと思います。一つの方向決定をする場合は、それに対するあらゆる影響を考慮して決断するのが政府として当然の義務であり、それが為政者の責任です。それをやらずにおいて、結果に対して逃げ口上をいっているのです。

また悪い影響があった場合、その反響を帳消しにする行動を、あらかじめ考えておくことが政府として必要なのです。殊《こと》に中国の場合は、まだ厳密にいえば戦争状態にあるんだし、あれだけ長い間、数えきれない損害を与え、一〇〇〇万人にのぼる被害を与え、その後始末もしていない、――未解決の問題をかかえています。それをそのままにしておいて、アメリカに対して基地を提供したりすることが問題なのです。ですから保守党として、どうしても急に安保条約を破棄することはできないというのなら、まず積極的に中国に対するいろいろな方策を打ち出しておいて、しかるのちやるならばこれほど大きな問題にはならないと思います。それが逆に岸が台湾に行った時など「一緒に大陸反攻をやりましょう」などといっています。これでは中国・ソビエトから、とくに中国から、自国の安全をおびやかす軍事的とりきめをアメリカと結んだと見られても仕方ないでしょう。

新しい安保条約を結ぶことは、日本が、いろいろな国との国際関係をどういうふうに調整していくかということが決まってくることであります。その意味から、保守党の立場からいっても、まだ打つ手はたくさんあったのです。本当に日本の利益を考え、東西の緊張緩和を真面目に考えているならば、そういう考慮をいっこうにやらないで結んでしまったというような、保守党の立場でできることすらやらないでしまったというようなことに、非常に大きな問題があるのであります。

それでは、日本が国際的な立場で一つの方向に進む場合、「いい」とか「悪い」とかいうのは何を基準とするか。ある条約を結ぶことが、極東と世界の緊張を緩和させる方向に向かっていくか、激化する方向に働くかによって「いい」「悪い」がきめられると思います。実際問題として、昔のような日本帝国で、植民地をもち、大海軍を擁していても、戦争になれば負けてしまう。まして現在の日本としては、東西の緊張が激化すると立つ瀬がないといえます。現在軍事的な意味で独立国といえるのは、アメリカ・ソビエト以外はないでしょう。それ以外の国々は、みな、緊張激化すると困るのです。経済的にいっても、ほとんど貿易に依存している国は国際緊張が激化すると困ることばかりであります。こういうことが、安保条約を判断する一つの目やすになるのであります。しかも一つの陣営と結んで、他の陣営に対抗する条約がいいということは、冷戦が宿命だという前提に立たなければいえません。賛成論者は朝鮮戦争当時の国際情勢を固定して考えているわけです。

II　自由主義陣営に立つ以上、当然という考え方の批判

国内の社会制度と国際的な外交方針

第二の問題点として、よくこういうふうにいわれるのですが、「日本は好むと好まざるとにかかわらず、自由

主義陣営に立っているのだから、アメリカと安保条約を結ぶのは、日本の立場から仕方ない」という考え方が非常に強いのです。ここにはいろいろの問題が含まれていますが、第一に、〝日本の国内の社会制度とか主義というものをどういうふうにもっていくか〟という問題と、〝日本の国際的な外交方針〟というものとが、ここでは混同されているといえます。

アメリカと仲よくやっていくことは誰も反対はしないでしょう。しかし、かりに日本が国内体制として社会主義をとっていないということから、ただちに一方の自由主義陣営と軍事同盟を結ばなければならないとはいえません。ご承知のとおり、オーストリアは中立、スイスは永世中立、フィンランドはソビエトと不可侵条約を結び、スエーデンは、いわゆる自由主義陣営に入っているがＮＡＴＯ〔北大西洋条約機構〕には入っていません。インドはいうまでもありません。このように、「その国の体制が資本主義であるとか社会主義であるとかいうこと」と、「国際的な外交方針をどうとるかということ、ある国と軍事同盟を結ぶとか、中立をえらぶとか、両方の国と不可侵条約を結ぶとか」そういうこととは直接結びついてこないのであります。

結局、どういう方向が、一番戦争を回避するのに有効かということが大切なのであって、日本が独立国として国際的に自主的な方向決定をなし得るということを、もっともっと考えなければなりません。ところが残念ながら日本の政府には、自主的な立場をとることがほとんどないといえます。

たとえば、Ｕ２機の問題〔編者注①〕が起こった時、そのため世界の大問題となり、首脳会談が決裂した大きな原因となったわけですが、それに対して、アメリカに基地を提供している国で、ノルウェーとパキスタンが一番早く抗議しております。日本にもU２機はあった。黒いジェット機として問題になった〔編者注②〕こともありますが、自由主義陣営に属しているか、共産主義陣営に属しているかということにはかかわりなく、「自分の国の安全」ということから考えれば抗議するのは当然のことであります。『ニューヨーク・タイムス』紙が、「その抗議はもっともである」と論評しています。また、アメリカのある上院議員はあの事件の直後に「日本でも、アメリカのU２機は移した方がいいのじゃないか」といっています。ところが日本政府は一片の抗議もしないで「あれは気象観測機ですか」という問いをアメリカに対して発しているわけです。それに対してアメリカでは「そうです」と答えるより仕方ないわけですが――またそう答えを予期している。これは野党の攻勢をかわすためです。新安保条約にある事前協議〔編者注③〕の拒否権が問題になりましたが、その時の政府がしっかりしていれば、それが条文の中に入っていなくても、今度のように交換成文〔公〕でも、実質的には拒否権として使うことができます。法律とか条約とかは、誰が、どういうふうに使うかによって違ってくるのです。

パキスタン――非常に親米的で、アメリカ資本にすっかり抑えられているパキスタン政府でさえ、自国の安全のためには抗議をしているのに、日本ではそれをやらない。こんなことでは、新安保にある事前協議についても、現在のような政府がアメリカに抗議するとは考えられないのであります。

もう一つ考えなければならないのは、勢力均衡という考え方です。「中立とか非武装によって平和が保たれれば好ましいが、現在の世界は、力の均衡の上にたっている。つまりバランス・オブ・パワーの観点から、安保条約というものによって、アメリカと軍事的に結びつくことが必要である。現に、中国とソビエトの間には、相互援助条約があるではないか」という議論で、これが安保条約を支持する有力な論拠になっています。また他方には、「安保条約は軍事同盟ではない。集団自衛権であり、集団安全保障なんだ」ということもいわれています。ところがバランス・オブ・パワーと集団保障とはまったく矛盾しているのです。

集団保障

それでは「集団保障」とは何か。昔は親が殺された時は、子どもが仇討をするが、今は国家の警察がそれをやる。私的な復讐は許されません。国際関係も、現在のように交通が頻繁になってくると、昔のように一国がある国を侵略した場合、他の国はだまって見ているわけにはいきません。悪いことをした国があったら国際的に徴罰を加えて、みんなでみんなの安全を保障する、これが「集団安全保障」という考え方です。戦争は、私的な復讐ということになります。この考え方が国際連盟から国際連合に発展した。したがって、集団安全保障という考え方は国際警察軍の考え方であります。

しかしこれは、世界が一つであって、ちょうど国際連合ができた時のように、アメリカとソビエトという指導的な大国が手を握っているという状況のもとにのみ、本当に意味があるのです。そうじゃなく、世界が二大陣営にわかれている時、ある国が他国から侵略を受けた場合、一方の陣営が国連の多数の決定で他の陣営に対して制裁を加えるということになると、結局、具体的にはアメリカがソビエトに対して戦争をしかける(あるいはその逆)ということにほかなりません。したがって、国連の集団安全保障は米ソという大国を相手には事実意味をなさない。平和のために世界戦争をするということになる。いわんや、直接国連軍によらない、地域的な軍事的同盟に集団安全保障の名を冠することはコトバの乱用です。ですから軍事同盟か、米ソ協調の上に立った国連による集団安全保障か、この二つしか道はないので、一方の陣営と結んで他方の陣営と対抗する条約を集団安全保障条約というのはおかしいのです。

バランス・オブ・パワー

次に「バランス・オブ・パワー」の原理ですが、これは一九世紀の頃、一国がそれぞれ独立の主権の上に立って、自分の国際的な勢力を膨張していった時代の原理であって、今日でもなお残ってはいますが、これによって世界の平和が保たれたということは、今までの歴史にもかつてないことなのです。最後には軍備拡張となり戦争に続く、というのが今までの歴史に示すところです。

また現在、ミサイルなどの発達により、戦争はただちに全面戦争を意味するから、アメリカもソビエトも戦争はできない。世界戦争はもはやできないが、ただ局地戦争の危険があるから、安保条約は必要だという議論もあります。しかしアメリカにとって局地戦争であっても、その局地にあたっているところは、全面戦争と同じことです。これは朝鮮の全国土を焦土と化したあの朝鮮戦争も、アメリカにとっては局地戦争であったことからもわかりましょう。現在の安保条約は、極東の地域に紛争が起こった時、それが軍事的抗争に変化した時、アメリカは局地戦争にとどめられても、アメリカに基地を提供している日本では、たちまち報復がなされて全面戦争になってしまいます。

いったい、国の安全を究極的に保障するものは何か。今日のように、誘導弾や核兵器が発達しては、軍備をいくら増強しても、安全は保証されません。おそらく、アメリカもソビエトも本当の安全感はないと思います。いわんやその他の国々は非常な不安全感に満ちています。また、現在のように国際緊張がなお続いてしますと[1]、どんな軍事同盟を結んでもやはり安全感はありません。究極には、国際緊張を緩和する方向にむかなければ絶対に安全感はないのであります。

日本としても外交政策をそういう方向へもっていくのが、日本政府の務めであり、責任であります。いわんや憲法はそれを命じているのです。そういう点から、アジアの一国である日本としては、特にとなりの中国との国際関係を打開していくことなくしては、日本の安全感というものは得られません。いかにアメリカと安保条約を結び基地を提供しても、それは国際緊張を増大させるばかりであります。

III 「中立」の意味

中立政策

それでは、日本はどういう方向をとるべきか。これはわれわれの選ぶべき問題でありますが、いろいろ考えられる外交政策の中の一つとして、中立政策があります。スイスとかインドのような厳密な意味での中立政策ではなく、かりに保守党の立場に立ってみても、西の陣営にとどまりながら、安全保障条約という軍事同盟を新しく結ばないでいくやり方はいくらもあるのです。今までの安保条約はそのままでも有効なのですから、アメリカとの関係はそれで規制されることを前提として、なお他方、中国・ソビエトといろいろな条約を結んで中ソ〔との〕関係を打開していくという方法は十分可能なのであります。問題は日本が従属的でない、自主的な外交政策をとることが肝要なのであります。今度の一ヶ月あまりの大騒ぎの時に、アメリカのハーター〔Christian A. Herter〕国務長官が、国会での質問に答えて、「日本がソビエトと安全保障条約を結ぶのは少しも差し支えない」といっております。日本は独立国であるから、自由主義陣営に属しているからといって、アメリカのご機嫌をとって、くっついていなければならない理由は少しもないのであります。中立というのはどこまでも政策の方向性の問題なのです。

また、かりに日本が中立制〔政〕策をとって、そのため国際的な脅威が増大するようなことになれば、その時にまた考えればよいので、どこまでも弾力性のある考え方で自主的に方向をえらべばよいのです。いったん決定したから、仕方がない仕方がないで、既成事実に流される行き方が、かつて満州事変から日支事変、太平洋戦争、そして敗戦という結末までもっていってしまったのです。いったんこうなったからにはもう仕方がない、動きがとれないという思考法は、特に外交制〔政〕策については誤りであります。

また特に日本では、国際間の外交を、個人のレベルに還元して考えることが多い。〝アメリカに嫌われる〟とか〝どちらにも好かれるのは無理だ〟とか男女関係の〝好き嫌い〟の感情を投影してしまうのです。しかし国際関係というものは、自分の国の冷厳な利害と国際関係の冷静な打算とを、とことんまで考えて、あくまでも国民的利益というものを基調とすべきものであり、したがって、気分的に気に入らない相手とも条約を結んだり、破棄したりということも当然考えなければなりません。ビズネス、イズ、ビズネスです。

日本がアメリカのご機嫌を損ずると特に経済関係にひびく、ということがいわれますが、非常に大きく考えてみた場合どうでしょうか。かりに日本の外交方針で、安保条約を破棄したとします。するとアメリカは日米経済関係を一切止めるでしょうか、私はそうは思いません。アメリカの立場としては、現在、自由陣営にいる国が、中ソの方に接近することは、アメリカの利益からいってまずいことです。日本としては、アメリカが日本との関係を切ることはアメリカにとって一つも得にならない、何とかして日本が中ソに近づかないようにと思っている立場を考慮〔す〕べきです。今度の問題で個々の商社でキャンセルすることはあっても、アメリカの大きな世界政策の上からは、日本は絶対に手放せない。

現に、ユーゴ〔ユーゴスラヴィア〕のように、一応共産党がヘゲモニーをとっている国を、アメリカは援助しています。またインドも中立政策をとっていても、アメリカは大々的に援助せざるをえないのです。日本としても、自主的な立場をどこまで貫きうるかでアメリカとの関係もきまってくるのではないでしょうか。

世界の国

次に、今度の安保条約についてここ一ヶ月の日本の動向を、世界がどう見ているか、『エコノミスト』〔一九六〇年〕七月一二日号〔「日本は中立化すべきだ」二八―二九頁〕をご紹介しましょう。

まずフランスの『フィガロ』(中立系の新聞)六月一七日、「岸内閣の瓦壊は時の問題であり、たとえ安保条約が批准されても、死文に等しいものとなろう。そして日本は次第に中立主義に入って行くのではなかろうか……」。

イギリスの『マンチェスター・ガーディアン』(権威ある自由党系の新聞)六月一七日、「極東におけるアメリカの失敗の原因の一つは、米国に同調しない者が必ずしも米国に反対するものではないこと、中立主義はかつてダレス氏がいったように必ずしも不道徳ではないということを国務省が理解できないということだ。最も確実に敵をつくる方法は、自分と同じ意見を持たないものは敵だときめつけることである」。

この一ヶ月の日本国内の猛烈な国民的盛り上がりを〔が〕、国際的に評価されているわけです。この運動が、いわゆる反米、いわゆる国際共産主義者の陰謀ではないというふうに評価し、アメリカはそれを理解しなければならないといっているわけであります。

イギリスの『ニューズ・クロニクル』(自由〔党〕系)六月一七日、「日本の動揺は西欧外交全体への打撃であり、アジア全体に与えるはね返りもまた甚大なものがある。教訓は明らかである。つまりある国民は必ずしも共産主義者になることなしに、中立主義あるいはさらに平和主義になりうるということ、また援助の額がどれほど大きくても、外交的理解が欠けておれば、それは帳消しにされてしまうということだ」。

アメリカは、その意味では、日本から送られる情報が一方的であったため、日本の国内の状況に対する認識が欠けていたのですが、そのアメリカに対してショックを与えたのはアイク〔アイゼンハワー米大統領〕の訪日中止でありましょう。

アメリカの『ニューヨーク・ポスト』(どちらかといえば民主党系新聞)六月一六日、「米国としてとりうる最善の道は、いまとなっては無意味な安保条約成立強行の考えを捨てて、東西いずれにも属さない日本と取り組む準備をすることによって、革命の火から燃料を奪うことだ。それだけが日本を共産世界への道からそらせるただ一つの道だろう」。

日本を中立化することが、長い目からみればアメリカにとって有利なのではないか、という議論がアメリカにも起こっているのであります。もちろん、こういう議論はまだ国務省の意見とはなっていませんし、いわんや国防省には全然ありませんが、アメリカにもこういう声が起こってきていることは、日本で、もっと考えるべきだと思います。

また、六月七日のアメリカ上院外交委の安保条約審議で「日本は完全に中立主義国になれる自由を持っていると考えてよいか」という〔ヒッケンルーパー議員の〕質問に対し、ハーター国務長官は「その通り」と答えています。それから、六月二二日の上院本会議で、ハンフリー〔Hubert H. Humphrey, Jr.〕議員が日本のデモについて「日本のデモで共産主義者が指導的役割を果したことは疑いないが、同時にデモ参加者が広範な感情を表明したことも疑いない。日本の中立主義感情をはかることはできないが、一部観測筋は国民の五〇％までが中立主義的だと推定している」といっています〔『タイム』「裏庭に火がついた」／裏庭的国際信用に甘んずべきか〕。

こういう発言がこの一ヶ月の間に急速に起こってきたのは、この一ヶ月の間に、日本国民がこれだけ政府のやり方に反撃したことで、日本の政府〔ママ〕の多数というのは、国民の多数とは必ずしも同じでないらしいということをアメリカが考えだした、そして日本の国民感情というものをもっと考慮しなければならないと考えだしたわけです。日本国民はそんなに御しやすい国民ではないということを示したわけです。

ですから、われわれが自主的にとる行動、決断する方向というものが世界に対して与える影響というものを考え、しかも、今までの方向をかえるとニッチもサッチもいかなくなるというのじゃなく、もっと自由に論議し、その結果にもとづいて国民の意志を政府に反映すれば、世界もそれを認識せざるをえないことを考えなければなりません。

日本国民の自主的な考え方と感情を無視することは、アメリカにもソビエトにも許されないことです。それを決定するのはわれわれ国民であるということについて、われわれはもっともっと自信をもたなければならない、ということを特に強調したいのであります。

また、新安保条約について、「あんなに反対したが結局安保は通っちゃったじゃないか」という考え方もあります。しかし、安保が形式的に「通った」ということと、それのもつ「歴史的重み」を考え、道徳的権威が非常に失墜した形であの条約が通ったということが大切だと思います。日本人は概して既成事実には弱いのですが、外国の見方は、「こんな反対をおして条約を通しても意味ないじゃないか」というようです。

もちろん、だからといって安保条約の危険性がなくなったとはいえません。また、通ってしまったからおしまいだともいえません。それは今後の国民の態度にかかっているといえましょう。

〔質問者〕 中立政策をとっても、ドイツのヒトラーみたいな人が出てどんどん破るようでは何にもならない、というようです。私は国連を信用したいのですが、スイスはどうですか。

〔丸山〕 中立といいましても国際法にいう中立国と、A・A〔アジア・アフリカ〕諸国などの中立政策とをゴッチャにしてはなりません。国際法にいう中立は、ふつう交戦国に対する中立で、たとえば、Aという国とBという国が戦争した場合、Cという国が中立を宣言すると、国際法によって一定の保護をうけると同時に、交戦国の一方を援助しないなどの義務を負います。こういう戦争になった時の中立は、第一次、第二次世界大戦のように、世界の大国がたいてい加わったような戦争の場合には、好むと好まざるとにかかわらず、実際には不可能で、たとえ中立を宣言してもしばしば破られます。実際は、どうしたら戦争を起こさないようにするかということが問題なのであります。インドとかビルマなどの中立政策は、戦争が起こった時の中立ではなくて、戦争を起こさないための一つの外交政策なのです。

さてもう一つの国際法上の中立は、スイスのように永世中立国になる場合です。国際連合の集団安全保障の規則によりますと、ある国が、ある国を侵略した場合、安全保障理事会に提訴され、侵略と認められると制裁が下されます。国際警察軍です。そこで国際連合に加わっている国は、それぞれ兵隊を出さなければなりません。これは中立の義務と矛盾するので、スイスは国連に加入していません。

〔質問者〕 日本では中立の可能性はありますか。

〔丸山〕 中立政策は日本の一つの行き方であると思います。この場合の中立というのは、対立する両陣営のいずれのブロックとも軍事同盟を結ばないということです。国際緊張をますます激しくするような外交政策はとらないという意味の中立政策で、インドが中立だというのはこういう意味です。ですから、それは国連の集団安全保障の考え方とは別に矛盾しないのです。

国際関係においては、絶対的な「キメ手」というものはありません。ですから不可侵条約を結んでも絶対安全とはいえないし、中立政策をとったから絶対安全ともいえません。けれども問題は安全度の度合いです。安全度というのは、国際関係の緊張度と反比例するものです。どんなに強い国と軍事同盟を結んでも、国際関係がますます緊張してくれば、安全感は減るばかりです。どんなに軍備を強化しても、相手も軍備を強化するなら安全感はけっして増さないでしょう。

安保条約の行き方は、世界の冷戦がなお今後続くという認識に立って、バランス・オブ・パワーの考え方で同盟政策をとっているわけです。これも一つの考え方ですが、勢力が均衡していれば絶対安全ということもいえないのです。むしろ歴史上の実例は、勢力均衡政策は果てしない軍拡競争をひきおこし、やがて戦争になる危険性が多い。日本のような、大国の間にはさまれた小国は、いずれにしても国際緊張をすこしでも緩和するような方向に外交政策をたてる以外には自国の安全を保障する途はありません。ですから、対立する陣営の一方に猜疑や不信感をおこすような政策は、できるだけ慎しんだ方がよい。それがまた日本国憲法の平和主義にも則した行き方です。

〔質問者〕 資本家は局地戦争を望んでいるといいますが、日本の場合、岸政府は資本家と結んでいますが、その点はどうでしょうか。

〔丸山〕 今の政府、あるいはそのバックにある財界、中でも超独占資本、重工業とか軍需関係にある資本家の人たちは、どういうふうに考えているかは、その人たちに聞いてみないとわかりませんが、個々の人たちは必ずしも戦争を欲してはいないと思います。全面戦争はもちろん、局地戦争にしても、戦争になることそれ自身を欲してはいませんが、少なくも軍需産業に関係のある資本家は、冷戦が急激に解消すると困る立場にあるとはいえます。

軍需産業というのは非常に巨大な固定設備をかかえ、しかも買い手はほとんど自国や他国の政府なので、急に平和産業に転換するのは困難なのです。たとえばアメリカのジェット機の会社は、だんだん平和産業に転換する準備はしていますが、急激にかえることはできません。雪解けが急にくると恐慌になるおそれがあります。したがって彼らにとっては、実際に戦争になってしまうことは必ずしも望まないにしても、戦争になりそうでなかなかならないという状態が望ましい、すなわち冷戦が続いている状態がのぞましいわけです。

しかしこれは非常に危険です。マッチ一本でいつ大火になるかわからない。安保条約の問題でも、一つは日本の経済が全体としてだんだん軍事的に編成されていくことが危ないのです。そういうことになると、今度はなかなか平和産業にかえられないのです。

〔質問者〕 アメリカの経済援助というのが、具体的によくわからないのですが。

〔丸山〕 日本の経済が発展したとか豊かになったということは、根本的にいってどういう比重でとらえるかが問題です。日本の戦後の経済成長率は、世界を驚かすような猛烈なスピードでした。戦前の最高を一〇〇としますと、現在一七〇から二〇〇くらいの割で、戦前の一番景気のいい時の二倍近いわけです。さて、みなさんの生活の実感として、そういうことがいえるでしょうか。

〔質問者〕 全然逆です。

〔丸山〕 テレビや電気洗濯機が普及して、目先の消費生活は派手になりましたが、もっとも基礎となる富、個人の貯蓄を考えると、経済の底は非常に浅くなっています。それは難しい問題になりますが、日本の経済の成長率が非常に高いということと、日本の国民所得がどういうふうに国民の間に配分されているかということの間に、非常にギャップがあるのです。法人所得が急速に高くなって、資本の蓄積がある部分において急激に行われた。それをテコに、日本の経済がよくなってきているので、一人ひとりの所得の面ではちょっともあがってない。ある所に非常に偏して資本蓄積がなされているので、一人ひとりの実感としてはないわけです。

それでもなお、日本の経済は資本蓄積の面からいっても、非常に弱いのです。アメリカの経済援助という面から考えてみると、今までのやり方は、根本的に「冷戦」ということを前提としています。したがって全部がソビエトないし共産圏に対して対抗するという意識――それも軍事的な対抗という考え方です。つまり、共産圏を軍事的に封じ込めるというアメリカのやり方は、一九四七・八〔昭和二二、二三〕年ころからずっと今日まで一貫しています。ダレス外交はそれを象徴しております。政治的な外交面に軍事的な考慮が圧倒的に影響して、海外援助といえばほとんど軍事援助のことであり、戦争が起こった場合、共産圏と軍事的に対抗するという意味からすべてがなされてきたのですから、国民経済をうるおさないのは当然であります。非常に間接的には、日本の経済が全体として復興すれば国民所得もあがるとはいえますが、軍事経済というのは、国民の生活には何ら再生産の形を示さない。ですから、軍事生産が国民経済の中で大きくなっていくことは、全体の再生産の過程からいいますと、消費生産を圧迫することなしにはできないのです。そこで緩慢なインフレーションが進行し、物価が少しずつあがっていくから、月給が上がっても何にもならないわけです。インフレーションの過程の中で所得もあがるから、何となく生活水準も上がったような錯覚をおこすけれど、実際は消費生活というものは落ちる。これが経済の法則であります。

資本主義が発達している国ほど、緩慢なインフレの過程で、いくらかは国民の生活がうるおっていきますが、資本主義が発達していない国、たとえば、東南アジア、中近東に軍事援助をやったのが、一握りの資本家だけをうるおし、国民生活は非常に下がってきたので、階級の対立が強くなってきました。非常に反動的な腐敗した層が肥えて、それがアメリカについているから、どうしても国民感情は反米的になってきます。そういうことに対する反省が、アメリカにも起こっています。

特に民主党は共和党の、軍事援助一本槍のやり方に反対して、もう少し国民をうるおすような形の援助をすべきだといっています。経済援助をしても、資本の投じ方をあまり軍事的な面にヒモをつけてしまうから、アメリカの政策の上からマイナスになっているという反省も少しずつ出てきています。そういうやり方では、今後ともソビエトに対抗できないから、今後は経済競争ということになりましょう。どっちが後進国に対してよく経済援助をするかという問題になってきます。

資本主義のやり方と、共産主義のやり方と、どちらが国民の生活を豊かにするかという競争になってくるわけです。結局国民の購買力を高めていき、それによって需要を高め、商品を売るという行き方をとらざるをえなくなります。今のようなやり方では行きづまってきます。日本でも、こういうアメリカの政策の変わり方を予測して、日本の政策を変えていく必要があると思うのです。

〔質問者〕 新聞が真実を伝えているかどうかという問題ですが、いつでも、あっちも悪いがこっちも悪いという論調のように思われますが――。

〔丸山〕 結論からいいますと、日本の新聞はたしかに大独占事業であるということです。一流新聞が同時に二〇〇万、三〇〇〇万の購読層をもっているのは、世界にも例がないことです。

外国では、クオリティー・ペーパー、たとえば『ロンドン・タイムス』とか『ニューヨーク・ステイツマン』というような新聞は、だいたいインテリが読みますが、一〇万、二〇万、せいぜい三〇万くらいです。イエロー・ペーパーというのは非常にセンセーショナルな、殺人強盗事件など興味本位の新聞で、これは何百万と出ています。また、ローカル・ペーパーも多い。『ニューヨーク・タイムス』は文字どおりニューヨーク近辺の読者層が多く、他の地方で読むのはインテリに限られています。日本にも一応ローカル・ペーパーはありますが、だんだん中央紙に侵蝕されて、いわゆる二大紙、三大紙がものすごい力をもっています。しかもクオリティー・ペーパーの要素とイエロー・ペーパーの要素と両方一緒になっていて、非常にスッキリしません。クオリティー・ペーパーなら自分の主張をはっきりさせて、いやな奴はとるなという態度がとれます。二〇万、三〇万で商売になるのですから。日本の場合は、総合雑誌はややクオリティー・ペーパーにあてはまります。あれを一〇〇万出そうとすると、いろいろな議論をのせないと売れないわけです。非常に大きな発行部数をもっていると、はっきりした主張をとることができないのです。

では、新聞に真実を伝えさせるにはどうしたらよいか。それは、日本の新聞のもつ特色を逆用していくよりほかありません。外国の新聞は、読者の購読料というのはわずかでほとんど広告料で購っていますが、日本の場合は、広告料をあまり高くできないので、購読料というものが新聞経営の大きな面を占めています。ということは、読者というものは、新聞にとって非常に大きな顧客であるということです。

外国の場合は、読者より、広告主の御機嫌の方が大切だということになりますが、日本の場合は、一人ひとりの購読料が非常に大きな収入源でありますから、あんまり一般の読者から色彩が離れますと、新聞が売れなくなることを恐れなければなりません。そういう意味で、根本的には代議士と同じで、新聞に読者の意見を反映させなければならない。ですから、新聞代不払いとか、投書をどんどんするとかして、もっともっと読者の意見を新聞に出すように要求すれば、日本の新聞は、商売の上からいってもある程度読者を〔の〕意をとり入れざるをえないのであります。

一例をとりますと、従来、新聞はいわゆる政治ストを絶対に否定していました。ところがこの間の六月四日〔編者注④〕には、有力な新聞が全部ストを是認したのは、非常に広範な読者の気持ちをやはり反映さぜ〔せざ〕るをえなかったのであります。あの時乗客が事故を起こさなかったのは、政府があそこまで国民を無視してガンバル以上、一時間や二時間汽車が止まっても仕方がないという気持ちが国民の間にあったからだということが新聞に反映して、やっぱりある程度支持せざるをえなくなったのです。

何といっても商業新聞ですから、非常に多数の国民がある気持ちを出せば、それに反した主張は出せない(日和見で困ることもありますが)から、読者としてはどんどん新聞に圧力をかけて、自分の意見を反映させることが大切です。

また外国の場合は、新聞に党派性が強いのですが、また別に、婦人団体とか、各宗教団体でそれぞれ新聞を出しています。そして普通は、一般紙と、そういう団体紙とを併用していますから、いわゆる商業紙だけで自分の意見をきめるということはないわけです。

日本で非常に困るのは、マスコミが格一化〔画〕していることです。民間放送にしても、どれもこれも同じような番組をやっています。アメリカの場合など、宗教放送を朝から晩までやっていたり、学校放送を一日中やっていたり、いろいろ特色があるのです。だいたい、宗教団体、婦人団体、地域団体、各消費団体など、小さい社会が活潑に動いているので、あることに対して、新聞だけが世論を形成することはありません。いろいろな違った意見が、いつも同時に国民の中にあるのです。

〔質問者〕 暴力が今、問題になっていますが、韓国の暴動〔編者注⑤〕、ナチに対する抵抗運動などは人民を解放するための暴力として是認されておりますが、日本の場合はどうでしょうか。抵抗権の問題についてもうかがいたいと思います。

〔丸山〕 暴力といってもピンからキリまでありまして、電車の中での暴力、やくざの暴力、社会党の暴力、お巡りさんの暴力、それに戦争という暴力もあります。問題は社会生活において、いつも暴力にランキングをつけなければいけないということです。たんに「暴力はいけない」というのは、実際には何にも主張しないことになります。

およそ原理的には暴力はいけないといっていますが、具体的な問題をいう時には、必ずいろいろな種類の暴力を相対的に考えて、この暴力よりまだこの暴力の方がいいとか悪いとかしかいえないのです。そうでなくて、ただ抽象的に暴力を否定すると、案外一番大きな暴力を見逃す結果になります。

戦争は組織的な暴力の一番大きなものです。暴力を排撃するには、まず第一に戦争を排撃しなければいけないのですが、これが案外つながらない。

次には組織的暴力と個人暴力の問題ですが、たとえばギャング団が銀行を襲撃した場合、たんなる群衆の集まりではなく、組織された群衆が集まり、これが一定の命令(ギャングの親方)に従って物理的暴力をふるうというのは組織的で、こういうものがあっては社会の秩序が保てない。

そこで社会の成り立ちを考えてみますと、個人的暴力も組織的暴力もたくさんありましたが、社会の秩序を保持〔する〕の方法として、原始時代には復仇(かたきうち)がありました。つまり暴力を受けた者、あるいはその周囲のものが仕返しをする。これが一番初歩的な状態でした。それでは安全性がないというので、暴力を一個所にまとめよう、そこだけを正しい暴力として、あとは暴力を放棄するという考え方で、そこから国家というものができてきました。つまり、軍隊と警察だけが正しい暴力であるときめたわけです。あとの組織的暴力は社会秩序を乱すから、みんなの権利と自由を守るために、国家の組織的暴力だけを正しいときめたのです。

この根本の趣旨は、国民の自由と権利を守り、社会の秩序を守るためでありますから、この目的に反して国家の暴力が用いられてはいけないのです。国家の暴力だけが武装を許されているのですから、それは非常に危険なことです。そこで厳密な法律をきめてその乱用を防ぎ、法に従って国家権力が行動するようにというのが、どこの国でも憲法できめてあります。

われわれの安全を国家権力に信託しているわけですから、その信託の趣旨にそむき、法に従って行使されない時は、国家権力は最大の暴力、もっとも悪い暴力であるということを、まず第一に胸に刻んでいただきたいのです。

日本には、お上のやることはみな正しいという気持ちが非常に強くあるが、国家が暴力を独占しているのはなぜか、われわれがなぜそれを認めているのかということを考えなければなりません。なぜ少数のものが組織的暴力をもってそれだけが正当とされ、他の者が武器をもったり暴力をふるったりするのを禁止されているのかということを考えれば、国家がそれに反して行動した時は、権力を奪還できるのであります。

ホッブスやロックのいう「自然状態にかえれ」とはこのことです。

自分の生命をうばう権利は誰ももっていません。それを奪おうとする者に対して、抵抗する権利は誰でももっています。人間であるかぎり、自分の生命の安全を保障する権利があるのです。原始時代は弓や矢を一個所に集めて国家に預けたから、国家がわれわれの権利を侵したら、われわれが弓や矢を取り戻して、自分で守るよりほかありません。革命とはそれで、革命権というのは、国民の預けてある信託権〔ママ〕を取り戻して国家状態から自然状態にかえし、新たな政府を立ててそれに弓と矢を預けるべきだ、という考え方であります。

人民主権ということが本当に確立されていれば、政府が自分の信託の趣旨に反して、権限を越えて国民の自由、幸福に対して侵害を加えた時は、国民はそういう政府を変更して別の政府を建てる権利があるのです。

これがアメリカの独立宣言に書いてある人権宣言であります。

われわれに元来与えられている自然権は国家以前のもので、国家とはわれわれの自然権を守るためにわれわれが約束によってたてたものであります。憲法はそれを保障するものです。したがって政府は何よりも先に憲法を尊重しなければなりません。憲法というものは、政府が行動する「のり」を決めてある。その「のり」を越えて政府が行動する場合は、最大の暴力となるわけです。そうした場合、初めて国民の抵抗権――人間として当然もっている権利――を発動することになります。根本の理屈はこれであります。これは日本国憲法にもちゃんと書いてあります。

およそ議会主義、自由民主主義というものは、元来、われわれがこういうふうに集って――大昔のアテネのように自分たちのことを自分たちで決定する直接民主制がはじめであります。ところが政治集団が大きくなってきたので、代表者を選定してそれにあたらせるようになってきた。代議制というのが直接制に〔の〕かわりとして出てきました。ですから、国民の信託に背いて代議士が行動した場合には弾がいしてやめさせる、リコールなどという制度もその意味からあるわけです。つまり、信託銀行が預金者の趣旨に反してお金を費《つか》ってしまったら、いつでも預金を出せるのと同じことです。

法律とか憲法とかは、基本的には政府に対する歯止めの意味をもっています。組織的暴力は集中するにしたがって危険率が増してきます。

法の支配(ルール・オブ・ロウ)というのは、人が人を支配するかわりに、憲法という法文に上の人も下の人もみな平等に従うことをいうのです。事実上の実力関係、経済的な力関係の上からいえば、みな不平等である人間が等しく法に服するというのは、上の者ほど法を尊重しなければならないということです。そこではじめて、ルール・オブ・ロウとは権力が本来の権限を越えて国民の権利を侵害しないように、でたらめをしないようにという目的で制限することによって、法のもとにすべての人が平等に従うことを意味するのです。それがいわゆる遵法精神であります。

これに反し事実上の実力関係が支配するのが人の支配であって、法の支配がなくなれば、強い者が支配するということになってしまいます。

よく、「法治国家である以上云々」という言葉を聞きますが、この場合は「法」というものは、支配者が作って国民に与えたものであるという考え方で、国民が法を守らなければならないというわけです。他人が作った「法」にわれわれ人民が従うということは、「自由」とは矛盾します。これに反して、「ルール・オブ・ロー」の場合は、人民が権力に対して与えたものが「法」であるという考え方です。民主的な法治国家という観念は、人民がみずから(すなわち代表者をえらんで)「法」をつくり、社会秩序の保持と国民の幸福を守り、それを遂行するために国家にあずける。したがってその「法」というものは、まず第一に、国家権力が本当に人民のためにうまくやっているかどうかの目安となるわけです。

結局、根本的には国民の意識の問題で、「人民主権」ということがどこまで国民の意識に定着しているかということになります。これは教育の問題でもあるわけです。

では、秩序とは何か。秩序というのは、現実に存在していて、「法」に書いてあるからとか書いてないからとかで秩序の有無を云々することはできません。秩序とはわれわれの自主的な意識によって保たれるものであります。一例をあげますと、イデオロギーの問題をはなれて冷静に考えてみても、六月一八日、〔編者注⑥〕三〇万という大群集が二〇時間あまりも議事堂のまわりにいて、交通巡査が一人もいないで混乱も起こらなかった――八坂神社のような事件も起らなかったというのは、参加者の間に自主的に秩序を守っていこうという意識が強かったためといえます。民衆の間に自発的に秩序を守っていこうという気持がなければ、いかに取締りをたくさん作っても何にもならないのです。戦前に、治安維持法があれだけ厳しかったにもかかわらず、われわれの公共道徳にどれだけ秩序感があったかははなはだ疑問です。群集の間に横の秩序をつくっていくという慣習が育たなかったのです。イギリスあたりでは大部分の法律は慣習法であって、成文法は少ない。それは、民衆自身が自分の手で秩序を守っていくという気持ちが強ければ「法」は必要ないことをあらわしています。

今度の場合、デモ隊はみずから秩序を守った時でも、何か事件がおきたというのは、たいていは外からの、右翼が押しかけてきたとか、警官が解散を命令したとかいうことで秩序が乱れた場合が多いのです。普通の群集より、いわゆるデモ隊の方が秩序感があるといえましょう。そういう気持ちを育てていくこと――みずからの力で集団的秩序を守っていくという教育が大切になってくるわけです。現在のデモや、大衆運動が何もかもいいというわけではなく、不慣れからくる行き過ぎや醜いこともたくさんありますが、それをどうやって修正していくか、そういうものは社会的原因があって出てくるものですから、いくら法律を山ほどつくったって絶対止めさせることはできません。問題は民衆が自分の行動の中で自分を修正していくよりほかないのです。自分が自分の行動の中でかえうる、自分の方で修正する(上から抑えられるのではなく)、それがデモクラシーというものです。

〔質問者〕 今度の場合、高校生がデモに参加するのはいいことでしょうか、悪いことでしょうか。

〔丸山〕 抽象的に、高校生がデモに参加するのはいいか悪いかとか、大学生が政治運動をやるのがいいかわるいかということを全般的にいうことはできません。問題は、自分の行動をどこまで自覚して自分の責任においてするか、ということであります。反対の考え方と、自分と対話し、決断して行動を起こすのであれば、それでいいと思います。

日本人の一番いけないところは、おみこし主義であります。平生〔へいぜい〕、町で気にくわないところへわざとおみこしをぶつけてガラスなんか破っていく、その場合、責任の所在がないわけです。こういう例は日本のどこにもあります。日本の戦争責任にしても究〔極〕局的に責任のもっていきどころがないのです。満州事変までワッショイワッショイかついでいったおみこしを、今度は別の人がかつぐ。そうやってどんどんかついでいくうちに、とうとう谷へ落っこちてしまった。つまり敗戦となったわけですが、その場合、戦争責任は誰が負うか。満州事変の責任者、支那事変の責任者は、それぞれ自分はここまで担いだだけで後は知らない、という。最後にかついだ者は、ここまではずみがついてしまっては、止めようとしても止まらないということになって、誰も責任をとるものがないのです。この場合おみこしは天皇なのですが、天皇はまた、自分の責任においてやっているのではない。おみこしのかつぎ手は、自分の行為に対して、決断の意識がなく、したがって責任意識がないのです。これに反してナチスの首脳部は、よかれあしかれ「自分がやった」とはっきりいっています。

このように、自分の行為という意識がない、なんとなくこうなっちゃったというのが、日本のあらゆる集団においていえるんじゃないか。われわれの政治行動の場合にも、責任の範囲を明らかにして、自分の決断に従って自分が行動するという原則を各自が堅持することが大切なのです。モヤモヤとした雰囲気でやっている間は、モッブ〔mob 群集〕的だといわれても仕方ないわけです。

〔質問者〕 若い人は時に応じて情熱を燃やすことも成人していく過程には必要なことと思います。戦時中赤紙がきて応召したように、デモに誘われれば行かざるをえないという気持ちがあるんじゃないか。反対に立身出世主義で悧功〔巧〕に立ちまわっていく人もあり、どうも納得がいきません。

〔丸山〕 デモの場合を赤紙と比較するのはちょっとどうも——国家の強制力が全然ないのですから。デモに行かないと笑われるとか、反動といわれるからというので、自分の行動を決定するのはもちろん間違っています。また、デモを支持する、デモを行うことも一つの政治行動でありますが、政治行動をするにあたって最低限度必要なモラルは、情熱——主観的正義観〔感カ〕です。しかし正義のため、自分の理想のため、それだけで果たしていいかどうかは非常に難しい問題です。政治行動は、多くの人に影響を与える行動でありますから、自分の主観ではまったく正義のためと思ってやったことも、自分のとった行動の結果に対しては責任を負わざるをえないのです。たとえば東条〔英機〕首相にしても、主観的には正しいことをやったに違いないのですが、だからといってその政治行動の結果責任を負わなくてよいとはいえません。自分がある行動をとることによって、客観的にどういう結果をもたらしたかが大切なのです。

この意味で、ただ純粋さだけで行動するのは危険であります。政治行動には冷静な認識および状況判断が必要となってくるのです。いろいろな条件のもとでどういうふうに行動したらもっとも効果的であり、かつ損害が少なくてすむかという冷徹な悧功〔巧〕さが、一方には必要なのであります。

ですから未成年者の政治行動はいけない、というのではありませんが、子供であればあるほど、純粋さだけで行動しやすい。その結果、不測の事態がおこる恐れもあり、それをまた反対勢力に利用されたりして、当人が思わぬ結果を生んだりすることも起こりやすい。政治行動には「蛇のような叡智」をも必要とするのですから、判断が未熟なうちはさけたほうがいいという考え方です。

〔質問者〕 現在のような政局不安の一つの原因には、選挙法があると思いますが、これを改正するためには結局現在の議員ではだめだということで、絶望的なんでしょうか。

〔丸山〕 現在の選挙法は、昭和二二〔一九四七〕年における人口比例でやっていますから、その後どんどん人口の増加した東京その他の大都市では、当然もっと代議士の数をふやしていいはずなのです。都市にシンパを多くもつ革新政党は、大変損をしているわけです。保守党に不利な選挙法改正を絶対多数の保守党が推進するわけはないので、ではどうにもならない問題かというと、けっしてそうではありません。

保守党が多数にまかせて何でも彼でもできるといっても、それには限界があります。戦争中のように言論機関が全部封鎖されてはだめですが、一応現在のようにテレビやラジオなどマスコミを通じて政府のやることが明らかになっているから、あまり無茶を国民の前でやるとだめになります。今度の問題でも、テレビで目のあたり見ていればこそ、あれだけの反対運動がおこったともいえましょう。

ですから、逆に、一般人民が新聞の投書などで選挙の不公平を訴えるとか、いたるところの地域の集会で、保守党の代議士をひっぱってきて、どんどん選挙民のひもつきにしてやれば、今の政党組織はルーズでありますから、選挙民の動向は個々の代議士にとって強い圧力となります。次には、公約を実行しなければ次の選挙には落としてしまうぞとか、選挙民の力を一〇〇パーセント利用することが大切で、この意味でも地域組織というのは非常に大切です。

今までの革新政党の弱みは、そのバックになっている組合というものが、日本では全部企業組合で職場につながっていることです。産業別組合ではないので、地域が全然つかめていないことです。町内会にしても防犯協会にしても保守党の下部組織になっていますから、その中で革新勢力がのびようとするのは大変むずかしいことなのです。ですから、地域的集会をどんどんつくって下からつきあげていくよりほかありません。また、政党の方からも働きかけが必要です。

社会党はそれ自身とてもいいとはいえませんが、現在のように二大政党ではなく$1\frac{1}{2}$政党では、実際の議会政治とはいえません。イデオロギーは抜きにしても、もう少し本当の議会政治の姿に近づけるために、もう少し社会党がのびなければならないと思います。

以上

編者注

①一九六〇年五月一日、ソ連領空を侵犯して偵察飛行していたアメリカの秘密偵察機U－2が撃墜された事件。

②一九五九年九月二四日、神奈川県藤沢飛行場にU－2が不時着した。その際、U－2の黒い機体が民間人に目撃され、同機が日本にも配備されていることが明らかになり、国会質問で取りあげられた。

③米軍が日本の施設・区域を使用することを認めた日米新安全保障条約第六条の実施に関するいわゆる「岸・ハーター交換公文」において、日米両政府は、在日米軍が配置・装備における重要な変更(核弾頭や中・長距離ミサイルの持ち込みなど)を行う場合、および日本から行われる戦闘作戦行動(日本および在日米軍に対する武力攻撃に対処するものを除く)のための基地として在日米軍が日本国内の施設・区域を使用する場合、事前に協議を行うことを定めた。

④この日、安保改定阻止国民会議が第一七次統一行動をよびかけ、総評を中心に全国で時限ストが行われた。

⑤李承晩韓国大統領を追放した一九六〇年の四月革命を指すか。

⑥新安保条約が自然成立する前日にあたり、安保闘争最大のデモ隊が国会議事堂を取り囲んだ。

箱根会議における総括的発言メモ

近代化にかんして提出されたアメリカ学者の側からの報告には、その観点におけるさまざまの相異、あるいは部分的な衝突にもかかわらず、そこにいくつかの共通した方向性が指摘されるように思う。そうしたもののうち、とくに私の注目を惹く点は、仮説の立て方についても、また用語の選定の仕方についても、また近代化のもたらすもろもろの結果の観察についても、できるだけ世界観的な論争や倫理的、政治的な問題へのinvolvement〔関与〕を含む可能性のある方向から遠ざかり、価値中立的態度をとろうとする傾向である。そうした傾向のなかには意識的な努力の側面と、必ずしも意識的でない、西欧における社会科学(歴史研究も含めて)の「近代化」過程のある表現という側面と、の二つが含まれているように見える。こうした問題について、私は、無責任な「イデオロギー暴露」への興味からでなく、この会議の参加者として今後の討議を一層実り豊かなものにするために、若干の所見をのべてみたい。なぜなら、私の知る限り、「西」の学者と日本の学者が一堂に会したという点だけでなく、むしろ、「イデオロギー」や学問的方法において、これだけ分岐した日本の学者を包含した国際的討議はいままで殆《ほと》んど持たれなかったという点に、今回の会議の一つの大きな意味があると思うからである。

私がさきに「意識的な努力」と呼んだ態度にもいくつかのレヴェルを区別できる。一つはもっとも包括的なレヴェルで、これは、社会的歴史的問題を取扱うにさいして、一般的に「価値判断から自由」な態度をとろうとすることである。これは当然社会科学の近代化過程というもう一つの側面と密接に関連している。第二は西欧的伝統とよばれている価値規準からできるだけ自由にアジアの問題に接近しようという態度である。これはいわば価値体系の平面における「西欧帝国主義」にたいする自己抑制の態度といってもよかろう。しかしそこには同時に、「自由」とか「平等」とか「民主主義」といった価値が、とくに戦後西欧の知的世界においてもはやself-evident〔自明〕なものとみなされなくなり、それについての再定義の試みが必ずしも満足な結果に到達していないという事情も伏在しているように思われる。進歩の信仰が伝統的に強かったアメリカにおいて、「イデオロギー」や政治的価値にたいする知識人のシニシズム〔冷笑主義〕が戦後とくに強まったように見えるのは興味深い現象である。

もちろん、ペーパーを提出した学者が、いかなる政治的価値へのコミットメントを〔も〕避ける態度を生活信条としているなどという失礼なことを私は言おうとしているのではない〔不可知論〕。しかし他方において、「合理化」や「官僚化」というようなマックス・ウェーバーに少くも重要な源泉を仰いでいるカテゴリーがひんぱんに使用されているにもかかわらず、そうした概念の状況的もしくは「客観的」側面が、同じ過程の盾の反面としての「エトス」的側面に比して圧倒的に重視されており、また、「無生物的源泉からのエネルギー」といった技術的な尺度に依拠する方が、「責任倫理」とか「自由な人格」というようなタームを導入するより価値中立的であり、したがって「科学的に」正確《プレサイス》であるという想定がかなり支配的に見えるということは、たまたま集った学者の専攻領域によって制約された偶然の事情とばかりは思われないのである。

第三の「意識的努力」のレヴェルは、おそらくもっともせまい、テクニカルな関心から発している。つまり、この会議の討論をできるだけ共通の基盤にのせようという意図からして、各々の報告者が際限のない論争、あるいはもっと悪い場合にはエモーショナルな反応を参加者の間におこす可能性のあるような問題提起や概念の使用をなるべく避けたように見える。そこにおのずから問題の取扱い方にある種の共通のパターンが生れたわけである。

私は以上の三つのレヴェルにおける「意識的な努力」のどれについても皮肉をいったり非難しようというのではもちろんない。それどころか、この会議がいわば「最初の実験」としての意味をもっていることを考えれば、そうした慎重な考慮は不可欠であったであろう。とくに第一回の会議においてはそうである。けれどもベンジャミン・シュワルツ〔Benjamin I. Schwartz アメリカの中国研究者〕教授が近代化についていみじくも用いた言葉をかりるならば、こうした「意識的な努力」にもやはり ambivalent〔両義的〕な可能性が存在しているように思われる。〔編者注〕つまりそうした方向で問題が選択され、討論が軌道にのせられることによって、一方ではたしかに会議の進行は円滑になり、討論が迷路に入りこむことは比較的に避けられるかわりに、他方では、参加者の間に——日本の諺をつかうならば——隔靴掻痒《かっかそうよう》の感をも生むことになる。

この感は遠山茂樹〔講座派系のマルクス主義歴史学者〕氏の後から追加された覚書にもっともよく代表されているように見える。そこにおいて彼は日本の学者、とくに歴史学者がどういう問題意識、あるいは「実践的」関心——もちろん政治家としてでなく、日本社会にたいして責任を負う学者としての「実践的」関心——をもって、近代化の問題に接近して来たかをのべ、報告の最後の部分で、西欧学者の報告における近代化の定義の仕方がそもそも研究者のどういう関心によって動機づけられているのかを質問している。私自身は遠山氏とは方法論の上でも、また彼のいわゆる「問題意識」の点でも必ずしも一致していない。けれどもここで差当って問題なのは、彼の報告の内容的な検討ではなくて、彼が外国側から提出された報告書の背後に横〔た〕わる——上のような意味での——「実践的」関心を真剣にたずね、それを知りあぐねて当惑しているということである。こうした疑問の提出は往々皮相に理解されているように、遠山氏または彼のいう「日本の大多数の歴史学者」がマルクス主義的な考え方の影響の下にあるからでは必ずしもない。たとえば遠山氏とおそらく世界観の上でも、学問的方法の上でもはなはだしくちがっている高坂正顕〔京都学派の哲学者〕氏が、控え目にではあるが、やはり、「近代人」とは何か、という問題を提出し、日本の近代化よりも、日本人の近代化にヨリ大きな重点《ウエイト》をおくべきではないかという主張をしていることも、ヨリ控え目でかつ間接的な仕方ではあるが、外国側の報告書に共通に流れている「客観主義的」な調子にたいするある違和感の表明ではないかと思われる。

こうした日本の学者の——全部ではないけれども、けっして例外的といえない——問題意識は、sophistication〔洗練〕において足りないかもしれないし、ある西欧人には、あまりに性急に学問から実践的な意味を求める態度とみえるかもしれない。それならなぜそうなるのか。日本の学者は「近代化」の問題にたいしてなぜそのように「余裕のない」態度をとるのか。その疑問を明らかにするためには、どうしても近代化の問題にたいするさまざまのアプローチの背後に潜む隠された仮定を――たんに方法論的レヴェルにおいてだけではなく――各々の学者の価値体系のレヴェルにおいて率直にあかるみに出し合うことが望ましいのではなかろうか。ここで私は、価値判断から自由な科学的態度は、各自の価値判断を回避したり、隠蔽したりすることによってでなく、むしろそれを自覚化した上で、これを理性的にコントロールすることによってのみ可能となるというカール・マンハイムの提言〔『イデオロギーとユートピア』一九二九年〕を想起せざるをえないのである。それは個人的研究の場合だけでなく、同じ学問的テーマに関する異ったアプローチからの集団的討議の場合にもあてはまる〔神々〕。

参加者の近代化についての定義の仕方、又はアプローチの角度の背後にひそむ価値体系や「実践的」問題関心を明るみに出すことは、果して不可避的にマックス・ウェーバーのいう「神々の闘争」にわれわれを導くものであろうか。私はそう思わない。

編者注

シュウォルツが箱根会議に提出したペーパーから、関連する部分を次に紹介する。

「さて、ここで定義された近代化は、これまでのところ、文化、政治、社会構造などの領域での多くの可能性との関係において、両極指向的《アンビヴァレント》、さらにいうと「多極指向的《マルティヴァレント》」であることをしめしてきた。それはまた多くの目的――あるものは相互に矛盾する――に役立ってきた。人類の経済生活の一般的向上が、いわば工業化の過程に内在する目的であるということは、恐らく真理であろう(もっとも、このことが絶対的に正しいのは、長期的に見た場合にかぎられるといえるだろうが)。しかし、このことは工業化が、たとえば国際領域における闘争のための国家権力の強化といった、まったく別箇の目的には役立つことはないということを意味しない。近代化が、ナチス・ドイツの諸現象とまったく両立するものであることをしめしたこと、日本の近代史における軍国主義時代が、恐らくは、日本の工業的近代化を促進したことを忘れてはならない」(ジョン・W・ホール「日本の近代化にかんする概念の変遷」細谷千博訳(マリウス・B・ジャンセン編『日本における近代化の問題』岩波書店、一九六八年、二五頁))

近代化と西欧化

ごらんのように、「近代化と西欧化」という題をつけましたけれども、あとから考えまして非常に後悔いたしました。というのは、いかに考えましても二時間足らずの時間で、近代化と西欧化という問題をどういうふうに取り上げても、一応完結した話として申し上げることは、非常に困難だということがわかったわけでございます。

それで、ここにお手元にあります要領〔編者注①〕に書きましたときは、もう少し立ちいった近代日本の思想史ないしはアジアの諸国というものを念頭においたわけでございますけれども、とてもそういったことは、短い時間にお話しできないということがわかったわけで、それでむしろ近代化、特にアジアにおける近代化と西欧化という問題を考えるにあたって、どういう点から接近していったらいいか、その問題を考える際の枠組みとして、どういうものが考えられるかという問題点を、それももちろん網羅的ではないのですけれども、羅列して、私の話をおしまいにするということになるだろうと思います。その点どうかあしからずご了承くださるようにお願いをいたします。一番最後のところに、近代日本の思想、位置づけと、今後におけるあらましの構想を試みたいということがあるのは、まったく羊頭狗肉《ようとうくにく》なことでございますから、その点あとで失望なさらないように、はじめからお断りしておきます。

歴史過程としての近代化

このプリントにちょっと書きましたように、近代という概念は、ご承知のように、非常に大義〔多義カ〕的な概念で、したがって近代化ということはどんな論者でも一応歴史的な発生として、近代という概念が、政治的な近代化をとりましても、経済的な近代化をとりましても、インテレクチュア〔ル〕の近代化をとりましても、西ヨーロッパの発展というものが頭にあって、それが一種の基準になって——基準というのは、ものを理想とする意味ではありません。それを一つの概念設定のモデルとして、そして近代化の問題を論じていく、その点ではだいたい一致した見解がみられるのではないかと思います。そこで一つの矛盾するようでありますけれども、近代化ということが特に思想的に、あるいは学問的な問題として意識されたのは西欧諸国ではなくて、西欧諸国に対するいわゆる後進国であったわけであります。

ここで後進国と申しますのは、なにも——先進国、後進国という言葉をよく使いますけれども、先進国がえらくて後進国がえらくないという価値の意味を含んでおりません。近代の世界史において、あとから登場したという意味であります。先に登場したか、あとから登場したかということが、先進国、後進国というもとであります。

余談でありますけれども、平田篤胤という国学者が幕末におりましたが、高等動物ほど発達に長い歳月を要する、人間は一人前になるのに二〇年ぐらいかかる、高等動物ほどおそい、後進国ほどえらいという意味のことを申しておりますが、〔私は〕後進国がえらいという意味でも、先進国がえらいという意味でもない、ただ事実をいっております。とにかく西欧に対する後進国ということから近代化ということが、思想的あるいは学問的問題意識として、鋭く登場してきたわけです。

なぜそういうことになるかと申しますと、いわゆる西欧の先進国におきましては、たとえば何かに対抗するとか、あるいは外からの圧力を感ずるといったような要因が近代化の重要な動力になったのではなくて、むしろその社会の内部における生産力の、いわば自生的発展、自然のうちから生ずる生産力の発展、それに応じた階級分化、さらにいろいろの勢力関係の変動、その間の統制、妥協、調整といったような、非常に長いプロセスを経て、いわゆる近代化が進行していったわけです。ですから西欧の先進国、典型的にいえばイギリスでありますけれども、イギリスにおいては社会が全体として近代化を意図し、あるいは計画し、意図ないし計画にもとづいて近代化が行われたということはないのであります。

ところが後進国の場合には、多かれ少なかれ、その事情が違ってくる。そこではすでにモデルがありまして、モデルに対して対抗するための近代化であります。したがってそこでは高度に、いわば目的意識的になる。目的意識的な近代化、そこに同じ近代化と申しても——もちろん相対的な相違ではありますけれども、自然成長的な近代化、目的意識的な近代化ということを区別することができるのであります。後進国におけるほど目的意識が強いわけであります。近代化に際して、自然成長性のファクターが強く〔弱くカ〕なるということがいえるのであります。つまり近代化というものを、一定の目的にもとづいて意識的に遂行してくる、そこから近代化が思想的な問題、あるいは学問的な問題として鋭く登場してくる。

(a) 西欧に対する後進性

先進諸国におきましては、たんなる歴史的な興味、自分のたどってきた歴史的興味からなされるとか〔ことが〕、ここで〔後進国〕は非常に鋭い近代意識をもって、近代とは何か、近代化とはどういうことかということが問われるわけでありま す。このプリントに書きましたように、〔後進国の近代化は〕必ずしもいわゆるアジアだけのことではないのでありまして、たとえばヨーロッパという統一した文化圏内部における相対的な後進国――ドイツとかイタリアにおいてもいえるのでありますが、そのことは当面の課題からそれますから、時間もありませんので詳しく申し上げませんが、とにかくこういう後進国において近代化ということが、もちろん意識として鋭く登場してくる。

それならば、そういう後進国に共通する思想的な問題は、どういう問題があるかということを、仮にここ〔プリント〕に列挙してみたのであります。

第一には、先進国において異なった歴史的段階に登場した課題が、後進国においては同時的に登場するということであります。これもごく簡単に申しますならば、たとえば経済過程から申しますと、資本の本源的な蓄積、つまり資本主義の一番はじめにどうしても必要な資本の本源的な蓄積の過程、さらに土地革命、近代的の労働者を作り出すための前提としての土地革命、さらに産業革命といったような諸過程の間には、数百年の歳月があるのであります。ところが、この段階の相違が、異なった段階の幅が後進国におけるほどぐっと縮まってくる。極端にいえば同時的に登場する。もっと極端にいえば転倒的に登場する。

経済過程、政治過程について申しますと、まず中央集権国家の樹立であります。次にというか、あるいはその前というか、多少国によって違いますが、とにかく一つの立憲制度、近代的な憲法の制定、その次の段階においては、いわゆる立法権の優越という段階において、いわゆる議会主義、国会が国権の最高の地位における《〔置かれる〕》議会主義という政治形態がその次にきます。ところが一九世紀の終わりから二〇世紀になってきますと、ご承知のように、行政権が次第に拡大してまいります。それから、たとえば福祉国家という考え方が生まれてくる。このプロセスも数百年の過程を経ているのであります。これまた後進国においては、その幅が著しく縮まる、あるいは同時的に登場し、あるいは転倒的に登場する。

あるいはイデオロギー的に申しますと、非常に類型的に図式的に、この順序を申し上げれば、まずナショナリズム、これは中央集権国家の確立と対応している。まずナショナリズム、次にリベラリズム、そのあとにデモクラシーが続く、ソーシャリズムとかアナーキズムという思想はまたあとに続く、それと同じことを申しあげることができる。先進国において異なった段階、非常に長い歴史的な段階において登場してきた課題が同時的な解決を迫られる、少なくもそれがほとんどくびす《〔踵〕》を接して登場してきたということがあるのであります。

第二のナショナリズムのイデオロギー化と申しますのは、一番はじめに申しましたことと関連があるわけであります。つまり先進国におきましては、何ものかに対して対抗する、あるいは外圧の雰囲気によって近代化〔が〕進められていくというのではなく、その内外の諸々の変化によって、自然発生的に近代化が進行いたしますから、そこではナショナリズムというものが、特にナショナリズムとして強くイデオロギー化されることは少ない。

たとえばイギリスをみますと、イギリスは一貫してナショナル・インタレストを強烈に追求した国でありますけれども、イギリスにおいては、ナショナリズムという思想は、思想史の上では一番影が薄い思想であります。そういうパラドックスが存在する。実際的にはナショナル・インタレスト、国家的利益ということを非常に一貫して追求した国でありながら、イデオロギー的にナショナリズムという表現をしない。

ところが後進国におけるほど、対抗的近代化が強くなるから、そこではナショナリズム化、右翼的イデオロギー、たんに事実の上で国家的利益を追求するというだけではなく、イデオロギー、シンボル、象徴としてナショナリズムというものが非常に大きくクローズアップされるわけであります。

三番目に、知識層の特殊の地位と役割ということをあげたわけでありますが、これはやはり最初に申しました目的意識的近代化と密接な関係があるわけであります。つまり先進国におきましては、先ほど申しましたように、非常に長い歴史の経験の蓄積過程というものが、いわば近代化の過程をなすわけであります。したがってそこでは、そういった歴史的経験というものが一番重きをなすのであります。ところが後進国におけるほど、自分の国における歴史的経験をあてにすることができない。もっぱら先進国における経験、あるいは経験の抽象化されたた学説として、そういったものを早急に学ぶ。経験を一々同じ国で繰り返すというひまがない、そこで手っとり早く先進国の経験を学ばなければならない。そこにインテリゲンチャというものが大きな役割を占めている。先進国の文化の紹介者としてのインテリゲンチャが非常な役割を果たしている。その技術が非常に大きな評価を受ける。

近代化の当初においては、どこの国においてもそうであります。まず意識性が強い、したがってここではいわば目的意識性が強く、計画的な近代化でありますから、いわんや近代化の目標なりなんなりについての理念が、その社会の近代化を強力に指導することになる。その意味からもインテリゲンチャの役割は非常に大きくなるわけであります。

西欧の中における、たとえばイギリス〔イタリアカ〕とドイツ、あるいは西欧社会に対して中国とか日本とかの近代化の過程を比べてみると、いずれも知識人が指導的役割を果たす。それがよい影響をおよぼしたり、悪い影響をおよぼすのでありますが、それだけの影響があるわけであります。いわば頭が肉体を引っぱっていくという格好をとるわけであります。目的意識の近代化の必然的な結果であります。

それから四番目の、近代的後進性が現代的先進性を可能にするということを申し上げましたが、これはたとえばドイツでみますと、ドイツはおくれて国際的な競争に登場したわけであります。統一国家の形式が〔成カ〕一九世紀の半ばを過ぎております。おくれて登場しましたが、登場するやいなや、すぐに産業革命を行いました。そうすると、たとえばイギリスなどのように、非常に資本主義が自生的に長い過程を経て、自然的な発達をしたところよりも、最初〔新カ〕のテクノロジーと機械を用いて生産を開始することができる、イギリスより有利な立場に立ち、資本主義国としてイギリスに追いついてしまうということになった。これが第一次大戦の戦力の大きな背景をなしているわけであります。

こういうことは経済過程だけでなく、広く社会的あるいは知的なプロセスについてもいえるのであります。なまじ浸透〔伝統力〕がないために、かえってもっとも先端的な現象がその社会に蔓延するということがあるわけであります。日本はいろいろな意味で、いわゆる先進国でありますけれども、いわゆるアジアの中で一番ヨーロッパ型に近い国家でありますけれども、ヨーロッパに比べますと、ご承知のように、いろいろな点で近代化がおくれている。にもかかわらず、たとえば現代文明のもっとも端的な諸相であるところの大衆文化の普及、たとえば消費文化の発達、マスメディアの発展、大衆娯楽の普及といったことをみますと、非常に早い。これは戦前からそういう傾向があるのです。戦後を見ても同じようなことがいわれるのであります。

そういうふうにその社会の近代化が積み重ね的な近代化、伝統をもたないために、かえって先端的な面が急速に普及する、そういう逆説があります。いろいろな意味でそういうことがいわれるのではないかと思います。思想的に、たとえば近代というものはわれわれに幸福をもたらさない、近代を超克しなければいけないという、近代の超克を先にしなければならないという考え方は、皮肉にもドイツとか日本とか、まさに近代化がおくれた国において、かえって近代の超克ということが思想的にいわれている。これもまた先ほど述べたことと同じことのあらわれだといえるのであります。こういうような共通する特色が見られるのではないか。

(b) アジア(まったく異なった culture をもつ)における近代化

今申し上げましたのは、だいたい早く近代の世界史に登場した国と、相対的におそく登場した国との間に、多かれ少なかれ一般的に当てはまることでありますが、今度はヨーロッパ対アジアという問題を考えてみますと、ここではまったく違った、同じヨーロッパ文化圏の内部における先進、後進の相違については尽くされない問題が出てくる。それが、ここで一言に申し上げれば、「開国」という問題になるのであります。開国という異なった文化の接触、まったく異なった文化の相互の接触ということと同時に、伝統的な社会の解体にともなう近代化。当時の歴史的な発展の流れ、〔同時の〕いわばオリエンタル〔ホリゾンタル　水平的カ〕の横の違った文化圏、同時に接触から生ずる火花。この二つの交錯として近代化が進行するのであります。「閉じた社会」から「開いた社会」へという世界像の拡大過程と、「西洋化」に対する抵抗と対抗を通じて民族的エネルギーが凝集する過程という、二つのプロセスの対位法的進行がともに「近代化」の内容を形成する。

アジアにおける近代化を、仮に先ほど申しました一般的な後進国の近代化における問題を列挙しましたのに並べて、ここでそれとパラレルに一応申しますと、だいたい日本では近代化ということは、第一に、具体的には、いわゆる狭い意味のヨーロッパだけではなく、また狭い意味の西ヨーロッパだけでなく、アメリカを含めた西欧文化に対して解放〔開〕されることを、だいたい意味しております。そこでは西洋と東洋という範疇が登場するわけであります。この場合、西欧とはドイツとかイギリスといった相違は区別されておりません。その点がかなり重要なことだと思います。

たとえば、今日は詳しく申し上げませんが、ここ〔プリント〕にずっとあげましたエルンスト・トレルチ〔ドイツのプロテスタント神学者、哲学者〕などの西欧精神の研究というものは、もっぱら西欧精神とドイツの精神とは違う、西欧精神とドイツの精神とは一線を画するという問題においてなされたと思いますが、〔彼が〕西欧というときは、イギリス、フランス的な精神をいうのであります。それに対するドイツ精神の特異性ということを、彼は強調している。

ところがアジアにおいて、アジアの近代化の場合、ウェスタニゼーションということが問題になるときには、西欧とドイツ、イタリアという区別はないのでありまして、むろんアメリカも一緒でありますが、アメリカも含み、ロシアを含めた西欧文化というものが一体となって意識されるのであります。この西欧が軍事的な威嚇を背景としまして、多かれ少なかれ、外からの近代化を造成〔強制〕してくる、そのイメージとして近代化はまず受けとられる。したがってだいたいアジアにおいては、それに対する反発は、軍事威嚇を背景とする外からの近代化に対するほとんど本能的な反発からはじまるのであります。それから国によっていろいろ行き方が違うのでありますが、とにかく次には統一国家のやむをえない要求として、上から制度を輸入し移植するという形がとられるということが、だいたい一般的であります。

それから、先ほどインテリの指導的役割ということを申しましたが、ここではアジアにおいてインテリが、同時に知識人という狭い範疇だけでなく、技術官僚、軍人を含めた技術関係を〔と〕インテリがほとんどオーバーラップしまして、技術官僚、軍人という〔社会的に〕狭い知識層が役割を果たします。だいたいそうであります。これは特にミドルクラスが存在しませんから、ヨーロッパにおける近代化を見合《〔担〕》ったミドルクラスに代位するものとして、インテリゲンチャと技術官僚および軍人が、近代的な改革をリードするのであります。

それから、異なった段階の同時的の登場ということを申しましたが、これは異なった段階の方法が縮《〔幅カ〕》まることはいうまでもなく、アジアにおいては、ヨーロッパにおける後進国より極端でありまして、しばしば転倒的登場がみられます。たとえば、ある意味で日本の近代化をみますと、福祉国家的の要素というものが非常に早く登場します。そうしてむしろブルジョア民主主義的な面が、ようやく戦後になって全面的に強調されるようになった。順序が逆になってあらわれた。

これをもう少し一般化して申し上げるならば、ソビエトにおける、いわゆる非スターリン化ということも同じ範疇に入れていうことができる。ソビエトの自由化といろいろな傾向を、ある人がプロレタリア革命のあとにブルジョア革命がくるという比喩で申しました。比喩でありますけれども、そこに転倒的登場ということがみられるのであります。ソビエトはアジアではないのでありますけれども、中間的地位を占めているロシアの特殊性から、そういう面が出てくる。

アジアにおいては、目的意識的近代化という際に、目的意識性が強いというので《〔だけ〕》はなく、政治的宗教もしくは宗教の政治化といいますか、政治的宗教として特定の宗教を近代化するにつれて、それが近代化の推進力になるという定説《〔傾向〕》がしばしばみられる。回教のナショナリズムにおいては、イスラム教が非常に大きな役割を占めております。たとえば中国におけるマルクス主義も、一面において革命《〔宗教カ〕》であります。国民を統一する象徴としての意味をもっている。そういう政治的宗教、もしくは宗教の政治化が近代的推進力になる。日本の場合はそういう国体というか、天皇信仰であります。天皇信仰がますます明治以後の日本における近代化の推進〔力〕であります。

〔c〕社会の「自然成長」的近代化と「目的意識」的近代化

ここで日本の近代化の問題に入っていきたいと思います。これも具体的に答えをここでお話しするということでなく、私自身もわからない点も多いので、ただ問題を羅列して、興味のある方がおられましたならば、どうかこういう問題を考えてもらいたいという意味で申し上げるのであります。私は日本の近代化ということを考えるときに、いつも思い出すのは、有名な明治天皇の

「よきをとりあしきをすてて外国《とつくに》におとらぬ国《くに》となすよしもがな」〔一九〇九年〕

という有名な歌であります。これはさすがによい歌でありまして、明治天皇はよい歌を作ったと感心するのであります。この「よきをとりあしきをすてて外国に」という歌には、日本の近代化のモチベーションが要約されております。それだけでなく、ここに含まれたいろいろな文句に必要の修正を加えますならば、一般に非ヨーロッパ社会の近代化を特徴づけるいくつかの型を形式化〔定〕しているとさえいえると思うのであります。

先ほど申しましたように、近代化が強固に目的意識的過程であるということが「外国におとらぬ国となすよしもがな」ということです。近代化は「なる」過程でなく、「なす」過程である、していくという目的意識的、計画的過程であるということが示されております。西欧において、とくに「先進国」において自然成長的な発達の

産物であるものが、ここでは計画的に追及〔求〕される。

その場合、目的意識的な〔目的設定の〕レベルはどこにあるかというと、個人や社会集団にあるのではなく、国家にある。「外国におとらぬ国となすよしもがな」という場合、近代化していく〔のが〕どのレベルかというと、国家の意識ということがまず第一に〔ある〕――これはアジアの一般の近代化に共通する。個人ないし社会の近代化は、国家の近代化の要求に従属するわけであります。そこで第一に、近代化は強度に目的意識的な過程であり、しかもそこにおいて、〔第二に〕国家のレベルにおいて近代化が統一されるということは、当然近代化過程における政治的意識ということが問題になる。政治的な力が引っぱってくる、その国の近代的要素が強いということになるのであります。一と二とによって、近代化過程における政治的(軍事的)価値の優位が出てくる。

第三に、近代化の目標は何であるか。近代化の目標は「外国におとらぬ国となすよしもがな」ということ、模範国《モデル》としての外国《とつくに》であります。つまりその場合、模範国としての外国、列強というのは、遠いまたは抽象的な理想ではなく、目の前にある具体的なイメージである。特定の国にシンボライズされる文明である。その国に追いつき追いこす《おとらぬ国となす》ことが、まさに国民的努力の目標になる。「外国におとらぬ国となすよしもがな」、追いつけ、追いこすという、だいたいにおいてアジアの近代化の一般の、ある程度まで共通する特色であります。中国ならば中国についてみれば、追いつく、追いこすべき模範国はソビエトであります。あるいは、ある意味ではアメリカであります。

とにかく模範国としての外国があって、それを追いこす追いつくということが、国民的努力の目的となる。対抗のための模倣という逆説的な過程がここから出てくるのであります。日本の欧化主義においては、もっとも典型的にこれが出てくる。国粋主義者から非難された欧化主義は、実はヨーロッパに対する対抗意識をもって、日本をイギリスなりドイツに追いつかせ、追いこそうとしたのであります。これもやはり少し修正を加えれば、ほかの国に陶汰〔適用カ〕はされます。ソビエト・ロシアの建国の際にレーニンが、アメリカのビジネスを模範としようということを申しました。党員でない有能な事務員のほうが、革命のことしか知らない党員よりも意義があるということを、レーニンが言っております。工業化を遂行しよう、ソビエトもまたやはり伝統的仕組みによって、本格的工業化に乗り出した。その場合どうしてもアメリカ流のビジネスのエフシェンシー〔efficiency 能率〕を学ばなければならない。そこにも対抗のための模倣というパラドックスが登場してくるのであります。

それから、今のは近代化の目標でありますが、次には方法であります。どういうふうにしてやるか。一方では先進国の成功と失敗というものに照らしまして、他方では、そもそも何のために自分の国を近代化するかという基本動機に照らして、選択的な摂取という方法がとられる。これがヨーロッパにおいて、よき、あしきということであり、よき、あしきという選択基準は何であるか、よいものを取り、あしきものを捨てるという場合、何を基準にするかということは、その国に支配的になった価値体系が大きな影響をおよぼします。したがって何をよいとし、何を悪いとするかということは、当面の要求が大きな役割を占める。大きな役割だけでなるのではない、その社会において支配的であった価値体系によって基準がきまってくる。西洋道徳、西欧の精神文明において何をとるか、一方においては当面の要求で決定される。けれども、他方ではその支配における価値体系が大きな影響をおよぼします。「よきをとりあしきをすて」るというのは、先進国のモデルからとる場合の基準でありますが、裏返せば「よきをとりあしきをすて」るということは、伝統の中の何を残し何を捨てるか、当面の要求から決定される。そのときの伝統的《〔支配的力〕》な価値体系によるといえるのであります。

近代化の問題性

非常に大ざっぱに申し上げますと、日本を例にとりまして、近代化がどういうふうになされるかということをシンボリックに、明治天皇の歌の例をとって申し上げましたが、さてそこには問題がないだろうか。そこにどういった困難がはらまれているかということが次に問題になるのであります。

まず第一に、こういうアジアの近代化の観点から問題にすると、当然近代化において自然成長的契機に対して、目的意識的契機が優越するということを申し上げましたが、近代化は意識的に追求されるということが《〔により〕》持続的に成功する、〔成功が〕持続的に維持される条件がはたして何かということであります。つまり自然成長的なファクターに対して、目的意識的なファクターとする条件は何であるか、その条件が変化するとどういうことになるか。それが変化する度合いに応じて、指導者による近代化過程の人為的なコントロールは必ずしも最初の段階ほどに成功しなくなる。目的意識的な近代化をやっておっても、そのときに自然発生的な近代化が出てきてコントロールできなくなる〔政治的リーダーは omnipotent〔全能〕でない。i interaction between leaders & followers ii 自分の production が demon となって自分に反逆する」。

そこでいったいどういう条件が、こういう目的意識性の優越ということを可能ならしめていくかということ〔です〕が、アジアの諸国の〔について〕一般的に申しますならば、測面〔マ〕ということを申しますが〔マ〕、次の二つの条件が必要である。一つは国際的の危機の認識、もう一つは革命のイメージであります。日本の場合は明治維新であります。国際的危機のイメージと革命建設の過渡にあるというイメージが生きているということが、目的意識性の優越ということが持続する条件である。したがってそれだけ指導者によって近代化の領域の優先の選択、速度の調整などのコントロールが可能になる。それが減退する場合に応じて、つまり国際的な安全感が高まり、あるいは革命的過渡期のイメージが減退するに従って、他の面で意図されない、指導者にとって望ましくない近代化が進行してくる。日本の場合でも、だいたい明治三〇〔一八九七〕年から四〇年の間、特に日露戦争の勝利というものが非常に大きな転機になる。日清戦争もそうですが、特に日露戦争前後に国際的〔に〕切迫した危機感からの解放、明治革命のイメージの減退の impact が表面化する。これは日露戦争後になると、世代が交代しまして、維新の動乱を目のあたり〔に〕経験した古〔い〕世代にかわって維新の変革を知らない人が登場してくる。日露戦争〔後〕にはアプレゲール〔après-guerre 戦後派〕が登場すると、思想的条件が変わってくる。個人主義的、デカダンスだとして慨嘆される行動様式が出てくる。指導者がコントロールできない近代化過程が登場してくるのであります。

そういった日本の場合は、先ほど申しましたように、強烈な国家意識と、いわゆる天皇信仰のシンボルを成長させることによって、急速な近代国家への進展を行ってきた。よくいわれますように、制度面における近代化と思想的な近代化のギャップはそこから生まれてくる。この思想的な意味における近代化とは何か、近代思想史というものは何かということが、維新の変化を三〇年以上経てはじめて問題になってくるということは興味がある。だいたい近代思潮ということが、いつごろいわれ出したかというと、日露戦争前後である。それまではだいたい西洋思想とか、泰西の思想とかいわれました。晩近《ばんきん》泰西思想という言葉はありますけれども、近代思潮とか、近代思想という言葉はいわない。だいたい日露戦争前後、自然主義が勃興してくる頃になって、近代というカテゴリーがとくに文学《リテラチア》とか思想の領域《マインド》で使われてくる、これがおもしろい点であります。

一つの例をあげますと、当時の非常に若い評論家で、若くして亡くなった魚住影雄〔折蘆〕がこういうふうに言っております。

「近代思潮は其《それ》がどんな思潮であつても大か小か自己拡充の精神及び其消極的形式たる反抗的精神を含有して居る」（「自己主張の思想としての自然主義」一九一〇年〔安倍能成編『折蘆遺稿』岩波書店、一九一四年、一六五頁〕）

ちょっと飛ばしますが、

「ルネッサンス及《および》宗教改革の共同の敵たるオーソリテイは教会であつた。……然し今日の教会は自然主義の正面の敵となる程有力なるオーソリテイではない。今日のオーソリテイは早くも十七世紀に於てレピ《ビ》アタン〔Leviathan〕に比せられた国家である、社会である。……殊《こと》に吾等日本人に取つてはも一つ家族と云ふオーソリテイが二千年来の国家の歴史の権威と結合して個人の独立と発展とを妨害して居る。こんな事情から個人主義の基督教が国家の抑圧に対して唯物論たる社会主義と結合したり、之れに類似の一見不可思議な同

病相憐の結合が至る所に見出だされる」〔一六五—一六六頁〕

と言っている。これが思想的近代化と政治制度の近代化の間のギャップから生じた問題を、このときにはっきり指摘しているのであります。続いて彼は、別の論文でこういうふうに言っている。

「我等は一等国の国民である。然し乍《なが》ら果して我等は近世的国家の住民であると云ひ得るであらうか」〔「穏健なる自由思想家」一九一〇年（『折蘆遺稿』一七二頁）〕

ここでは「近世」という言葉を使っております。

「近世的国家に於ても社会主義や無政府主義は圧迫せられて居る。けれども個人の脳髄と心臓との働きはもつと尊重せられて居る筈である」〔一七二頁〕

つまりここで一貫して近代的とか近世的国家の国民であるという場合は、「個人の脳髄と心臓との働き」、そういうメルクマールが強調されている。そういう面からして、「むしろわれわれは一等国の国民でありながら」というのは、国家的レベルにおいては世界の近代国家と並ぶということであります。はたして個人的レベルで近世的住民であるといえるであろうかという疑問が出てきているのであります。

またたとえば、大杉栄が雑誌『近代思想』を発刊したのは一九一二〔大正元〕年の一〇月でありますが、この場合において、近代思想というものは、個人主義のもっともラジカルな形体〔態〕であるアナーキズムと結合するのであります。つまりこれまでの国家中心的な近代化に対して、遠心力的な方向が「近代」という名称と結びついている。それが第一の問題、目的意識性の優越が持続する条件という問題です。

第二は、目的意識性と計画性による近代化は、いうまでもなく非常に時間的過程を短縮します。また時間を節約することが、計画性による近代化の一つの大きな意図でもある。ヨーロッパで三〇〇年かかった近代化を三〇年でやらなければならない。近代的計画化は時間を節約しますけれども、同時にそのプラスがマイナスをもはらみ出す。つまり樹立された近代的制度が、社会的慣行とか定型化した行動様式に裏づけられる程度がより少ない。そこでどういうことになるかというと、新しく立てた制度と、国民の間になお生きている伝統的生活様式、あるいは行動様式、習慣との間に摩擦が起こりやすい。これをどう処理していくかという問題が、日本だけでなく、アジアの近代化において当面する重要な難点になってくるのであります。

特に上からの近代化の必然的な結果として、制度的近代化と組織の官僚化ということが密接に結びつく〔ように〕なる。そうすると近代政治制度に対する伝統の名による反抗なり反逆が、同時に反官僚的意味をもつことになるのであります。これは実は、たとえばドイツ、ヨーロッパにおける――後進国における――ドイツでも歴史学派、法律でいえばギールケの『団体法』〔Otto von Gierke, *Das deutsche Genossenschaftsrecht*, 1868, 1873, 1881, 1913.〕というものは、だいたい似たような要素があるのであります。

どういう似たような要素があるかというと、そこには近代的な制度、それを伝統の名によって、社会的慣習の名によって反抗するということは、ambivalent〔両義的〕の意味をもつ。一面では近代に反抗するということから、保守的意味をもち、他面では反抗とか自由の要求が台頭している。日本では明治二〇年代の国粋性〔主義〕がまさに二面性をもっている。その後日本では、民間における国粋主義、農本主義、あるいは中央に対する地方主義というものが、こういう反官僚主義と、近代的制度に対する伝統と社会的慣習による反抗を代表してきた。したがってこういう伝統、慣習の名によって、反抗が一面では保守であり、他面では画一性に対する自由の要求を代表している。いわゆる進歩的な運動が、こういう反抗に対してどういう態度をとるかということが、たとえば民主的運動家、あるいは革命的の運動家にとっては、相当重要な戦術的な問題になるのです。これがだいたいアジアにおける民主主義運動ないしは社会革命の運動が、どこでも当面してくる問題であります。つまりそういう伝統を基盤とする抵抗に全面的にコミットしますと、反動的な運動家に足をすくわれる。さりとてそうでなく、制度的近代化の問題だけに着目しますと、結局民衆の要求から遊離してしまう。こういう一つのジレンマにいつも当面するのであります。

それから第三の難点というのは、「外国におとらぬ国となすよしもがな」という模範国のイメージが、単一ならばよいのでありますけれども、民族的違いが、模範国といっても、国によって違う。あるいは歴史的状況を変更しまして、これまでのイメージが崩壊するということになると問題であります。ヨーロッパというのはこういう国であるといって、理想化していたのが、国によっていろいろあるということになると、目標そのものが分裂する。目標が変わらないでも、目標の中のどういう点を強調するかということになると、見解が分かれる。簡単に図式化して申しますと、ヨーロッパを富国強兵といって模範国とみておりますけれども、富国を模範とするか、強兵を模範とするか、イギリスを模範国とするか、プロシヤを模範国とするか、と見解が分かれてくる。また非常に模範国と思っていたところが、その国家の行動、歴史的発展がそうじゃないということになって、幻滅を感じる。その場合モデルを一国から他国に移すということもある。あるいはモデルをほかの国に移すことをやめちゃうということもある。やめちゃうということも、モデルをほかの国へ移すことはやめて、理念として現にある理念だけを、あるいはコミュニズムならばコミュニズムをソビエトから剝離するということも現実にある。『青い鳥』のように、理想国を自国の伝統に求めるということもあり得る。

日本の近代化はだいたい明治維新以来、ご承知のように政府側においてはプロシヤがモデルであったわけですが、自由主義運動ないし民主主義運動を推し進める側においては、だいたいにおいて一番のモデルはアメリカであった。アメリカはワシントンとジェファーソンが理想的な人物で、デモクラットの代表であります。アメリカが非常に大きな自由のシンボルとしてあおがれた。そこでだいたい明治三〇年代以後において、アメリカがハワイを併合した。とにかく米西戦争の結果、アメリカの帝国主義化ということがテオドル・ルーズベルトのもとで露骨になって、フィリピンを併合するということになると、これが与えた思想的幻滅は非常に大きいのであります。理想国に対する幻滅がこの場合、思想的な近代化の情熱そのものを凍らせる全面的思想的な反動が、自由の理想国としてあおいだアメリカへの幻滅から生じてきているというようなことが、多かれ少なかれ見られるわけであります。ただ近代化のコースが複数的である、単一でなくさまざまであるということが、歴史がたつに従ってわかってまいります。今日アジア諸国においては単一のモデルは存在いたしません。あの国がモデルであるというところは存在いたしませんから、それだけ急激に日本がしばしば経験したような幻滅のショックは必ずしも存在しないかもしれません。

それから四番目の問題としては、これは先ほど言ったことと関連するのでありますけれども、対抗のための模倣から出発しているのでありますが、本来対抗のために先進国を模倣するわけでありますが、ミイラとりがミイラになる、対抗のために出発しながら、いわゆる機械文明に魂を奪われてしまうということが、いろいろな問題になる。これが日本における欧化主義において問題になる。先ほど例にあげたアメリカのビジネスないし能率を学べということを申しましたが、この場合アジアでなしに、ソビエトの場合を例にするのでありますけれども、たとえばソビエトにおいて、工業化が非常に進展して、生産力が豊かになるというと、一方においてはアメリカのビジネスないし能率を学ぶという対抗のための模倣が、今度はテクニシャンの官僚が、だんだん技術的な官僚が、社会の各層において指導的地位を占めて、革命的魂を失ったテクニシャンというものがキーポイントを占めてくるという問題が、ことに社会がだんだんオートメーション化してまいりまして、当然資本主義社会と同じく欧化の問題が出てきます。永久的に欧化ができてきますと、そこではやはり資本主義社会とある程度共通したところのいろいろな大衆社会化的な状況も出てこないとはいえない。たとえば青年の不良化の問題とか、ビートニック〔Beatnik 一九五〇年代アメリカにあらわれた若者文化〕というような状態があらわれはじめているのは、元来対抗のための模倣から出発して、先ほどいった好ましからぬ問題が、同時にそこから繁茂してくる。指導者の立場からいって好ましからぬ傾向が、そこから繁茂してくるという例であります。

先ほど申しましたように、目的意識性の色を持続しておくということは、停滞的《〔国際カ〕》危機意識がいきいきしていることと、革命的意識がいきいきしていることでありますけれども、ソビエトの場合でも中国の場合でも、一応社会主義権力というものが確立されますと、国内においては階級対立がないという建前になるものでありますから、どういうことになるかというと、〔国際カ〕停滞的危機のイメージと革命的イメージが二つでなく、合体したわけです。革命的意識がいきいきするということが国内にないというと、国際的に求めなければならない。国際的な危機ということと合体してしまう。ナショナリズムとみわけ難くなる。国際的な危機の意識は強調しておかないと、目的意識的な近代化という過程を完全にコントロールするということがなくなってしまう。そこから指導者の手にあまるような現象が出てこないとはいえない。もちろん将来の問題でありますけれども、そういう問題に当面しているということがいえる。

総じて近代化過程は、ある程度まで選択的過程はできるけれども、相互のあらゆる領域が関連しておりますので、ある領域だけ好ましからぬ過程を、まったく排斥して、ある面を近代化させることができるのかという非常に大きな局面に立つわけであります。

近代化の構造

そこで最後に、今申しましたのは、近代化過程を歴史的な過程として申し上げましたが、ここで近代化ということを、もっとも一般的な社会、政治とか経済とか、知的なフィロソフィを全部消化する過程として設定して、この近代化過程は、どういう構造をもっているかということをここで考えてみたいと思います。これはむずかしい問題で、これを一国の歴史的段階、たとえばブルジョア民主主義の確立とか、資本のギャップ〔原始カ〕的蓄積とか、主権国家の制限とか、歴史的段階だけにかぎりますと、非常に狭くなってしまう。たとえば日本の近代化において当面した問題と、中国が今後においてやっていく問題との比較、ソビエトが革命以後当面した問題とか、あるいはインドがこれから当面するだろうという問題の比較が困難になる。大勢〔体制カ〕が違ってしまうと比較ができなくなる。ところが比較することはかなり有効なことであります。悪いのですけれども、なるべく特定の世界観ということからできるかぎりニュートラルな言葉をもって、近代化の構造を、どういう構造をもっているかということを考えてみることは、私は意味のないことじゃないと考えます。

非常に縮めて申しますと、こういうふうに考える。仮説でありますけれども、だいたい伝統的な共同体(閉じた社会)、これは地域によって部族であったり、藩であったり、教団であったり、いろいろするわけでありますが、伝統的な共同体というのは、そのメンバーを先天的に、生まれたときから全面的に丸呑みをしている。伝統的の共同体が解体すると、二つの大局〔対極〕的な方向が出てくる、これが近代化のダイナミックスであります。一つは人間関係がより大きな組織単位によってますます統合されてゆく過程であります。もう一つは、人間関係が個人の流動性と選択の機会の増大をともないながら、人間関係がますます多様化し、さまざまの目的集団に分解してゆく過程であります。人間はその中に生まれ、その中に死ぬのでありますから、個人が集まって作る世界でありますから、個人の集まりに人間関係が分担〔解〕してくる。これをいいかえますと、一つは決定過程が集中していく、デシジョンメイキングのプロセスがますます集中していく。もう一つは人間の集団に対する意識的参加が拡大してくる。村とか家とかは意識的に参加しているのではない。労働組合とかは意識的参加です。一方は集中過程〔決定力〕が集中してくる。一方は集中過程〔決定力〕が集中してこない。これが近代化の構造であります。これを誤解を恐れず、価値を含んだ言葉を使うとすれば、人間関係はより大きな組織体にますます統合されてくるプロセス、これを官僚化過程ということができます。他方、個人の流動性と選択過程をともないながら、ますますさまざまに分解していく、意識的に拡大していく、これを民主化過程という。近代化というのは、官僚化過程と民主化過程の対局〔極〕的過程の同時進行ということであります。

したがって近代化はその自然的傾向性としては、二つの対極的シンボル——権力と自由——の緊張の増大をともなう。これは必ずしも狭義の政治制度(ないし政治イデオロギー)だけにみられる現象ではない。たとえば経済の領域では、企業単位は拡大し、独占化してくる。近代化が進展すればするほどそうなる。企業というのは資本主義の企業だけをいうのではない、概念をかえれば社会主義社会においても当てはまる。ますます独占化し、ますます強大化する。他方では誘因というもの、インセンティブ(投資・貯蓄)を活発にしておかないと、ますます拡大再生産だけでは経済活動のインセンティブをいつも活発にするという要求が増大する。一方における計画化の傾向と、他方における経済活動のインセンティブの増強の仕方は、狭い意味における自由と〔権力との〕矛盾と緊張がある。近代化はほうっておけば二つの対抗になる。そこに協調をするということが、いかなる近代化にも登場してくる課題になる。これはおよそ近代化一般の問題であります。

そこで1統合と集中、2自発性と多様性。〔編者注②〕仮に伝統的共同体の分解というものが一方においては、より大きな存在に人間関係が統合され、集中されて、〔他方では〕行動的自発性と多様性が出てくる。この両方がある。この統合と集中過程は、ヨーロッパの場合、歴史的な順序で申しますと、まず集中が行われる。近代国家機構の創設というのは、封建的な身分制を解体して、近代的国家機構を創設する。それにともなって国家的な兵制を作る。明治維新の当時において行われた過程、国家的な行政、日本なんか非常に早いのですが、ヨーロッパは教育が〔課題で〕ありましたからおくれる。国家的に教育して、それから貨幣統一の信用制度、これと並行しながら――国家的というのは政治権力によって引っ張られて、資本蓄積が行われる、そうして工業化が進行していく。土地革命の問題もあるのでありますが、これがだいたい歴史的な統合と集中の過程です。

〔次に〕この自発性と多様性を歴史的にあげるときりがないのですが、身分的階層制、身分制度の打破、これにともなって血縁とか人間をくくりつけていることから解放する。これは生まれとか、家柄とか、人間が先天的にある形というものによって、たとえば貴族の生まれであるとか、大名の子であるとか、どうにもならない先天的価値によってやるのではなく、人間の業績、人間のやること、努力、性向〔成功カ〕によって人間を価値づけていくということにしないと自発性も多様性も出てこない。つまり業績価値が尊重されるということと関連してくる。これに応じて明治維新後の過程でいえば、一々ここであげる必要がないと思いますけれども、先ほど〔ママ〕職業選択の自由とか、婚姻の自由、住居の自由、みな同じ意味をもっているわけです。そういうものを総括するならば、これを法律の言葉で表現するならば、基本的人権というものの確立といえると思います。

一方において統合と集中、他方において自発性と多様性、両過程のことがいえると思います。われわれの近代化はこういうふうに分けております。近代化がさらに進みますと、政治的ケースでいうと大統領とか内閣総理大臣とか、トップ・レベルの権力に集中してくる。最近の状況ではより権力が集中してくる。経済でいえばトップ・マネージャーに権力が集中してくると、今日ではこっち〔自発性と多様性〕には圧力団体が出てくる。いつも同時的に進行してくる。こういう二つの両極的な面の同時的な集中〔進行力〕ということは、アジアのあらゆる近代化において、これ〔統合と集中〕とこれ〔自発性と多様性〕とは過程がある。共同体というのは、一方において統合的過程、他方においてこれが広がっていく過程、二つの過程が出てくる。

ところがアジアの場合はこういう図式でないものがある。さっきいった開国の問題がある。これを仮に1〔統合と集中〕と2〔自発性と多様性〕のアンチノミー〔Antinomie 二律背反〕の進行としますと、アジアの場合はこういうアンチノミーがある。a 民族的凝集、b 世界像の拡大、世界的通信の増大。世界像の拡大と同時に自分自身が世界的民族精神に入っていく。民族的凝集は閉じた社会的の傾向、こっち〔世界像の拡大〕は開いた社会的の傾向。こういうアンチノミーが対抗〔退行力〕的近代化でない場合出てくる。アジアの近代化は、こういうアンチノミーと重なり合う十字架的形をとる、そういうことがいえるんじゃないかと思います。イデオロギー〔思想〕的親近関係から申しますと、1・2〔と〕、a・bとの間にどういう関係が成り立つかというと、1とaが近く、2とbが近い。世界像の拡大、社会への抵抗、社会的なコミュニケーションの拡大、それとの間に親近関係がある。〔編者注③〕

そこで近代化過程において非常によく論争になりますのは、ここで仮に線を引きますと、近代化過程をこっちの側面に重きをおくかどうかということについていつでも争われる。こっち〔2b〕の面から申しますと、だいたい世界の空間的なイメージが拡大するに従って個性が発達してくるという関係は、ご承知のようにジンメルが形《〔定〕》式化しております。直接的環境から自分を区別し、独立していくという意識は、直接的環境をこえた大きな世界、より大きな社会への自己同一化を媒介として行われることが通例である。たとえば村とか藩に同一化したのが国に同一化する。それによって村や藩〔から〕の独立意識が出てくる。たとえば国に対していうならば、人類に対して世界的視点を広げればだいたい同じだ。国から人類への同一化、人類意識と個の意識と出てくる。「近代化」を主として2bからみて思想化したという考え方は啓蒙主義の思考様式ということができる。これは抽象化していえると思います。たとえば普遍主義（科学の尊重）、ユニバーサル、これは世界像の拡大ということは過程《〔科学カ〕》の尊重ということと密接に関係しております。空間的イメージの拡大を《〔に〕》とって否定的《〔決定カ〕》であったのはコペルニクス、ガリレオの地動説であったといっております。天動説に代表される空間的イメージが地動説に変わったというのは、世界像が自己中心的な世界像から世界の中に〔自己が〕ある――地球は宇宙の中にあると考えている。空間的にイメージが変わるということがルネッサンスの独立〔の意識〕、個人の権威の独立の意識と密接に関連する。

そういうふうに、普遍的な教養の成長とか、因習に対する反対、固定観念の打破、実験的な精神、社会的な行動様式としてはあらゆる集団に対して、トータルに全人間的に参加しないで、経験《〔部分カ〕》参加するという意識です。人間がいろいろな集団に参加して活動するときに、活動数に応じて彼のうちに役割が出てきます。自分はこういう集団に、こういう役割で、こういう側面において参加しているという、人間における役割ができてくる。ということは、いかなる者にも人間そのものの役割がある。特定の集団に埋没していると、いかなる集団にも区別された自分自身は生じない。自分がある集団のメンバー、あるいは家庭の夫として、あるいは学校の教師として行動するいろいろの役割を、近代社会になればなるほど人間は側面において行動するという、すべての共通意識の、われとは何ぞやということを問われる。それが市民意識にもとづく経験〔部分カ〕参加という考え方、これは大部分反権威主義とか、〔反〕封建主義とか、全部くるめまして、啓蒙主義の思考様式だろうということができると思います。

ところが仮にレベルを個人から民族に移しても、やはり同じことがいえる。伝統的文化圏または支配的文化圏に対する民族自立の意識がより広いインターナショナルな世界と自民族とのつながりを自覚することを通じて生まれてくる。個人と民族の場合、ある場合パラレルに論じられる。日本を例として申しますと、佐久間象山の有名な詩がある。

「漢土与二西洋一、於レ我倶殊《ニス》レ域《ヲ》、(皇国崇二神徳一、取レ善自補翊、)彼美固可レ採、其瑕何須《ヒン》レ匿《スヲ》、王道無二偏党一、平平帰二有極一、咄哉陋儒子、無三乃懐二大惑一」〔横川四郎編『佐久間象山・高島秋帆集』誠文堂新光社、一九三六年、一六〇頁〕

こういうことをいっております。これはどういうことかというと、幕末において象山が洋学を勉強して、それから生ずる自覚であります。今まで漢学を勉強した。日本は中国から文化を摂取しておりますから、文化的中国依存は意味をもっていた。そこから離脱する過程、思想的過程はよくみられる。日本からみれば中国でも西欧でも外国であるという点は変わりがない。だから中国の文化を摂取したと同じ態度で外国の文化を摂取してもいいじゃないか。しかるに固陋《ころう》なる儒者は、大きな疑惑を抱かずに伝統を追っているのはおかしいじゃないか。日本の主体性を自覚する過程、それがより広いヨーロッパを含んだ世界の中に、自分を位置づける過程と並行している。

これは伝統的な文化圏に対する民族意識、支配権〔圏カ〕です。たとえばインドは、イギリス文化圏からの自立でありますが、イギリス文化圏からの自立は、インドの民族が、イギリスというのではなく、アジアの中にインドがある、アジア民族の一員であるという意識と相伴いながら、イギリス文化圏への従属ということから解放されるという意識が出てくる。中国は非常に特殊でありまして、中国には中華思想があります。中国は同時に世界である。ここでは特殊が同時に普遍である。中国は自分の国ということでなく、全世界である、宇宙である。そこで日本みたいに、はじめから中国に対して自分を特殊化していたところは、より大きなオープン・ソサイエティの中に位置づけることが容易でありますが、中国は自分を位置づけることが困難である。これが近代化過程において中国の中華意識が新しい適応の困難であるということであります。同時に、中国におけるインターナショナルの意識が、狭小〔強烈カ〕な階級性とイデオロギーによって、はじめて目覚まされたということができるんじゃないか。伝統的な中華意識を打破して、より広い世界の中にあるという意識は、中国においてはマルクス主義によってはじめて目覚めさせられ、それが同時に民族意識を近代化した。現代における民族意識の骨核〔格〕をなしたということがいえると思います。それが民族的凝集の関係であります。

しかし近代化と民族意識との関係は、より直接的には1aにおいてあらわれる(個人的レベルでの2bの関係を自己と民族との同一化によって民族のレベルにうつしかえるのは、むしろある程度高度な合理的思考の産物である)。１ａの側面から見た近代化がいわゆる「ナショナリズム」である。そこで同じ近代化でも啓蒙的精神の発達と普及というメルクマール〔２ｂ〕でみるか、それともナショナリズム(内における国民的統合、外に対する国民的独立)、すなわち主権国家とその諸制度の創成というメルクマールでみるかによって、違った見解が生まれる。全部でありませんが、主としてこの問題によって行われる。１ａの面でみますと、日本は著しく早く近代化している。２ｂでみますと、日本の近代化の立ち遅れがしばしば指摘されます。

西欧の最近の研究は、だいたい後進国の自主的近代化の成功のモデルとして日本をみますので、日本の非常に早い、スピーディな近代化を強調する。日本の歴史家、社会科学者は、日本における近代化の立ち遅れとか、ゆがみを強調してきましたので、そこで見解はくい違う。近代化の上についてもそういう傾向がみられます。これは背後における問題意識が違って、西欧と日本の学者と分けるのは正確でないのです。そういうことにいちいち立ち入りませんけれども、たとえばアメリカの日本研究の背景にある動機としては、日本は非常に困難な状況のうちに自主的な国家作りをやる。産業革命をし、非常に短い期間に工業化を完成した、模範的なモデルになる。何とかしてこのモデルをアジアの近代化の場合、適用できないかということが背景にある。そこでどうしても１ａに重点をおかれて、日本はアジアにおける一番早く近代化した例外的な、というか、模範的な国としてみられる。ところが日本の歴史家ないし歴史をやっている社会科学者の方は、それなりの問題意識があって、日本の急速な近代化という面と他方において戦争中あるいは戦争直前においてあれほど狂熱的な度合に達した天皇信仰、そういう矛盾した面により多く着目しますので、そう手離〔放〕しに日本はアジアにおいて近代化したという面に着目しない。そこで問題意識が違ってくる。

これはどう考えたらいいかということは、申し上げる時間もありませんし、私自身も必ずしもよくわかっていないのですが、しかしいずれにしても一方だけから近代化過程を測定するのは一面的であり、むしろ1aと2bとの内面的構造的連関——(i)何故アンバランスに進行したかということ、(ii)アンバランスの意味。すなわち、たんに一方は進み他方はおくれたというだけでなしに、一方の「おくれ」のゆえに他方が進んだというような関係がないだろうかという点に注意しなければならない。そうすれば、伝統主義と近代的なものは、〔を〕アンチノミーにおくことは正しくない。あるときはそれ〔伝統カ〕をモチベーションとして使いながら、急速に近代化するということが起き得る。なにも伝統化、近代化だということを立てるのは〔限界がある〕——具体的なことは申し上げる時間がないので残念ですが、そういう問題をわれわれは考えていかなければならないと思います〔編者注④〕。

2とbは第一義的には(つまり1の反射として第二義的に起こる変化を除外すれば)無限に開放的な精神(スケプティック〔skeptic 懐疑的〕、仮説的)の本質として、ナショナリズム〔信条体系〕(閉じた精神)とは相容れない。自発的集団(社会)形成と国家との間には断絶がある。これ〔自発的集団〕は個人から発生した目的意識的な集団形式。国家の方はそうではない。国家作りということは自発的集団原理のたんなる延長の線にあるのではない。それはネーションを土台に〔して〕いる。民族的凝集という場合は、伝統的宗教とか、文化が役割を果たす。たんなる近代ということではない。伝統的なものとのからみ合いが当然問題になってくる。そういう発展からいって、民族的凝集は、宗教とか伝統をどういうことにすることによって容易になるか。

日本〔は〕共同体信仰と国体とをリンクさせて統合と集中を急速になしとげた典型的な例。日本の近代化についてある学者は、「魔術と科学的実践の不可思議な結合」といっております。プリミティヴな、ほとんど近代社会に通用しないような、天皇神話、高天原神話を国定教科書で教えるということと、戦艦「大和」をつくるすぐれた技術を結ばすところに、日本の不可思議な魔術《結合力》があるとみている。民族的凝集は宗教や伝統文化の政治的動員によって容易になることが多い。非合理的な、宗教的なものを動員してやる場合、合理的な官僚化にとってはマイナスにならない。しかし1と2は相互作用だから、結局統合も集中も合理的官僚化を制約する。制度機構の非人格性が貫徹されず、情実的に逆転されることになる。そういう問題は日本の近代化においては打破されなければなりません。いくらこっちの面を強調すると申しましても、およそ近代化を進めていく上に、自発性と対応性《多様》の契機を全然抑圧しては、統合と協調《集中力》自身が不可能であります。

そこで統合性と自発性をどういうふうにしてリンクさせるのか。これはだいたい政治的価値の優位のもとに、国家の強力な指揮のもとに、ことにアジアのように近代化を進める場合、どこでも当面する、個人の場合の自発性をどうして喚起するかということであります。制度的にはその場合多くは、いわば翼賛型の民主主義が考案されることが多い。反対の自由、少数者の自由、民主主義におけるそういうファクターよりも、大衆を政治過程に参与させるという面に重きをおいて、これによって自発的エネルギーをあげて民族的エネルギーに転化される《せ》ということがなされる(民主的集中原理にもこういう要請が内在している)。それが特に個人と国家との間の中間にある、自発的集団の自発性が弱いところほどこれは成功する。伝統的組織の解体から生じた個人のエネルギーは、あげて国家のエネルギーに切りかえることができるから。直接的に頂点に集中できるから。その意味で維新の変革から生じたエネルギー、国家の解放〔開〕から生じたエネルギーを、国家のエネルギーに転換することに成功した典型的の例である。そこにも、それから生ずる難点と矛盾が出てくるのであります。〔編者注⑤〕

時間が超過しましたので、中途半端になりましたが、要するにこういう近代化をできるだけ包括的な、一般的過程として、矛盾した過程として、同時進行としてみていかなければならぬじゃないかということと、たんなる近代化一般の過程でなく、自分の国を世界に対して開くということと、世界に対して閉ざすということと、この四つの総合関係からいろいろな近代化とウェスタニゼーションの問題が考察されなければいけないんじゃないか。私の話はこの程度にとどめておくことにしまして、非常に不徹底な話で、最初に申し上げましたように、羊頭狗肉に終わったことを改めておわび申し上げます。（拍手）

編者注

①この「要領」および後に出てくる「プリント」とは、『第十八回　公開講座講義要項』(東京大学綜合研究会、一九六〇年)に収録された案内文を指すと推定される。以下に丸山の案内文の全文を翻刻する。

「近代化(modernization)という言葉も、西欧化(westernization)という言葉も、ともに数世紀にわたる世界の歴史的変化を測定し意味づける一般的指標として広く使用されてきた概念であるが、周知のようにその各々に含まれた内容はきわめて多義的であり、しかも近代化と西欧化との関係という問題になると、各々の構成因子の間にまた無数の組み合わせが考えられるので、抽象的に論ずるかぎり、概念上のラビリンスに陥らざるをえない。ここでは近代日本が当面してきた思想的課題を眼目において、いくつかの問題点の整理を試みることにする。

近代化はある場合――歴史的由来からいえば多くの場合――ほとんど西欧化と同義語に使われるかと思えば、またある場合にはむしろ反西欧の主張の下に押しすすめられる運動や歴史的変革を特徴づける言葉としても用いられる。けれども、「近代」の概念が、政治的・経済的・知的のどのレヴェルをとっても西欧社会の歴史的発展を基準として構成されたものであることは否定できない。むしろそれだからこそ、近代化と西欧化という問題意識は、いわゆる西欧諸国ではなく、かえって「西欧」に対する「後進国」のなかから鋭く登場してきたのである。それはいわゆるアジアだけのことではない。たとえばドイツのようなヨーロッパ内部の「後進国」においても、一九世紀後半から二〇世紀にかけて、近代化の問題はイギリス・フランスに代表される「西欧」に対する対抗意識と色々な形でからみ合って発展してきた(参照、マイネッケ・トレルチ・ウェーバー)。こういう「後進国」の近代化に共通する思想的問題は大別すると(Ⅰ)「先進国」において異なった歴史的段階に登場した課題の同時的な登場、(Ⅱ)ナショナリズムのイデオロギー化、(Ⅲ)知識層の特殊な地位と役割、(Ⅳ)近代的後進性が現代的先進性を可能にするという逆説、といった諸点に現われる。以上の諸点はいずれも他の地域たとえばロシアとか、アジア諸国の「近代化」にも多かれ少なかれ共通する特徴である。

けれども、他方において日本とか中国とか朝鮮とかいうような「極東」諸国にとっては、近代化と西欧化の問題は以上のような共通の特徴のほかになお固有の側面をもっている。つまりここには、同じ古典(ギリシャ・ラテン)文化をもち、同じ宗教(クリスト教)的伝統を背景としたヨーロッパにおける「先進」「後進」の段階的相異に尽くされない複雑な問題があった。なによりそれには「開国」という言葉と事態にシンボリックに現われている。それはまったく異なった文化の接触であり、しかも一方の「西洋」を代表するクリスト教から議会制度にいたる文化が、一九世紀以後のテクノロジーによって、もっと露骨にいえば、戦艦と大砲の威嚇によって、他方の文化を浸《〔侵〕》食する過程であった。そこでこうした国においては、閉じた社会の崩壊による世界像の飛躍的な拡大と、西洋の圧力に対する民族的エネルギーの凝集という一見相反する方向の対位法的な同時進行が「近代化」の具体的な内容を形成することになる。

だいたい、以上のような背景の下に、近代日本の思想史的な位置づけと今後の課題についてのあらましの考察を試み

たい」(一一―一二頁)

また、同じ資料の一一頁の欄外には、丸山自筆で以下のような書き込みがある。

原始的蓄積・土地革命・産業革命
中央集権国家・立憲制・議会主義・行政権の拡大・福祉国家
ナショナリズム・リベラリズム・デモクラシー・ソシアリズム

②これ以降の講演は、自筆原稿「東大公開講座　近代化の問題(フラグメント)」(資料番号83)に含まれている次のような図が示されながら進められたと推定される。

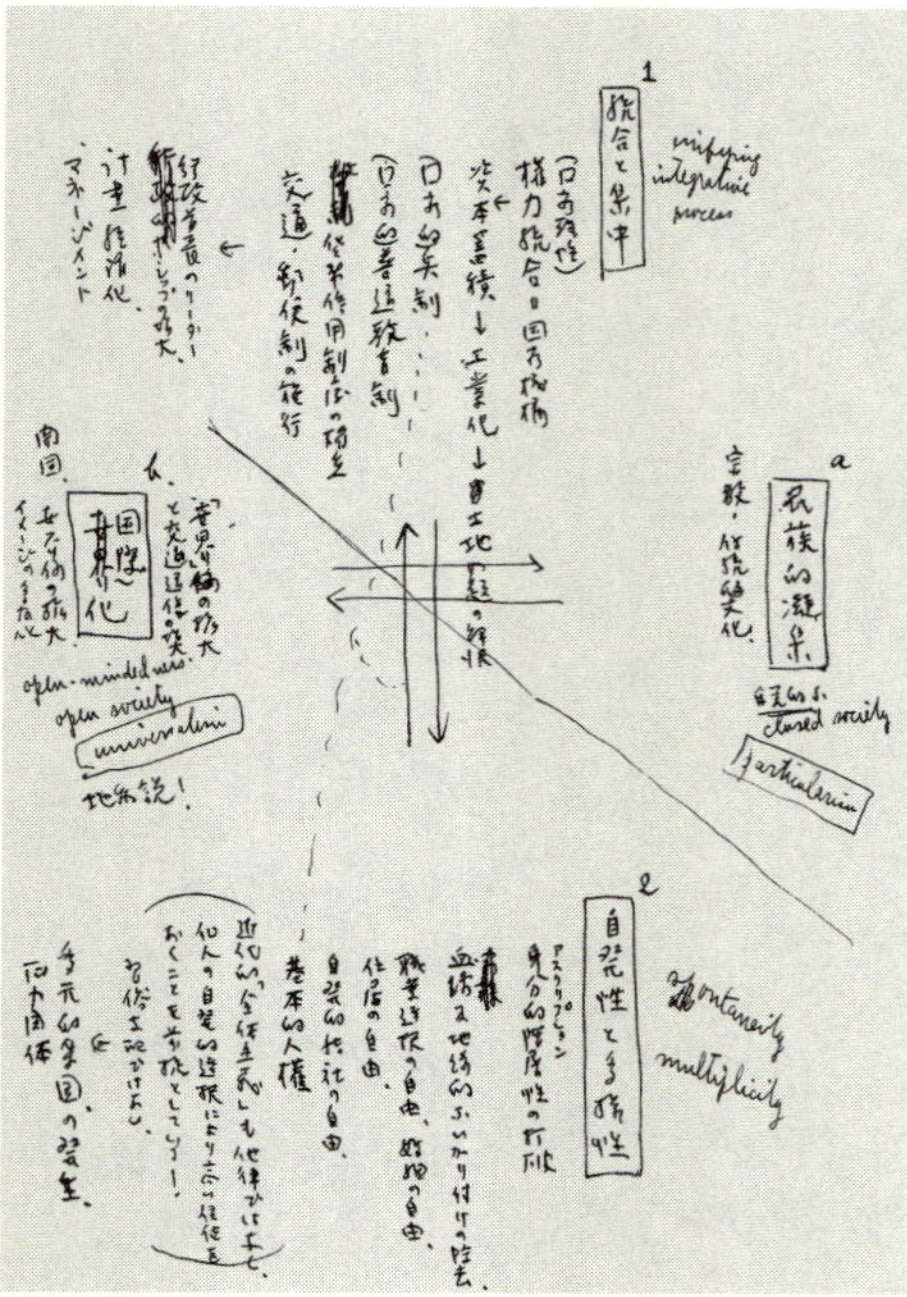

1 統合と集中　unifying integrative process

(国家理性)

権力統合＝国家機構

←

資本蓄積↓工業化↓土地問題の解決

(国家的)兵制

(国家的)普通教育制

貨幣信用制度の確立

交通・郵便制の施行

←

行政首長のリーダーシップの増大

計画経済化

マネージメント

2 自発性と多様性　spontaneity / multiplicity

身分的階層性《アスクリプション》の打破

血縁及地縁的ないかり付けの除去

職業選択の自由、婚姻の自由、住居の自由、自発的結社の自由

基本的人権

(近代的「全体主義」も他律ではなく、個人の自発的選択により高い価値をおくことを前提としている！　習俗支配ではない)

←

多元的集団、圧力団体の発生

a　民族的凝集　自覚的な closed society / particularism

宗教・伝統的文化

b　「世界」の拡大と交通通信の増大　open-mindedness / open society / universalism　地動説！

国際化

開国、世界像の拡大、イメージの多様化

③他筆の講演記録「「近代化と西欧化」講演記録」(資料番号 358) の欄外に、上のような図が描かれている。

④この箇所に関連すると思われる自筆原稿「東大公開講座　近代化の問題(フラグメント)」(資料番号 83) の一部を次に紹介する。

「したがって伝統主義対近代主義という図式的な対立ではこういう逆説的なからみ合いの関係を十分説明できない。

後進国の近代化がナショナリズムを少なくも一つの重要な動因として行われることからして、エトス面において自国の伝統とまったく断絶して、「西欧的」になることはその意味でも限界がある。マルクス主義のように普遍主義的な性格をもつ思想を中心価値として近代化が遂行される場合でも、意識されると否とを問わず、伝統的なエトスによる国民的着色を蒙《こうむ》る。それが政治的、経済的、社会的生活環境の急速な近代化を容易にするファクターとなることもある」

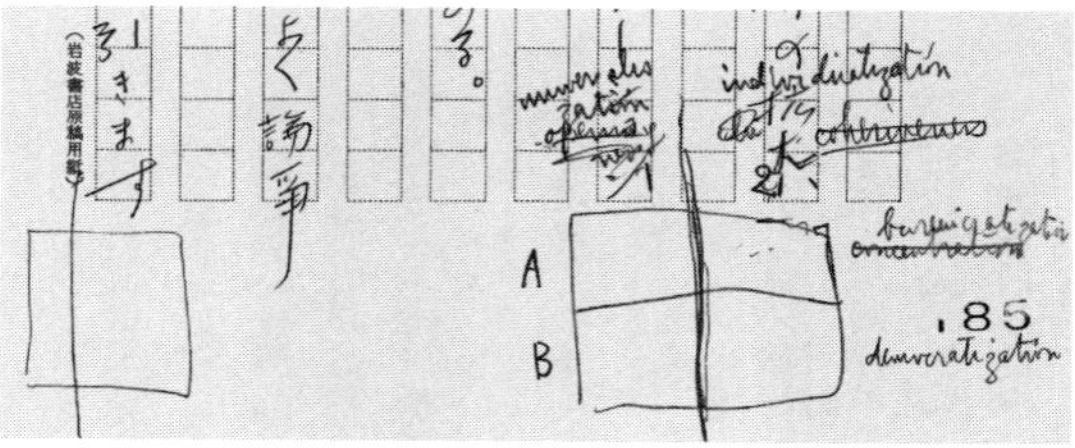

図のまわりには，universalization，individualization，bureaucratization，democratization と書かれている。

「エトスの「近代化」について一般的な規準のカタログをあげることの困難性。

イ、宗教・文化などの伝統的価値の問題はいうまでもなく、物質的環境や技術的諸条件のような共通性をもたず、本来質的な個性的な価値である。それはむしろ経済的・政治的「近代化」にその民族、その地域特有の型を賦与する契機となる場合が多い。また伝統的エトスが一定の状況において政治的・経済的・法制的領域での近代化をおしすすめるイデオロギー要因となることさえもある(士魂商才、戦闘者＝武士の能動的精神、個人的自発性〔敢為〕、消極的恭順ではなく、集団の目標のために積極的に(分をこえても)奮闘するダイナミックな奉公の精神、臨機応変。和の二義性＝身分をこえた一致、団結の要求」(〔　〕は丸山)

⑤自筆原稿「東大公開講座　近代化の問題(フラグメント)」(資料番号83)では、この点について次のような文章がみられる。本文の内容を補足する面があると思われるため、以下に紹介する。

「しかし自然的な「くに」への帰属感と目的意識的な自主的愛国心とのギャップはどうしても残る。アジア諸国の近代化は多く政治的宗教もしくは宗教の政治化を指導理念として進行しているが、ここにも同じような困難が横たわる。急速な近代化が可能になる反面、2bのおくれによって、近代化がアンバランスになる」

内と外

「内と外」という妙な題をつけました。内と外というときに、われわれがまず連想しますのは、うちの中の内と外であります。「福は内、鬼は外」という言葉があります。また「兄弟《けいてい》牆《かき》に鬩《せめ》げども外其の務《あなど》りを御《ふせ》ぐ」〔『詩経』「小雅」〕というふうにもいわれます。

この二つの言葉には、ある共通した考え方があるわけです。つまりうちの中と外というものを区別する考え方です。ちょうどこの〔一九六〇年〕六月のときにアイク〔アイゼンハワー米大統領〕が来るという話があって、世の中が騒がしくなったときに、せっかく外からお客さんが来るのに夫婦げんかをするのはみっともないではないか、みんなでお客さんを迎えようじゃないか、ということが一部でいわれましたが、その考え方は、やはりこういう内と外、「福は内、鬼は外」ないしは「兄弟牆に鬩げども外其の務りを御ぐ」という、この内と外との区別ですね、これと相通ずるものがあるわけであります。

つまりこういう内と外の観念におきましては、何よりも自分が直接属しているところの集団というものを基準にして、その集団の内と外とに線が引かれるわけです。つまりここでは、垣根の内側と外側の区別ということが一番大事なことであります。内と外とが空間的に区別される、垣根を敷いて空間的に区別される。そうしてそこでは、内でのふるまい方と、それからよそでのふるまい方とが使いわけられるわけであります。

その場合の内というのは、必ずしも文字どおりの内だけではありません。自分が同一化したところの集団が内であります。ですから、たとえば自分の村とよその村というときには、うちの村ということになるわけです。というふうにもいわれます。それから、これがさらに拡大されまして国になりますと、国の内と外というものを区別して、内でのふるまい方と外でのふるまい方というものが区別される。うちの会社などという言い方がありますのは、近代的な集団の中でも、伝統的な内・外の垣根の区別にもとづく何かモラルというものが、そこに予想されているわけです。よそ様にみっともないというようなことがいわれます。

こういうよそに対するふるまい方およびうちに対するふるまい方の区別にもとづいて個人が行動するときには、それは一人ひとりの個人のモラルにもとづいて行動しているのではなくて、その場合に通用しているモラルというものは、家とか村とか国とか、つまり自分というものが同一化したところの集団に通用している道徳であります。そういう道徳というものは、いわゆるうちの中、そのうちというのは、あるいは村であり国であり、その他でありますが、そのうちの中に長い間蓄積されていた習慣とか習俗、たとえば家柄とか家風とか、村のしきたりとか国の風習とか、そういったものによって、そのモラルが規定されている。家柄に合ったように行動する。あの娘は家柄に合わないとか、あるいは日本人なら日本人らしく行動しようじゃないか、あるいはうちの学校ならうちの学校〔の学生〕らしく行動するとか、うちの会社ならうちの会社〔の社員〕らしく行動するというときには、そこの集団に一般的に通用している規範をいっているのではない。その集団の内部で通用している規範、外には通用しないと同時に、今度はそれは個人のモラルではなくて、その集団のモラルである。こういう二つの特徴をもっている。

したがってそれは、その場合に個人がこういう集団道徳に従って、自分が直接属している集団に蔓延しているところの一つのものの考え方に従って行動するという場合には、ちょうどそれは個人の行動のようにみえましても、それは自分の属している集団というものを、ヤドカリが殻をしょっているように、自分の背後につけて、そして行動しているわけであります。ですからそういう場合に、うちのメンバーが、ちょうどヤドカリが殻から離れたように、よその世界に出ていくと、今度はどういうことになるかというと、今までのそういうモラルの拘束力というのはなくなるわけです。それはつまりうちの集団に限って通用する道徳ですから、外へ出ていくとその拘束力はなくなるわけです。よく「旅の恥はかき捨て」などと申しますが、それはこういう自分の直接属している集団だけがモラルである場合には、その集団から離れた場合にはモラルがなくなるということを意味しているわけであります。

ベルグソンという学者は、こういうモラルを、閉じた社会のモラル、閉鎖的ですね、閉じた社会のモラルと呼んでいるわけであります〔『道徳と宗教の二源泉』一九三二年〕。こういうモラルは一般的には、原始社会ないし未開社会においては、どこでも非常に強烈で、ほとんどそれだけが唯一のモラルでありますが、今日の文明社会においても、またどこの国においても、そういうモラルはけっしてなくなったということはいえません。たとえば国家といったような集団相互の関係においては、こういう内と外のモラルというものが、なお非常に強く作用しております。パスカルが『パンセ』の中で

「滑稽な正義よ、川ひとすじによって限られるとは！ ピレネ山脈のこちら側では真理であることが、向う側では誤謬《ごびゅう》なのだ」〔『パンセ』松浪信三郎訳、上巻、河出文庫、一九五五年、二〇四頁〕

ということをいっております。また同じく、

「或る人が川の向う側の住人だという理由で、また彼の主君が私の主君と争っているという理由で、私と彼とのあいだには何の争いもないのに、彼が私を殺す権利をもつということほど、おかしなことがあるだろうか？」〔二〇四頁〕

こういうことをいっております。つまりこれは国境という垣根のこちら側でやった行為は殺人とされ、向こう側でやる行為が英雄になるという矛盾をついているわけです。国家と国家の間には、こういう内・外の区別にもとづくモラルというのが、なお非常に強烈に働いているわけであります。

こういうモラルというものは、したがって場所柄というものと不可分であります。つまり空間的な場所というものと、モラルというものとが切り離しえないわけです。それだけモラルが個人に良心として内面化されていないわけです。場所柄にかかわらず、どこにいても通用するモラルというものは、こういう内・外のモラルというものとは、つまり範疇的に区別されます。つまりそういう場合には、ちょうどヤドカリが殻をしょって歩いてい

るのではなくて、その殻を脱ぎ捨てた、つまりどこどこの学生として、あるいはどこどこの社員として、あるいはどこどこの村の人としての自分ということでなくて、人間としての自分というものが問題になるわけであります。

先ほどのような閉鎖的な集団におきましては、このよそ者に対するふるまいと、うちの仲間のモラルとが使いわけられます。したがってそこでは、極端に申しますれば、よその世界に一歩出れば、「門を出れば七人の敵あり」ということになり、それに対して内の世界では、本来的に人々は一致している。つまり元来内では一致しているのが本来である。そこでは、内の世界では対立とか抗争とかいうものが、それ自身何か悪いことである、だから本来人間というのは、みんなそこでは一致してなきゃいけない、こういう建前がとられるわけであります。

ですから、こういう閉鎖的集団に住む人々がよそ者に対するときには、一種の身がまえる姿勢が出てまいります。その身がまえというのは、よその者に対する畏怖、警戒としてあらわれることもありますし、また逆によそ者に対する度はずれたもてなし方としてあらわれることがあります。ホッテントット人の行動様式を研究した本がありますが、よそ者に対して、非常に並はずれたごちそうをしてふるまうというのが、一般的な風習になっております。と同時に、あっさりよそから来た者を殺してしまうというふうな行為が行われる。その両者が矛盾しないというのは、この内輪の道徳と、よそに対する道徳との二重道徳の支配するところでは、程度の差こそあれ、そういう現象が起こるわけであります。日本の鎖国時代におきましては、いわゆる夷狄感〔観カ〕というものがありました。外国人を夷狄とみなす考え方がありましたが、その夷狄観というのも実は裏を返せば、非常な恐怖と同時に畏怖の念というものが結合していた。よく語呂合わせのようにいわれますように、そういう鎖国的な排外主義、外を排する主義というのは、実は外を拝む主義というものと紙一重であったということがいわれるわけでありま す。ここでは、先ほど申しましたように、うちのメンバーというものは本来的に同じでなければいけない、本来的に同じであるのが当然であるという前提があります。

したがってそこでは違った意見なり、非常に違った考え方というものの中から、その中から統一を生み出していくという、つまり多様性のなかからの統一という、そういうプロセスにおいて考えられるのではなくて、全人間的な一致というものがはじめから前提される〔編者注①〕。つまりある人間とある人間が、問題に応じ、またある目的を共通にするかぎりで賛成するということではなくて、全人間的に一緒になってしまう、くっつくということ。逆にいうと、今度は対立の方は部分的対立、あるいはこの問題の、この目的に関するかぎり対立するということではなくて、もしそういうことが起こると、それはただちに全人間的な対立になる。裏切りとか売国奴とか、そういった意見の対立というものが、そういった集団からトータルに排斥するという行動になってあらわれるわけであります。

こういう世界におきましては、先ほどいいましたように、個人のモラルではなくて、その集団に一般的に支配しているものの考え方およびモラルというものに従って行動すればいいわけです。したがってそこでは、たとえば伝統的な集団においては、長い間の慣習とか伝統的な権威とかいったようなものが個人を強く縛っております。

これをちょっと考えますと、個人がすみからすみまでそういった集団に〔を〕支配しているモラルに規定されているということは、非常に強い拘束のように感じられますけれども、反面からみると、そういう閉じた社会のモラルというものは、具体的な状況というものについて個別的に考えて、そうして自分で方向を決定し、自分で選択することをしなくて済むわけです。仲間のしきたりに従えばいいわけでありまして、自分で考えて、自分で選択する必要がないわけですから、その意味では楽であります。世間様に笑われないようにすればいい。その意味では、いかに行動すべきかということは、具体的な状況における個人の自発的な思考と選択の問題ではなくて、自分が直接所属する集団というものから、当然あるふるまい方というものが出てくるというふうに考えられるわけであります。

ですから、こういうモラルと考え方だけでやっていけるというのには、実は条件があるわけです。それはつまり人間がうちの集団の中だけで住むということ、およびその集団が非常に外に対して閉鎖的であるということ、人間の住む環境というものが固定しているということが条件になるわけであります。

一般的に申しますと、こういう集団の閉鎖性が破れますと、つまり人間がいろんな環境の中に同時に住むようになると、あるいはまた集団の状況そのものが変動するようになると、そうすると、こういうモラルだけではやっていけなくなるわけです。先ほど申しました閉じた社会のモラルというものを、仮に図形であらわしますと、そこでは、自分の属している集団と個人との間に相似形の関係が成り立っております。つまりその属している集団が三角形なら、その中にいるメンバーは全部、大小の差こそあれみんな三角形、違いはただ大小の差があるだけで、三角形であるということは同じであります。集団が四角ならその中にいるメンバーはみんな四角である。

つまりそれが集団それ自身は外の集団に対して個性があるけれども、集団の中は非常に画一的であって個性がないということになるわけです。

これがこの集団の閉鎖性が破れますと、つまり個人が当面する状況が複雑になって、しかもそれが変動しますと、つまりそういう何が伝統であるか、何が仲間のしきたりであるかということが、必ずしもはっきりしなくなる。つまり変動する状況というものを自分で調べ、そうして自分で選択し決定しなければならなくなるわけです。こういう内と外との垣根的な区別にもとづく行動におきましては、行動を規定する基準、尺度ですね、尺度というのは仲間であります。つまりうちの村、うちの会社、うちの国であります。したがってその行動の原理そのものは、個人にとっては内面にあるのでなくて、「外」にあるわけです。世間に適合する、自分の周囲に適合する、あるいはしきたりに従う、人に笑われないようにするということであります。

ですからこういう社会が非常に強い。こういう伝統が非常に強い文化のことを恥の文化などと申します。つまり周囲によって個人の行動が規定されている。したがってその場合には、内と外というのはあくまで集団の内と外であって、個人の内面、外面という意味においては、実は個人の伝統〔行動〕を規律する原理は、個人の内面にあるのではなくて、外にあるということになるわけです。

歴史で申しますと、今さら私がお話しするまでもなく、ヨーロッパのルネッサンス以後、新世界、新航路の発見があり、世界が非常に拡大したわけでありますが、ちょうどそのときに、いわゆる人間の自覚とか、個人の自覚とかいうことが、思想界において同時に起こったということは、この意味からすれば、そこには当然の連関があることがわかるわけであります。つまりそれは自分の周囲の世界というものが一変したということ、つまり閉鎖的な世界というものが破れて、世界がおそろしく拡大したということ。それに従って、今まで自分の直接的な環境とひと続きであった自分が、その環境から切り離されるわけです。切り離されて新たに拡大した世界の中で、自分を位置づけなければならなくなるわけです。

よく旅行をすると見聞が広まるということを申しますが、これもまた自分の属している直接的環境というもの、先ほどの比喩に従えば、ヤドカリが殻を背中にいつもしょって歩いていたのが、それを離れて一人歩きをするということになる。自分をいろんな違った世界の中においてみるわけであります。先ほどの垣根的な内外の区別におきましては、自分というものは集団の内部にあり、同時に外部にあるということは不可能です。なぜかというと、あらゆる物体というものは、空間的に二つの場所に同時に存在することはできませんから。したがって集団の内にあり、同時に外にあるということはできないことになるわけです。自分をいろんな違った世界の中に同時においてみるという操作、そういう操作が積み重ねられるほど、先ほどいいましたように、直接の環境と自分とが切り離されますから、そこで自分とは何か、あるAならAという世界で、こういうふうに行動した自分と、Bという世界でこういうふうに行動した自分とは、同じ自分としてどこが同じなのかということ、なぜそれが同じ自分の行動なのかということが当然問題になるわけです。

これはですから、世界のイメージが、空間的に自分が旅行したり、あるいは新世界、新航路の発見によって現実に世界が広がるということだけでなくて、観念の世界で自分の世界を広げていくことによっても、実は同じことができるわけであります。われわれが歴史を読むということの意味は、自分を一種の思考実験として、いろんな環境、いろんな世界の中に同時においてみるということであります。それによっていろんな世界のイメージというものを、頭の中に同時に思い浮かべることができる。そうすると、そういう操作を積むほど環境の激変というものに対して、自主的判断するという能力が、一般的に高められるわけであります。

ところが実際には、私たちは非常に日々変動する世の中に住んでいる。また大昔の人間のように、閉鎖的な集団というものの中だけにいて動かないということはまずないわけです。われわれは複数的な集団に同時に属している。そうしてしかもその環境というものは日々変動しております。にもかかわらず、われわれの中にはこういう閉じた社会から発したところの垣根的な内・外の区別にもとづく行動様式というものは非常に根強く残っております。世の中が変わるにもかかわらず、世の中に対して、世の中というのは、ごく私どもの狭い周囲という意味に解してもけっこうですし、日本というような意味に解してもいいですし、もっと大きくいえば世界という意味に解してもいいわけですが、要するにこの世の中についての固定したイメージというものをわれわれの中に作って、そこで自分を位置づけようとする。つまり実際に世の中というものを調べて、状況の変動というのを調べて、その中で自分を位置づけている〔く〕ということを面倒くさがる。

これはわれわれの中にある惰性的な心理の作用から、またわれわれがそのたびごとに自主的に判断する労力を省くという意識が働くところから、一種のわれわれの周囲に擬似的な環境を、つまりにせの環境を作り出して、そしてその中に安住するという傾向がわれわれの中にあるわけです。多かれ少なかれ、われわれはそういう固定したイメージというものをもっております。偏見というものは、そういうわれわれの中に固定したイメージであります。つまりそれが実際現実に合うかどうかということは、実際にあたってみなければわからないんですけれども、つい面倒であるということと、世の中と自分との関係について、世の中はしょっちゅう変わる、それに対していつも自分が適応していかなければいけない。自分で考え、自分で方向を判断していかなければいけないという、その労を省くために一種のクッションを作る、自分のまわりに固定したイメージの幕を張りめぐらして〔せ〕、その中で自分が安らぐということになるわけであります。われわれは多かれ少なかれ、そういった擬似的な環境を自分で作っている。それによってこの閉じた社会の行動様式を保持しようといたします。

そういった精神作用というものから、どんな人でも完全に自由ではない。ということは、どんな人でも、その意味で偏見からまったく自由になることはできない、何らかの固定したイメージをもってわれわれは行動しております。つまり「ああ、あれか」っていうイメージですね。全学連〔全日本学生自治会総連合〕なら全学連というと「ああ、あれか」というイメージがあるわけです。実際にどういうものであるかということを調べないで、われわれの中にあるイメージがある。文学者というイメージもあるかもしれません。大学教授というイメージもあるかもしれません。進歩的文化人というイメージもあるかもしれません。トロツキストというイメージもあるかもしれません。つまりそれは、そういった多かれ少なかれ固定したイメージというものがわれわれの中にたくさんある。

これはみんなその状況の中にわれわれが入っていって、それを調べて、そしてそれによって自主的に思考するということを省く作用をするわけです。ですからよく個人の間でも、会わない前にその人に対して、ある固定したイメージをもっている。実際に会ってみると案外そうでなかったということがよくあります。これは実際にその人と会ったということによって、その人に抱いていた偏見が破れるわけです。つまり新しい出来事によってイメージがくずれるわけであります。この新しい出来事によって、つまり新しい出来事というのは、自分に関係なく起こる出来事でもあるし、また自分がたとえばその人に会うというのも出来事でありますが、そういう新しい出来事によって、既存の、今までにわれわれの中にすみついた固定的なイメージをいつも修正する用意をもつというのが、われわれの知性の働きであります。

もしこういう能力が著しく欠乏するとどういうことになるかというと、つまり外の出来事、新しい出来事、それがどんなに大きな出来事であり、また画期的な出来事であっても、それを全部固定した今までのイメージで受け取る。つまり新しい出来事から、その新しい意味をくみ取ろうという、そういう努力をしないで、それを全部固定したイメージで受け取るわけです。偏見というのはそういう作用をする。したがってわれわれは、そういう心理になりますと好ましい現象だけを見る。好ましくない現象が起こっても、それを直視しようとしないで、その意味を探ろうとしないで、それを見まいとする。あるいはそれを全部既存のイメージに合わせて解釈しようとするということになるわけであります。

もっともこれが極端になりますと、外の出来事に対してまったく感受能力というものを失って、全部既存のイメージだけでもって、自分の周囲に厚いイメージの世界を作り上げる。精神分裂病〔統合失調症〕の患者というものは、その意味で外の世界と自分の世界との間のイメージの往復交通というものがまったくなくなって、自分の世界の周囲に、厚い固定したイメージを作って、その中にやすらっている。それが病的な状態に達すると、精神分裂病になるわけです。

しかしそれはまあ極端な例でありまして、多かれ少なかれ、そういう現象がみられます。つまりこういう外の世界に対するわれわれの関係というものを、ここで通信装置にたとえてみますと、われわれは絶えず外の世界からいろんな通信を受信して、そうしてこちらから外の世界にまた信号を送っております。すべての人の中には、そういういろんな外からの通信を受信する装置と、それから自分の方から通信を送り出す装置とを備えているわけです。先ほど申しました、閉じた社会および固定した環境のもとにおいては、内のメンバーからの通信〔編者注②〕はだいたいきまっている。「よそ」の世界の通信はあまりないし、あっても直接受信しない。権威が受信してそれを流す。ですから、閉鎖的社会においては受送信装置というのはきわめて簡単であります。人々に対する判断能力というものはきまっている。あの人はいい人だとか、悪い人だとか、感じがいいとか悪いとか、非常に大ざっぱに、その判断の仕方というものはきまっていて、それで済むわけです。波長の違った通信がきてもそれは受けつけません。変わった通信がきても、あるいはその受信装置が非常に単純ですから、ピーといった奇妙な声を出したり、あるいはぶるぶるとふるえたりします。非常に変わった出来事に対して、あるいは自分の好ましくない出来事を見ると、その受信を拒絶したり、あるいはそうでなければけいれん的な反応を起こすわけです。

先ほど申しました個人的な自主性、個人的な選択能力というのは、この多様な通信、外からの多様な通信というもの〔を〕受信する能力、つまり異質的なもの、自分にとって好ましくないと思われるもの、自分に住みついている偏見に逆らうものを受信する能力、自分といろんな波長の違った外からの通信を受信できる能力、これが異質的なものの理解能力と同時に、今度は自主的な送信能力であります。自分で信号を送り出す能力、状況を自分で判断して自分で決定する能力、そういうことにほかならないわけです。これが近代的な人間といわれるものの理想型であります。

つまり閉じた社会に対して開いた社会に住む解釈〔ママ〕の人間の理想型でありまして、しかしこれは理想型でありまして、現実には程度の差こそあれ、われわれはそういう完全な受信および送信能力というものをもっておらないわけです。むしろそれをある場合には毛頭もつということを願わない。なぜかというと、先ほど申しましたように、あたかも閉じた社会にわれわれが住んでいるように、外からの通信はだいたいきまっている。うちから発する、出ていくところの送信というのは、世間のしきたりによってきまっていて、自分でどういう通信を外に出したらいいかと考えなくても済むというのは楽であります。楽でありますから、かえってそういう能力獲得というものをわれわれは必ず希望しないことがある。これが近代的な自由というものが、むしろある場合には、重荷になるということの意味であります。

ドストエフスキーが『カラマーゾフの兄弟』〔一八八〇年〕の中で大審問官とイエスと〔を〕対話させている個所があります。そこで大審問官がイエスに向かって、こういうふうに申します。

「人間や人間社会にとって自由ほど堪え難いものはほかにない」

「お前は人間にとって平穏と安全の方が(時としては死の方がまだしも)……自由の選択よりもはるかに高価なものであることを忘れたのか」〔良心の自由〕

「お前は人間に選択の自由という恐ろしい重荷を与えた。……そういう自由によって、「羊の群をバラバラにして案内も知らぬ道へ分れ分れに追いちらしたのは誰だ?」我々はそんな重荷になる自由のかわりに、彼等に穏かなつつましい幸福を授けてやる。彼等の生れながらの性格である意気地ない動物的な幸福を授けてやる」

こういうふうにいっている個所があります。ここでは自主的な決定と選択ということが、たんに受動的な消極的な平穏と安全を欲する人間にとっては、かえって重荷になるということ、そこでしばしば人間というのは、その重荷をぬぎ捨てて閉じた社会に人為的に閉じこもって、平穏と安全をむさぼろうとするという傾向があるということが、鋭く指摘されているわけです。

つまり近代的な自由というもののもっている思想的な意味はどこにあるかというと、自主的な選択という重荷にたえる人間、どんな通信をも受信して、そしてこっちから自主的な送信を送り得るような、そういう強い人間というものにわれわれは〔を〕鍛え上げていくというところに、近代的な自由をもつ意味があるわけであります。そうでなくて垣根の内と外の分離にもとづいて、内の中で平穏であり自由であるという意味における自由、そういう意味の自由は昔からあって、何も近代社会においてはじめて獲得されたものでも何でもないわけであります。

徳川時代の支配者が、百姓に与えた慶安御触書の中に、年貢さえ納めれば百姓ほど心安いものはないということをいって、お百姓にさとしております。お前たちは、非常にありがたい太平の御代に住んでいる。お前たちは年貢さえ納めていればいい。そうすれば平穏な生活を約束してやる。だからそんな百姓というのは年貢さえ納めていれば、あとは外の世界のことなんかにわずらわないで、平穏な生活が送れるのだ、これほど気安いことはないじゃないか。つまり社会的な事柄、パブリックな事柄に対する発言とか、参与というものを百姓から奪ったということは、実は彼らに平穏な生活、先ほどのドストエフスキーの言葉によれば、自分で選択する、自分で方向を決定する重荷というものを取り去ってやって、そして動物的な幸福、そういう慎ましい幸福を与えた。これが徳川幕府の百姓に対する態度であったわけであります。こういうところからみましても、われわれが自由というときに、どういう意味において自由を問題にしているのかということを常に問わなければいけないと思うわけであります。〔編者注③〕

板垣退助が自由党を組織した明治一五〔一八八二〕年に、その結党の〔趣旨を述べた〕あいさつの中で、こういうことをいっております。

「我邦旧来封建の制に拠《よ》れり、其《その》国を建るや群雄の武力に依て民を服し、以て之を統御したるものにして、衆民の共同に依て国を成し以て之を治轄するものにあらず」〔板垣退助監修『自由党史』上巻、五車楼、一九一〇年、五五二頁〕

そこでわが国民は

「各《おのおの》単独の心を持し、共同の念に乏しく、徒《いたず》らに私己の自由あるを知て而《しか》して公衆の自由をあるを知らず、一国の交結は纔《わずか》に君臣の綱維に依て之を繫持するに過ぎず、故に一朝君臣の綱維を解くに逮《およ》んでは、人心の潰散復《ま》た収むべからず」〔五五二頁〕

これはどうにもしようがない。君臣関係ということでもってすべて行動、統一がきまっている。したがって外からくる受信というものは、みんなこういうルートを通ってくるわけです。そのルートが今度解けてしまうと、まったくばらばらになってしまう。つまり旅の恥はかき捨て状態というものがすぐ発現する。君臣のモラルが崩壊すると、たちまち今度は無道徳状態がくるということをいっているわけです。

「苟《いやしく》も我党たらん者は、単独の心を去て共同の念を興し、以て公衆の自由を伸《の》へんことを求《のぞ》むへし」〔五五七頁〕

こういうことをいっているわけです。ここで板垣がいっているのは、封建制においても「徒らに私己の自由あるを知て」といっているように、垣根の内外の分離にもとづくうちの自由と、私の自由というものはあった。なかったのは何か、これはパブリックな自由だということ、これを獲得しようというのが自由党を組織した趣旨なんだということをいっているわけです。

よく日本においてパブリックなモラルが不足しているということをいわれる。たとえば家族のエゴイズムといったようなもの、あるいは〔村の〕エゴイズムといったようなものが非常に強い。ほかの村と自分の村、自分のうちとよそのうちということであってモラルが規制されている。したがって道路というものが発達しなかった。道路というのはパブリックの表現である。公衆道徳が発達しないということがいわれておりますが、これは内外の空間的な、先ほど申しました垣根的な内外観というものと密接不可分な関係にあるわけです。そういう意味における公衆道徳の欠乏ということと、板垣がいった公衆の自由、パブリックな自由というものが不足していたということは、深く関係しているわけであります。こういうことを無視してデモクラシーになったから、道徳が全部退廃したというような言い方をするのは、こういう歴史的な背景というものを、どこかあるいは無知であるか、まったく無視しているものではないかと思うわけです。

したがってたとえば幸福なら幸福ということにしましても、われわれが内の世界において平穏に、ただ幸福をエンジョイしているという意味における幸福と、それはどんな時代にもそういう幸福はエンジョイしておるという態度は、人間であるかぎりあるわけです。そうすると近代社会において幸福を大事にするようになったという意味における幸福とは、どこが違うのかということを、ここであらためて問うてみなければいけない。

近代社会における幸福を大事にするという意味は、アメリカの独立宣言の中に、自由、平等《〔生命カ〕》および幸福の追求、ハッピネス・ハッピネス《〔the Pursuit of Happiness カ〕》といわれておりますように幸福を追求する行為であります。それは内に閉じ込もって、そこでピモチア《〔ママ〕》に寄りかかって幸福をエンジョイしている行為ではなくて、外の世界に自分の幸福を追求している行為であります。したがってはじめて自分の幸福を守るという行為が同時に、社会的なまた政治的な批判、あるいは行動というものと結びつくわけであります。もしそうでなければ、先ほどの外の世界に対する徳川時代の百姓のように、まったく責任感、関心がなくて、ただ年貢さえ納めて、支配者からいわれたこの義務さえ履行して、ただおのれを平穏に暮らしておいてくれさえすれば、あとのことは知らないという幸福感というものとは、実は区別するところがなくなるわけです。

幸福をたんにエンジョイするという態度と、幸福を積極的に追求していこうという態度とは、状況によってはまったく反対の意味をもつ。幸福を追求していく態度からこそ、はじめてわれわれの環境というものをわれわれの内発的な意思に従って自主的に決断し、自主的に方向選択して、われわれの幸福を追求していくことによって、たとえば強くわれわれの幸福を保障するような制度というものを作り上げていくというような、外の世界に向かって積極的に立ち向かっていくエネルギーというものが出てくるわけです。

先ほど申しましたように、世の中が変動する、その中においてしっかり自主的に行動するというためには、状況は何かということを自分でもってまずみなければいけない。それには第一義的に、自分の好き嫌いというものを離れた認識というものを、われわれがもたなければいけないわけです。状況は先ほどいいましたように、たえず変動しますから、もしその場合に既成のイメージ、われわれに住みついて固定しているイメージ、偏見というものを外の出来事によって修正する用意をたえずもたなければ、変動する状況というものにわれわれは対処することができない。つまり世の中と自分の関係をいつでも新たに再調整する用意、積極的な用意というものを、われわれがもつということがどうしても必要になってくるわけです。不愉快なもの、不愉快な出来事でもそれを直視するという勇気をもたなければいけない。これが知性の勇気ということになるわけです。外からのどんな通信に対しても、それを正しく受信する能力というものをわれわれの中に養うということに〔ママ〕、これが自分の中にある既成のイメージというものの妥当性を検討するという用意であります。

先ほど申しましたように、どんな人間でもわれわれは完全に、われわれの中にある偏見から自由になることはできません。われわれは多かれ少なかれ擬似環境を作り出して、われわれの周囲に厚い固定したイメージを作って、その中にやすらっている。しかし問題は心がまえとして、できるだけ新しい外の状況の変動というものによって、既存のイメージをわれわれの胸《〔内カ〕》部から取り出して、それを検討する、という努力をするかどうか。その努力をすることによって、われわれは総体《〔相対〕》的に偏見というものから自由になる。偏見からの自由と、偏見から自由になる程度が増すに従って、われわれは総体《〔相対〕》的に自主的な判断能力が高まるわけです。そうでなくておれは偏見がないんだ、おれは自由にふるまっているんだという人は、実は自分の中の最大の偏見のとりこになっているかもしれない。

われわれが政治の世界において、たとえばある政治的な選択をするというのは、こういう外の世界におけるまず状況の判断能力、外の世界からくるいろんな通信、いろんな出来事に対するわれわれの受信装置というものをできるだけ完全にしていくことによって、われわれの政治的選択能力というのは、それだけ高まるわけであります。そうでなくてちょうど政治的な選択を、自分の中にある好き嫌いとか、好悪とか偏見というものを外に輸出する形で政治的選択がなされる場合には、それだけある種の外からくる情報というのは、われわれの受信装置というものに受信できないわけですから、それだけそこから出てくる判断というものが誤るおそれというものが多くなるわけです。これが政治的選択というものにとって、状況の吟味ということ、またわれわれの中にある偏見というものをたえずわれわれの内部から取り出して、吟味するということがどうしても不可欠になるゆえんなのであります。

ところが現実にわれわれの周囲でなされている、政治についてのものの考え方をみますと、これがはなはだしい自分の好悪、偏見なりが外〔の〕への輸出であるような気がしてならないのであります。〔編者注④〕明治維新のときに福沢諭吉が洋学をさかんに説きまして、そのために当時の偏狭な国粋主義者というか、伝統主義者から非常に国賊呼ばわりされ、あるいは生命の危険さえ感じるような目にあったときに、彼がこういう趣旨のことをいっております。

「酒店《さかや》の主人必ずしも酒客に非ず、餅屋の亭主必ずしも下戸《げこ》に非ず、世人其門前を走て遽《にわか》に其内を評する勿《なか》れ、其店を窺て其主人を怒る勿れ」〔「福沢全集緒言」(『福沢諭吉選集』第一巻、岩波書店、一九五一年、六〇頁)〕

餅を売っているのは別に餅が好きだから売っているわけではない、酒を売っているというのは別に酒が好きだから売っているわけではない。ところが餅を売っていると、あいつはきっと餅が好きだから餅を売っているだろうというふうに判断する。これはつまりパブリックな世界に対する自分の自主的な判断という経験を知らない閉じた社会におきましては、どうしても具体的な状況にもとづく、具体的な決断という考え方が出てきませんから、ある行動というものから当然に、その人の心理というものが憶測されることになるわけです。そういう憶測をこういう比喩によって排しているわけです。自分が洋学をやっているというのは、何も洋学が好きなわけではない。いわんや西洋にほれたわけではない。現在の日本の状況にとって洋学が必要であると自分が判断したからやっている。それを洋学が好きだから洋学をやっているというのは、ちょうど餅を売っているのは餅が好きだろうということと同じである。つまり自分の役割〔は〕や何かということについての状況判断にもとづく福沢の選択が、彼をして洋学を選択させたということになるわけです。しかしけっして、これは彼の好悪の問題とは関係ない。こういう比喩によっているわけですが、これはきわめて巧妙に、こういう状況における自分の役割というものを考えて行動するという、開いた社会のものの考え方というものをよく示していると思います。

われわれの政治行動というのは、多かれ少なかれそういう性格をもっている。好きだから政治行動をやる、きらいだからやらないという問題ではないわけであります。したがって逆にいうと、ある政治行動をとっているからあいつはさぞかし政治が好きなんだろうという憶測をするということは、本来おかしいわけです。また逆にいうと、その政治というものは元来政治が好きでやっている間はけっしてよくない。いやいやながらの政治行動、現在の状況判断にもとづいて自分の自主的な決定として、自分がたとい政治がきらいでも一定の自分の判断にもとづいて、外の世界に向かってある選択をする、方向決定をするということ、これが本来の政治的な選択の意味であります。

ある国の政策に対する判断についても、こういうことがいえるわけであります。たとえば一定の状況において、ある国のある政策に反対するということは、その国の政策の何もかも反対するということでもなく、いわんやその国がきらいであるからということとはまったく別の事件〔次元〕の問題であります。好ききらいの問題とはまったく別の問題であります。外交にしてもそうであります。問題を常に具体的な問題に対する具体的な対処の仕方として、日本なら日本の利害から考えて、日本が現在の状況に対して、現在の状況は何か、日本の利害から考えて個別的、具体的にどう対処していくかということを考える、これが日本の方向決定の問題であります。そうでなくてたとえば、しばしば日本は自由陣営に属している以上、日本の外交方針は云々というようなことがいわれます。これは私にいわせれば典型的に閉じた社会の思考様式であります。自由陣営に属しているという自分の所属関係から、具体的な状況に対する決断というのが当然出てくるという考え方です。外交政策というものはそういうものではないと思います。

ちょうどついこの間でありますが、イギリスのエリザベス女王がイギリスの国会の演説の中で、イギリスの第一の外交方針は、東西関係のインプルーヴメント〔improvement 改善〕にある、東西関係の改善にあると申しました。東西関係の改善にあるというのは、東西関係の改善というものに向かって積極的に、その方向に舵をとっていく。イギリスの外交方針の舵をとっていくということであります。アメリカと並ぶ自由陣営の巨頭であるところのイギリスが、東西関係の改善という方向に向かって舵をとっていくということをいっているときに、東西の谷間にあるところの日本が自由陣営に属する以上、当然に云々といったような思考様式で、個別的な状況、具体的な状況というものを調べて、それによって自主的に方向を決定しないで、自分のイメージの中で自分の属している集団というものに寄りかかるということからは、自主的な方向決定というものは生まれないのではないかと思います。

反米とか親米とか、反ソとか親ソとか、大ざっぱな言い方が通用して、あるいは個別的な具体的な政策に対する反対というものを、すぐさまその国に対する反対ということと混同する考え方、あるいは外交政策の問題をその国〔へ〕の感じの問題、あの国は感じがいいとか悪いとかいう問題、そういう問題に還元するというのは、そういう意味で政治的選択というものを個別的な状況における自主的な判断の問題として考えようとしない、思考のライダー〔懶惰〕、怠けた思考の産物であるといわれても仕方がないのではないかと思います。

先ほど申しましたように、同じ自由と申しましても、内と外の世界というものを峻別しまして、そして垣根を空間的に分離して、うちの世界で平穏な生活を享受するという自由と、積極的に外の世界に立ち出でて、外の世界の出来事の中から、自分の行動および自分の方向というものを選択し、決定していくという自主的な決定〔編者注⑤〕としての自由というものをたえず混同しないようにするということは、いうべくしてなかなか困難なことであります。ということは、われわれの中に住みついている偏見というものは、われわれが想像する以上に大きいということであります。

現代のある種の文化人あるいは保守主義者、これはほんとうの保守主義者ではないと思うのでありますが、にせの保守主義者にとって特徴的なことは、こういう自分の中にある自由についての偏見というものを出来事に照らして、不断に吟味するという心がまえを著しく欠いているという点にあるのではないかと思うのであります。たとえば彼らの〔中には〕そういう人々の自由を拘束するものはまわりというか、大部分は大集団とか、デモンストレーションとか、そういった政治運動というものが何か著しく自由を拘束するように思われるので――そういうものがわれわれの個人的な自由を拘束するということはけっしてありえないことではない。現実にはあります。大いにあるけれども、問題なのはそういった運動、民衆の運動、そういうものがわれわれの自由を拘束するということに対しては非常に敏感に反発する。その同じ人が国家や制度による拘束に対しては案外鈍感であるというようなことじゃないか。ここにやはり私は、一つの非常にわれわれの中に住みついた偏見というものがあるのであります。〔編者注⑥〕

本来、制度と状況というものと〔の相違〕、制度と大衆運動のどろどろとしたような状況〔と〕そういうものとの相違というのは、よくみれば相対的なものであります。つまり制度というのは〔テープ中断〕

そういうところからみても、われわれが自由というときに、どういう意味において自由を問題にしているのかということを常に問わなければいけないと思うわけであります。

それから大衆運動というようなどろどろした状況、そういうものと〔制度と〕の相違ということは、よくみれば相対的なものであります。つまり制度というのは、過去において無定型であったものが、つまり必ずしも形をなしていない状況が固体化したものであります。どろどろした政治的状況というのは、過去のものが溶けている、あるいはこれから制度になるというものであります。制度というのは、よくみれば無数の状況における、無数の人間行動から成り立っている。制度というものは、たとえばここにコップがあるという意味において、制度がないということはないのであります。ある状況における人間の行動が、その無数の堆積にすぎません。ただその人間の行動の仕方が、比較的行動にはまっている状況自身が、そう刻々に変動するものではなくて、状況自身が比較的にルーティンである。ルーティンの状況における定型化された、つまり型にはまったときにわれわれはそれを制度といっている。

ですから、たとえば国家の行為というときは、国家の名において行われる特定の定型化された行動にすぎない。

国家が直接行動するということはない。ところが制度というものがいったん出来上がりますと、また続けば続くほど人間の型にはまった行動が強くなる。つまり制度が人間行動を離れて、自働的に動くようにみえるわけです。それだけ制度というものはわれわれの精神の内部に住みついて、ほとんど自然現象と同じに、何か自然のもののようにみえる。

ところが流動する社会現象はそうではなくて、まだ型にはまった性格がない。人間行動のあり方がよく変わっている——よくでもありませんが、変わっているという性格、一定の道にはまらないという性格が強い。そこでわれわれに与えるイメージはおのずから強烈になる。この強烈なイメージが、したがってわれわれにいろいろな感じを呼び起こさすわけです。

つまり先ほど申しましたように、出来事の意味を調べて、われわれの既存のイメージをそれに従って検討していくという余裕のないところは、それ自身として不愉快なものとして、あるいはもっとはなはだしくなると、起こるべからざるものが起こったとして、それを見ようとするわけであります。そういう政治的状況ほど、制度と反対にわれわれの内部に住みついていないからであります。ところがわれわれがほんとうに批判的であるとするならば、制度による拘束と、状況による拘束というものとに敏感にわれわれの意識を働かせなければいけない。つまりいずれにしても、誤りを犯しやすい普通の人間の行動にすぎないわけであります。

ところが大多数の人はそうではない。制度にのっとった行動は非常にナチュラルに思える。国家の官吏が職権を越えて行動する場合には、たとえば警官が職権を越えて行動する場合には、越えた部分は純粋な組織的暴力であります。しかしそういう感じをわれわれは普通にはほとんどもちません。民衆の中における集団運動の行き過ぎは非常に強烈な意味ですぐわかる。しかし実際においてどちらがより大きな危険であるかということは、軽々に判断できない。国家というものは現在の社会において組織的な暴力を合法的に行使することを許されている唯一の団体です。つまり国家の制度にのっとっているかぎり、具体的な人間が他の人間に対して、たとえば死刑の判決とか、あるいは警棒の行使とか、あるいは先ほどのパスカルではないのですけれども、戦争とかいろいろの行為によって、特定の人間が他の人間の生命を奪うことさえ許されるわけです。それくらい大きな意味をもっているのです。

ところが、たとえば示威運動ならば示威運動を例にとってみますと、示威運動というものは、ある特定の人間の行動を、直接束縛するという意図もないし、力もない。デモンストレーションというのは文字どおり示威ですが、示威ということはどういうことかというと、イメージを変えることによって間接に自分たちの目的を達しよう、たとえば政府のイメージを変える、世論のイメージを変えていく、これがデモンストレーションの目的であり、またそれ以上のことはできないわけです。ところが、たとえばどんなに内部に規律あるデモでも、公安条例という法律に違反したならば処罰されます。これに反して組織的暴力を担当している軍隊とか警察とかの行動が、その職権を行き過ぎたという場合には、それは容易に人の目にとまらないし、イメージも強烈でないものですから、許される可能性が非常に強い、それだけ強大なハンデキャップがあるわけであります。

私はこういうことをいうことによって、一方がけしからぬとか、他方はよいとかいっているのではないのであります。つまり制度にのっとった行動はわれわれにとってナチュラルにみえるわけでない〔ある〕。政治的状況の中にある人間行動は、われわれにとって非常に新鮮あるいはショッキングにみえる。しかもわれわれの自由を拘束する力は、制度にのっとった人間行動の〔方が〕はるかに大きいということは、これを認識してかかることがあらゆる政治批判の出発点であるということを申し上げたいのであります。なぜわれわれは権力に服従しなければならないのか、なぜ少数の人間が圧倒的多数の人間を、組織的暴力を背景に控えて、服従させる力をもつことを許されているのか、これがプラトン以来の政治の問いであります。

これは考えてみれば非常に不思議なことであります。ラスキーがいっているように、この不思議なことをストレンジとみる、あるいは驚くべき現象だということをみる感覚、そこからデモクラシーが育ってくる。少数の人間が圧倒的多数の人間を背景に控えて服従さ〔せ〕しているという驚くべき現象に対して驚くこと、その驚くことから権力の乱用をチェックしなければいけないということが生まれる。そこから議会制度とかいろいろな工夫がなされるわけです〔編者注⑦〕。この驚くべき現象が、考えてみれば驚くべき現象であるにかかわらず驚かない。驚かないにかかわらず〔ばかりでなく〕、本来手段である制度というものが目的になる。それが自然のものとなる。あたかも石が存在すると同様に存在するような感じをわれわれに与える。そういうところからわれわれの権力に対する絶えざる問いがなければ、権力の乱用がいつも起こりやすいということが、歴史の教える教訓になってくるのであります。

そういう場合にわれわれは先ほどいった空間的なカキネ思想、外と内の世界を区別して、内の中に安穏にやすらうという自由感をもってしては、とうてい権力の乱用をチェックすることはできません。それだけでなくて、およそ議会政治の存在する意味はどこにあるか。議会政治というものは、一面では国民が権力の行き過ぎ、権力の乱用をコントロールする装置、権力に対する制御装置であります。他面においては、政府ができるだけ国民の理解と意見を聞いて、その上に政策をするための装置であります。これを受送信装置に変える《たとえる》ならば、議会政治の安定性はどこにあるか。議会の外に行われている出来事にできるだけ多様の通信を自分のうちに正しく受信する能力、その上に政策の決定がなされる、これが大事なことです。それによって政策の安定がもたらされる。国民が権力を制御するために、国会なり政府に対していろいろな通信を送る、選挙における投票はその一つにすぎない。しかしそれだけでなくて日ごろ権力に対するいろいろの通信を送る行動を絶えずとっている。それを議会の方で正しく受信する。多様の通信をできるだけ受信し、国民に対して政策決定として送信する。この瞬間が円《循環》滑に行われている場合は、議会政治は安定するのです。

もしそうでなくて、ちょうど議会が閉じた社会のように、ある種の通信をはじめから受けつけない、あるいは国民が国会と政府に対する制御――リモート・コントロールを働かせない場合はどうなるか。そうなると国会と国民は離れていく。議会制度は国民があっての議会であるのに、制度自身が独り歩きする、国民から遊離してしまうことになる。

院外と院内を垣根で区別するという院内主義は、その意味でにせ議会主義であります。議会政治の安定はそれではけっして耐えられない。できるだけ多様の意見が議会の中に反映する。先ほどの精神分裂症患者のように、ある種の通信を拒絶し、あるいはある種の通信に対してヒステリックに敬遠する、はじめから受けつけないということでは、議会の中に受信されない。国民からの通信がふえる、それだけ議会の装置は効率が悪くなる。結局政治制度としての効率が悪くなる。院内と院外を垣根で区別して、院内の多数ですべて押し切っていくということは、かえって議会制度を危険にするのではないか。閉じた社会の思考様式が議会政治の中に――本来もっとも開いた社会の産物であるところの議会政治の運営が、実は垣根的に院外、院内という区別をして、固定化することによって営まれるという矛盾した事態になるのであります。

これは国会だけでなくて、世論の機関である新聞とか、ラジオとか、テレビとかの言論機関は全部、世の中にあるいろいろな出来事の、文字どおり通信装置である。むしろ中継装置である。したがってある種の情報は虫が好かない、気に食わない、不穏であるということで、受信を拒んだり、見て見ないふりをする。あるいは好ましい情報だけを選択して受信していたら、その中継装置は、だんだんほんとうに効率ある受信能力がなくなる。違った状況に対していつも適応し敏感に反応していく能力を喪失してしまいます。

そういう意味から申しますと、今日私はほんとうに国民の中にある多様な意見は、今日の言論機関なり、あるいは今日の国会なりに正しく受信されているかどうかということについて、少なからぬ疑惑をもつわけであります。左右の両極を排する、中庸とか、中道ということがムード的にいわれますけれども、多様性というものの中から統一を作り出していくのではなくて、ムード的に極端と思われる、不愉快と思われるものの受信を拒むことによって、表面的に、いわゆる良識的な世論によって、世論を画一化することは、実はある種の立場、ある種の議論による世論の画一化であります。それは左に寄る画一化と、右に寄る画一化とは危険においては異ならない。

いわゆる良識の全体主義もまた全体主義であるということを、もう一度われわれは考えてみなければいけないと思います。

山口（二矢）少年の行為〔浅沼稲次郎日本社会党委員長の暗殺、一九六〇年一〇月一二日〕は非常に世間を騒がしたのであります。あの少年の行動はきわめて異常であります。あらゆる新聞が非常に異常のこととし、かつまたそれを排撃しました。それはそれでけっこうでありますけれども、そんならば山口少年のあの行動はどんなに異常であっても、あの行動の背景をなす考え方が異常といえるか。異常という意味は、そんなに日本の社会のすべて（に対して）のまったく異なった考え方といえるか。残念ながら私はそういえないと思います。山口少年の背景をなす考え方は、かなり深くわれわれの中に巣食っているのではないかと思います。

自分の生死利害をかえりみないで、身体ごとぶつかっていった。実に勇気があるじゃないか。先ほど言った知性の勇気と、不愉快なものに直面する勇気と（は反対に）、身体を張る行為、あるいは一身の利害を忘れて、自己が正しいと思う行為に直進していくことに対する讃美。あるいはこれだけ大事な、本来国民が一致すべきときに、対立や抗争があるのは実に嘆かわしい。その対立や抗争の存在自身が悪い、対立や抗争の仕方ではなく、存在自身があるべからざるものであるという考え方。あるいは対立や抗争を扇動するのは国の害虫である、つまり対立や抗争を扇動する者がいるから嘆かわしい問題が起こる。だからこの扇動者は除かなければいけない。〔編者注⑧〕

こういうふうに検討していきますと、あの山口少年の背景とする考え方は、いかにわれわれの伝統的な考え方の中に深く根ざしているかということが容易にわかるのであります。つまりそれは閉じた社会の思考様式がいかにわれわれを規定しているかということがわかるわけであります。こういう場合に、ああいう考え方は異常であって、気違いのやることであるとすましていけるか。ムード的に良識を説くことによって問題は解決するか。私はけっして解決しないと思います。どんなに自分にとって不愉快な考え方でも、そういう考え方がある以上、そういう考え方を表面に取り出して、それと民主的な考え方と十分つき合わすということをしなければいけません。われわれの中に巣食っている偏見を、われわれは容赦なく吟味するという用意をもたなければいけない。そうでないと表面は、猫も杓子も民主主義になって、建前として意識の世界における民主主義と、下意識の世界における民主主義と、実は並んで存在している。その間にいわば無関係に存在していることになるのであります。そういうくさいものに蓋《ふた》をするということでは、つまりいやなものは見ないということでは、われわれの民主主義はけっして強くならないと思います。

ちょうどかつて国体思想があれほど修身教育によって日本国民にたたき込まれたのでありますが、およそ懐疑することを頭から許さないで、国体に対する議論をタブーにした。タブーにしたことによっていかに超国家〔主義〕的思想が強くなったかというと、強くならない、もろいものである。それはタブーによって守られる主義とか思想は弱いものであります。今日の民主主義ははたしてタブーによって守られていないかどうか。

何かある考え方を頭から、そういうものは反民主的である、そういうものは問題にならない、今は民主主義の世の中である、ということによって抑えつけていることによって、民主主義は安全になり得るか。そんな考え方を表面に出して、われわれの内部で対応的な考え方と思われるものと、そうでない考え方を、われわれの下意識の世界から意識の世界に取り出して対話させる。言論機関においても、左右の良識〔両極カ〕を排するという良識の画一主義でなくて、多様の考え方をどんどん出していって、多様性の考え方の中からほんとうに民主的な考え方、つまり民主的思想に対する懐疑をおそれないで、民主主義の思想に対する疑いを深めていくこと。なぜ民主主義はそんなに価値があるか、民主主義はちっともありがたくないじゃないかという考え方をどんどん出していくことによって、それによって獲得された民主主義はほんとうに力強い。否定を通じて踏み固められた民主主義は、ほんとうに強い。

その意味で左右の両極を排するという良識の支配は、かえってある種の非常に肌ざわりのよい通信だけを受けとって、ほかの肌ざわりの悪い通信を拒むことによって、世の中の安定を維持しようとする、むしろ臆病な考え方。そういう意味でほんとうの外の世界に出ていって、多様性というものの中から自分の方向を決定していくという考え方でない、臆病な考え方でないかと思うのであります。

孟子がこういうことをいっております。孟子の時代というものは、諸子百家といって実にいろいろな考え方がありました。楊子という人がおりましたが、この人は徹底したエゴイズムを主張した。「一毛を抜きて天下を利するも、為さざるなり」(『孟子』武内義雄・小林勝人訳注、岩波文庫、一九三六年、二九九頁)。自分の足の膝の毛を一本抜きさえすれば非常に天下のためになるといわれても、足の毛を一本抜くこともいやだといった。これが楊子の主張であります。これに対して墨子という人は、徹底した利他主義を唱えた。利己主義に対する愛他主義を唱えた。「頂《あたま》を摩《す》りて踵《くびす》を放《すあし》にするも、天下を利することは之を為す」(二九九頁)。頭をすり減らし靴の踵がなくなってしまって、裸足になっても、天下を利することはこれをする、という徹底した愛他主義です。これが墨子の主張であります。徹底した利己主義と、徹底した愛他主義の主張が当時はあった。これを孟子が紹介して、そのあと続いてこういっております。

「子莫は中を執る。中を執るは之(道)に近しとなすも、中を執りて権《はか》るなければ、猶一を執るがごとし。一を執るに悪む所は、其道を賊《そこな》ふが為なり。一を挙げて百を廃すればなり」〔二九九頁〕

子莫という人は中をとる。楊子も片寄っている。墨子も片寄っている。自分は中をとる。中をとるということはいかにも道に近いようであるけれども、「中を執りて権るなければ」というのは、これと相対的な軽重を比較して選択しなければというくらいの意味であります。中道を中道として固定化することは、これは左寄り右寄りで固定化することと変わらないのです。むしろ自由ということは固定化の中に中道があるのではなく、多様性の中から不断の選択をしていくというプロセスの中にある。自分で考え、自分で行動する能力、どんなに環境が変わっても、どんなに転変する状況の中でも、自分で調べて自分で選択していく能力は、できるだけ自分の中に多様のイメージを吸収し、それを比較し選択するという訓練を積むことによってはじめて鍛えられていく。そういうことを、孟子はこういう言葉の中でいっているのではないかと思います。

私はその意味におきまして、現代の日本においてこういう多様性を抹殺することによって、ある種の考え方だけで世論を画一化するということは、左であろうと、真ん中であろうと、右であろうとを問わず、それこそまさに自由の抹殺であり、それによって安定化せられるのは、実は幻想である。それによって得られるのは安定ではなくて、ただ転変する環境に適応する能力を失わせるだけであり、停滞があるだけであって、安定がない。安定というのは転変する環境に対する自主的な判断、動いているプロセスの中のあるものを外の世界に対しているのであって、殻を閉じて静かに寝ているという安定ではない。そういう安定は現代社会にはありえない。またそういうものによっては、われわれの生活における権力の乱用をチェックし、われわれの生活を日々守っていくということは非常に困難なのではないか。むしろ自主的な不断のわれわれの選択能力を、毎日起こる出来事の中において、われわれの既存のイメージをためしていく。われわれの偏見を、同時に出来事の中でためしていく。それを繰り返していく過程の中ではじめて保たれるのではないか、こういう感じを切にもつわけであります。たいへんお聞き苦しい話をいたしましたけれども、ご清聴を感謝いたします。（拍手）

編者注

①自筆原稿「「内と外」原稿・メモ」(資料番号 348–1–2)では、これと対応する文について若干異なった表現がなされている。参考までに次に紹介する。

「多様性のなかからの一致という考え方ではない。はじめに一致ありき。全人間的一致で限定的一致ではない」

②これより以下「それを流す」までは、講演記録では、テープ中断を示す記述があり空白となっているが、自筆原稿(資料番号 348–1–2)の対応する箇所によって補った。

③自筆原稿(資料番号 348–1–2)から、この箇所に関連すると思われる部分を次に紹介する。

「カール・シュミットによると、ナチの全体主義の支配は苛烈なものであったけれども、それによって精神の自由と創造性がチッソク《〔窒息〕》したわけではない。第一に、精神にいかなる思想の自由の余地も残さず、いかなる留保も許さないほどにまで、政治権力が人間をコントロールできるという仮定、一〇〇パーセント全体主義の可能性仮定は、かえって権力の万能観である。第二に、ヨーロッパの理性主義の長い伝統は、たった一二年間のナチのグライヒシャルトゥングによってつぶされるようなそんなにたわいのないものではなかった。それは過去何百年間、さまざまの政治的暴圧とテロをくぐりぬけて生きのびてきたのだ。――だからナチの下でインテリは全部自由な魂を引き抜かれて歯車になり終わったのでない。権力に便乗し迎合した第二流、第三流の学問や芸術と、第一級の作品とを見わける能力は生きつづけていたし、また現に見分けてきた――という(〔Carl Schmitt,〕 *Ex Captivitate Salus*〔, Köln: Greven, 1950.〕)。

右の第一点、すなわち権力による精神の統制ははたしてどこまで可能か、一〇〇パーセントの政治的全体主義は現実にありうるかということはそれ自体面白い問題提起である。テクノロジーと権力との結合による人間の魂のトータルな支配の物語――ケストラーの『真昼の暗黒』〔アーサー・ケスラー『真昼の暗黒』筑摩書房、一九五〇年〕からジョージ・オウエルの『一九八四年』〔G・オーウェル『1984』文藝春秋新社、一九五〇年〕以下の逆ユートピア物語まで――にわれわれはおびえすぎていたのではないか。現代の権力の巨大化のもたらす危険に対するこうした四方八方からの警告は、知らず知らずわれわれを権力に対する決定論的な敗北主義に陥れていたきらいがないとはいえない。しかしさしあたって問題にするのはシュミットのように、よしんばナチ権力の精神的統制に限界があったとしても、それでもってナチ治下において精神の自由と創造性は保持されたといえるだろうかということである。シュミットはこういっている――「こうした表面的な侵蝕に抗してドイツ人の抜きがたいまでの個人主義は己れの力を保持した。……その時の合法的政府の命令にすすんで協力した際でさえも、昔から守られてきた私的内面性への引退という静かな伝統がちゃんと残っていた」

〔つまりドイツの心あるインテリは二重生活をしていたので、表面的にはナチの画一化〔グライヒシャルトゥング〕がスムーズに進行したということは実は、それがドイツ人の内面生活、精神的自由の本当の核心にすこしも触れずに、生活のうわっつらだけをなでて通ったにすぎないのだというわけである(党の統制や法令はどんなに細かく規定してもいろんな解釈の余地を残したので、ナチの文化は表面の、一見明瞭で疑う余地のない世界観の「タテマエ」とその下層にあるハッキリしない自由な領域との二重構造からできていた)。これは日本の国体イデオロギーの統制とある程度比較できて面白いが、それはともかく、)ここでとくに注目すべきはシュミットが「ほかのいかなるところでもドイツにおけるほど、内的《インネン》なものと外的《アウゼン》なものとの分離が、ついには両者が完全に無関係になるまで徹底して押しすすめられたところはなかった」といっていることである。ドイツの精神的自由の伝統が外なる世界と無関係に内なる自由を保持することにあったからこそ、ナチの全体主義も上すべりに終わったといっている点である。

カール・シュミットのこうした言葉によって彼の戦時中の行動がどこまで弁護されるかは今は問わない。すくなくもドイツにおける精神的自由、あるいは個人の内面性という考え方の伝統は、たしかにルーテル以来、ずっとこのように、外と内とを遮断し、外の世界はどうあろうと、どんな嵐が吹こうと、内なる自由はそれによってゆるがないという観念に立っていたことは事実である。

[ルーテル・ゲーテ・ニーチェ]ドイツ教養層の伝統をなす文化主義と反政治主義は、こうして、近世を通じ、フリードリヒ大王からビスマルク、ヒットラーにいたる軍国主義や権力支配の伝統と平行存在をつづけてきた。

ルーテル『キリスト者の自由』[霊の世界／肉の世界　領主への絶対服従、農民戦争におけるルッテルの態度

トーマス・マンが戦後ドイツ人としての自己批判をまずルーテルの自由観にさかのぼって行ったこと。市民的、政治的自由に対する冷淡さ──→「国民のなかの代表的ドイツ人たるルーテルはドイツ革命におけるこの最初の企図(農民戦争)の悲惨な結末に少なからぬ責任を持たねばならぬ。もし農民戦争が勝利していたら、ドイツの歴史はもっと自由の方向へ向かったであろう[」Thomas Mann, 'Germany and the Germans' 本『別集』第一巻、三〇五頁参照]」

「自由意識が私の世界と社会や政治の世界とをつなぐ行動にならないこと。政治的未熟」

「内面性とか内発性とかいう考え方はたしかに近代的自我意識に伴って成長した。しかし内と外との「カキネ」的分離にもとづく自由観は、これと似て非なるものであって、両者を混同して[は]ならない。「よそ」にかまわず「内」に関心を集中すること、そこから生ずる社会的行動への無関心はいたるところ、昔からあって近代的自律とは観念構造を異

にしている。封建日本もこうしたカキネ的自由の享受態度には欠けていなかった。いわゆる公衆道徳の不足。「うち」をきれいにして道路や下水に無関心な考え方はいうまでもなくここに関連している」

④自筆原稿(資料番号 348–1–2)から、この箇所に関連すると思われる部分を次に紹介する。なお、ここで引用されているミルズの文章は、丸山文庫所蔵の資料と校合した。

「『ホワイトカラー』や『パワー・エリート』の著者、C・ライト・ミルズ「現代の知的状況」(『みすず』〔一九六〇年〕一二月号)。西側の知識人の間の流行、「イデオロギーの終末宣言」。アパシーあるいは政治的冷淡さの知的称揚、個々の孤立した事実を関係づけたり、より長期的なトレンドのなかに置いて見る試みは、片よっている、的《マヽ》だといわれる(いわば社会科学的という条件つき、社会科学アレルギー)。事実を見よ、見よという言い方で事実の承認を迫る(認識ではなくて評価せよ!)。かくれた論拠の仮定──→混合経済、福祉国家、繁栄、という新たな公式。「その流行の公分母は政治哲学としての自由主義ではありません。じつに自由主義のポーズをとった修辞《レトリック》であります」〔九頁〕。

ミルズの批判。「《イデオロギーの終末》いうのは、現在という一時期に、そして富裕な〈西方〉の社会という一地域に集中している、じっさいの年齢よりも早く中年になった人たちのあいだでのみ通用する、自己満足のスローガンなのであります」〔一一頁〕。NATO知識人←──→スターリニズムのイデオロギーに対する機械的反作用にすぎぬ。

イデオロギーというのは、この「うち」の世界と「外」の世界をつなげる思想であり、外の、政治の動向を批判し、政治の目標、目標を実現する手段などについて比較し選択する思想である。

政治について発言し、批判する場合、意識すると否とを問わず誰もイデオロギー的に思考している。イデオロギーというと下品で、思想というと上品にみえる。公的問題を公的問題として対象にしないと、かえって「うち」の感情的好悪と偏見を無原則に輸出することになる」

⑤自筆原稿(資料番号 348–1–2)から、この箇所に関連すると思われる部分を次に紹介する。

「変化する世界をおそれず、積極的に自分で環境を打開していく、いかざるをえない。モラルが個人化する。自発性、内発性、個人的選択、一つ一つの状況をしらべ、自分で方向を選択する。個性の分化、いろいろな考え方が自分の内部にプルーラル〔plural 多元的〕に生きていて、その中で相対的にいいものをえらんでいく。この場合の「内発性」においては空間的な「うち」の考え方〔の〕同一性と固定性が破れている。近代的「内面性」はその意味で抽象的である。方向性としてだけある。

どんなに自発的に考え行動しても現実に《〔ママ〕》から考え、行動しているのでない。所与と現実のなかで思考し行動しているのだ。目に見えない原理を自分の中にもっていること、近代世界をつくった人間像、内側から導かれるタイプ「内側から導かれるタイプは、つねに外の世界を所与として受けとらず、これをその内面的自我の要求にしたがって変えていこうとする。たくましい、能動性、行動性。モラルの内面化が自然や社会を積極的に改革する社会的行動と結合することに注意(カルヴィニズム)。

内面化にもとづくということは必ずしも滅私奉公〔ということでなく〕、自己の利害にもとづいた行動でもよい。

エゴイズムの二種類〔「うち」と「そと」にもとづく、よそのことはしらんというエゴイズム。人間とともに古い。／自己の利害を社会的、政治的に実現していくという態度。

幸福〔静的な幸福にとじこもる。／幸福の追及〔求〕を基本権とし、国の制度判断の基準とする」

⑥自筆原稿(資料番号 348–I–2)から、この箇所に関連する部分を次に紹介する。

「制度や機構の改革に対してさとりすました冷淡さを示すことが一部の哲学者や文学者の公式化した反応になっている。かりに制度が人間性を改善する程度などはしれたものだとしよう。しかし逆に一定のメカニズムの中におかれた人間がまったく「良心」的な職ム《〔務〕》の遂行としてどんなに残虐なことを平気で行うかということもアウシュヴィッツや原爆投下で試験ずみではないか。制度の万能を信ずるからでなく、逆に、制度が人間を堕落させることの恐ろしさを経験しているからこそ、私たちは制度の問題に不断に関心を払わねばならない。より悪しき制度への転落を防止せよ！　向上の期待でなく転落の防止だ。権力収穫逓減の法則。想像力とユートピア／レッサー・イーヴル〔lesser evil よりましな悪〕の現実的選択}二つのレヴェルで生きること[not reactionary, but inactionary。政治を動かせるはずなのに helpless だということ。政治参与《カ》のイデオロギーが社会化し、機能が個人化した(リースマン)]」

「いわゆる文化主義者、良識[政治]、自由人〔の〕制度・機構は「そと」のものだという感覚、それはわれわれの精神の本当のいとなみと無関係だという考え方、むしろそうした問題に対する無関心、冷笑的態度が本当に文化的制作の立場だという考え方、そこにもうちそとのカキネ思想がある。[制度]制度は客体[行為の対象、人間〔が〕操作する]であり人間が主体であるという意味でだけ、制度はインパースナル〔impersonal 非人格的〕なもの、外部的なものであり、うち側そと〔側〕の意味で外部的なのではない」

「かえって制度が上からまた外から与えられた、みずからの試行錯誤を通じて造り出していった経験の乏しいところでは、それだけ制度はみずからに対して「外」のもの、縁の遠いものと観念される。社会契約説はたんなる社会の歴史的起源の説明でなく、人間こそ社会の主人公で、みずからの活動を通じて社会をつくりかえてゆくのだという人間のダイナミックな制度形成力に対する逞しい自信の現われだった。

制度のなかにあるか外にあるかという二者択一は現実にはない、われわれはいつも複数的な制度のなかにある。それをわれわれがどう使いこなしていいるか、それとも制度の所与性に甘んじているかによって、どこまでわれわれが制度に対して自由であるかがきまる」

「精神活動が空間的な「うち」のなかだけで、いとなまれることが「内面的」なのではない。

政治は外なるもので、精神は内なるものである。しかしこの場合、政治の外面性ということは、政治が人間の外にあらわれた行為及び行為連関に関係しているということであって、「うち」(ins)と「そと」(outs)の区別における outs だということではない。むしろその意味では、ins と outs を区別する行為自体が高度に政治的なのである。精神はうちなるものであるが、精神活動が行為として現わされれば《ママ》、それは外なるものである。文化作品はその意味で外なるものである。政治活動は外なるものだが、政治についてのイメージ、思考はわれわれのうちにある」

「自由な人間と不自由な人間があるのでなく、自由な行為と自由でない行為とがある。政治思想、政治のイメージは内にある。それ自身外にあるのではない。

精神の自律とは、カキネをつくってそのなかで満足することではない。不断の精神活動の自由以外のものではない。社会的行動と精神の自由がそれ自体として背反関係にあるようなイメージは、実は空間的な「うち」「そと」の分離に発している。社会的＝政治的行動のなかで精神活動の自律性は刻々にためされる。社会的行動のなかで自己が見失われる可能性はある。が、そんなことをいえば「うち」にひきこもることも精神の怠惰を意味するかもしれない。外へ出ていくか、内にこもるか、社会的な事柄に関与するか、しないかということは、精神活動の拘束と自由とはどこまでも別の次元に属する[ステレオタイプ]」

「外面的な政治と内面的な自我との間に空間的なカキネをつくることはできない。カナワンカナワンといって一線を画することで、今日のテクノロジーと結合した政治を心の中から、あるいは家庭の中からさえも追い出すことはできない。追い出したつもりでも実は追い出していないので、不安をどうすることもできない。政治行動への冷笑はこの奥深い不安感をごまかすポーズなのだ。

外面の世界に対する不断の日々の選択と決断のなか[いや自分のなかにあるものを外面化し、意識化し、選択すること]で、内面の自由は保証される。個性とか人格の一貫性、自由とかいうものは、個人のこういう決断過程の軌跡をあとから見てはじめて確認されるものだ」

「政治は外なるもの、文化は内なるものという学者や文学者のイメージのなかに、はたして、政治をoutsとし、文化をinsとするイメージが重なっていないか。政治に対する極端なぶべつ〔侮蔑〕が度外れた恐怖と裏腹に結合しているのは、ちょうど閉じた社会の人間がよそものに対する態度と似ているところがある。政治に対してどういうイメージを抱こうと自由であるが、内面性と外面性の区別と、「うちわ」と「よそ者」の区別というまったく次元のちがったことがゴヂャゴヂャになり、文化主義、文化の擁護が「よそもの」としての政治を自分からできるだけ空間的にカクリ〔隔離〕することと同意義にあるところに問題のスリカエがある。そこから静止的な自己満足の姿勢は出てきても、現代における文化の擁護の行動にはつながらない」

⑦自筆原稿（資料番号348–1–2）では、以下の文章が続いている。

「ところがである。奇妙なことに反政治主義を高唱する［エセ保守］文化主義者［良識人］は、この政治中の政治である国家権力の行使に対してはあまり不思議感をもたず、下の方の状況にだけ強度の政治性を見出し、それにアレルギー反応をおこす。これは実は官僚的思考である。官僚は法体系の完全性という前提にもとづいて行動する。つまりその行動は法規の適用であり、法規から行動が流れ出る。具体的状況での政治的決断のモメントが隠ぺいされる。

官僚主義にもっとも対立しているはずの「良識」的文化主義者がどうして官僚的思考に陥るのか。みずからの精神の内部［に］社会規範が内面化されステレオタイプが形成されながら、それを吟味しないからである」

⑧自筆原稿（資料番号348–1–2）から、この箇所に関連すると思われる部分を次に紹介する。

「争いはない方がいい、対立はない方がいいという大前提（「うち」の泰平）。

イ、争いや対立にもいろいろある。街のケンカも争いだし、政策の対立も対立である。夫婦ゲンカさえ時々した方がいいといわれる。いわんや対立のない社会は進歩のない社会、停滞した社会である。問題があるから利害の対立が出てくる。問題を解決しないで、そこから出てくる対立をなくすことはできない。いわんや、見ないから対立がなくなるわけではない。利害が同じでない人の集まりだから政治が出てくる。「闘争」がそれ自身悪いイメージであるのはなぜか。利害の対立だけでない、見方の対立、これはあればあるほどよい。立場の盲点がうめられてゆく。見落とされている側面、〔以下欠〕」

解説

平石直昭

解説では書名を以下のように略記する。『丸山眞男集』→『集』、『丸山眞男集 別集』→『別集』、『丸山眞男講義録』→『講義録』、『丸山眞男座談』→『座談』、『丸山眞男話文集』→『話文集』、『丸山眞男回顧談』→『回顧談』

本巻には一九五〇年から一九六〇年までの論考を収めた。この時期の日本は内外両面で大きな曲折を経た。冷戦の激化と朝鮮戦争にともなう占領政策の急変(逆コースとレッドパージ)、講和条約をめぐる全面・片面両説間の対立、再軍備の本格化、警察組織の中央集権化、教育二法による政治教育の抑制など。一方で中野好夫が指摘したように「もはや「戦後」ではない」との自覚も必要になった(『文藝春秋』一九五六年二月号)。「スターリン批判」が左翼運動に与えた影響も計りしれない。さらに岸内閣による諸政策や日米安保条約の改定強行は、市民運動の空前の盛り上がりを招いた。他方で、社会主義にかわる近代化のモデルとして日本を評価する動きも現れた。本巻に収録された丸山の発言・著述はこうした動向を背景に、時代が提起する課題に応えたものである。当該期にあたる『集』各巻の「解題」の併読は、内容の文脈的理解に資するであろう。

近代的ナショナリストとしての福沢先生

一九五〇年四月八日に大阪慶應倶楽部が主催した講演会での講演である。近代ナショナリズムの発生条件はヨーロッパとアジアとで異なると指摘した上で、福沢の二特徴をあげている。①日本の国民的独立という命題を方法的に貫いたこと。②ヨーロッパ帝国主義からの東洋解放と日本の国民国家としての健全な発達とを不可分としたことである(本巻七頁)。後者は一九四六年の「近代日本政治の諸問題」(『別集』第一巻)で強調されていた点でもある。

丸山によれば初期の福沢のナショナリズムは、国内での法の前の平等に類比して国際間の道理の支配をとく点で古典的均衡を保ち、そのかぎりでは啓蒙自然法の立場を出ていなかった。しかし『文明論之概略』で一歩抜けだし、国家の政治的実存(国家理性)という問題に着目したという。この指摘は一九五二年に発表された『福沢諭吉選集』第四巻「解題」(『集』第五巻)で、国際政治面における福沢の論調の変化を「地殻」変動に喩えて説明する見方へと連なっている。同時に丸山は、福沢が国家の政治的実存と国際規範間との乖離を自覚し、後の帝国主義的国家主義者が国家のためにする行為を美化して自己欺瞞に陥るようなことはなかったと強調している。同趣旨の指摘は一九四九年の『講義録』第二冊一〇七頁以下(東京大学出版会、一九九九年)でも展開されている。

レッドパージ反対集会での発言

冷戦の激化と米国の対日占領政策の変化をうけ、一九五〇年にはレッドパージの嵐がふきあれた。東大法学部関係では川島武宜、辻清明、丸山が対象という情報が流れた。そうした中での発言である。本巻「文献解題」がいうように冒頭の「昨日」は一九五〇年一〇月四日にあたり、この原稿は五日に書かれたとわかる。ただ大学は五日開催の「レッドパージ計画粉砕全学総決起大会」を許可しておらず、その大会で丸山が発言したとは考えにくい。一方『回顧談』下、九二頁への補注(三〇七頁)によれば、法学部緑会委員会の申し入れで一〇月九日に教授・学生・職員合同集会が開かれ、同月一九日付の『東京大学新聞』にそこでの丸山発言の要旨が載った。とすれば丸山は、五日に用意したこの原稿をもとに九日の発言をしたと思われる。

発言の主旨はレッドパージ糾弾よりも、学生自治会幹部による反対闘争戦術の批判にある。彼らの方針は、教授・学生が共有する「学園の自由を守る」という目的達成に無効なばかりでなく、学外権力の干渉を招きかねないとし、政治は結果責任(ウェーバー)という観点から戦術の見直しを求めている。背景には、学生委員会の一員だった丸山と自治会幹部とのあいだに接触の機会が多く、相互に信頼感があったという事情がある(「森有正氏の思い出」『集』第十一巻八一頁以下、「中野好夫氏を語る」『集』第十二巻一六三頁以下を参照)。

サンソムが引く幕府による吉田松陰死刑宣告文へのコメント

英訳された吉田松陰の死刑判決文を読み、そこにアイロニーを感じたサンソムに共感しつつ、他方で幕末期に自分をおいて判決原文を読めばその感覚は生じなかったろうとする。この反省に立って、自分の生きる現代に対し距離をおいてみる必要を強調している。松陰らの断罪とダブらせてレッドパージを批判していると思われる。

朱子学

徳川時代の朱子学の流れや諸学派を簡潔に説明している。一層包括的に論じたものとして一九四八年の『講義録』第一冊がある(一九九八年)。朱子学が幕府官学の位置を占めえた理由として、封建的統制のイデオロギーという点と、その自然秩序観が安定期の封建社会に普遍的な思惟様式として受容される素地があったことをあげる。このように教義のレベルと思惟様式のレベルとを分ける視点は一九四二年の「福沢諭吉の儒教批判」にみえ

(『集』第二巻一三九頁)、六六年に丸山が朱子学＝幕府の体制教学説を自己批判するさいにも生きている(『講義録』第六冊一八八頁以下、二〇〇〇年)。

議会政と選挙の機能

現代民主政で議会がもつ二つの機能をあげ、仏伊の例を引きながら、議会がよく機能するために選挙制度はどうあるべきかを論じている。①国民の多様な意見・利害を議会に反映させること、②政権担当政党を決めることである。丸山の危惧は、選挙制度を操作することで強い多数派が形成され②の面で有効でも、①の面で少数派が無視されれば、そのエネルギーがやがて暴発するだろうという点にある。どんな選挙制度の下でも実際の国民間の意見分布と議会でのそれとの間にはギャップがあり、議会多数派の意見は建前としてのそれに過ぎない。だからこそ多数・少数間の妥協に基づく合意形成が重要になる(ケルゼン『デモクラシーの本質と価値』岩波文庫、一九四八年、第六章)。しかし政権担当者がこれを忘れて「数の暴力」をふるえば、議会は①の面で機能不全におちいり、民主主義は暴力による闘争へと退行する。晩年の丸山が「小選挙区比例代表・並立制に反対する言論人・ジャーナリストの緊急アピール」に賛同した(『集』別巻八五頁)背景には、「技術的に見える選挙法の問題のなかに実は民主主義の根本にふれる重大な問題がふくまれている」(本巻四九頁)という認識があったであろう。

政治的無関心と逃避

現代民主政において政治的無関心を誘発する一般要因をあげた上で、とくに日本でそれが強化される要素を分析している。伝統的慣行への同調圧力が強いところでは、ある行動の型からはずれる者に対して村八分的な制裁が加えられ、政治的自覚化が阻止されるという事情である(一九五二年六月、静岡県議会選挙における不正を告発した高校生の家族が村八分をうけ問題となった。本巻二四七頁編者注⑤参照)。既成の型に従う側もある政治的立場をとっているのだが、それは意識されない。こうした「非政治的心情」を基盤とする日本の保守支配層は、国民の政治的自覚化を恐れて「政治教育」を進めない。だがそこに生まれる政治的無関心は民主政治を空洞化させる。くわえて公共問題に無関心で逃避的私生活に埋没する態度の広がりは、やがて民族的生命力自体を涸渇させるだろう。こうのべて丸山は、国民の無気力化をうながす政治家は自己の墓穴をほることになると警告している。本稿は一九五三年作としたが、職場や学校での教育が政治的無関心を奨励していないかと懸念している(五六頁)ことを考えると、五四年の教育二法の成立後の作かもしれない。同じ主題を論じたものとして「政治嫌悪・無関心と独裁政治」(『別集』第一巻)、一九五二年『政治の世界』の末尾(『集』第五巻)、五四年「政治的無関心」(『集』第六巻)などがある。

匿名批評のルールについて

批評は進歩の原動力であるという理解にたち、だからこそ批評に対する批判力を読者の側がもたねばならぬと強調する。提言の内容はネット社会といわれる昨今の状況によくあてはまる。

逆コースと雪解けの兆し

一九五四年一月一三日付の *The Mainichi*(英文毎日新聞)の「日本の窓から」というコラム欄の第一回として掲載された。丸山は本年一月に結核が再発して入院した。この論説はその直前の作であり、当時の丸山の内外情勢観がうかがえて貴重である。憲法改正をはじめ逆コースが加速するという見通しとともに、東西間の緊張緩和の兆しを見てとり、内外情勢のギャップに皮肉を感じている。Military Security Law はＭＳＡ援助の受入れにともなって必要となる国内軍事法をさすと思われる。本論末尾では、アメリカのジャーナリズムの日本反動批判によって戦後激励されたことにふれつつ、占領政策の変化にともなうその変調を批判している。また日本知識人が戦中・敗戦直後にもった意識にふれた部分は、丸山の当時の心象風景をみる上でも貴重である。

健康者対病人

丸山は一九五五年四月に国立中野療養所を退院しており、その直前の作と思われる。健康者と病人の双方に即して、他者を他在において理解することの困難さを指摘している。関連文献は本巻一一七頁の編者注④を参照。

「スターリン批判」をめぐって

武田泰淳の「X氏との対話」のもとになった対談の記録である。武田にとってソ連社会主義の実験は巨大な意味をもち、他方でスターリン独裁の否定的な側面には困惑していた。そこにこのフルシチョフ、ミコヤン演説(二月)が発表されたので、丸山にどう受け止めればよいかを問うたわけである。丸山の論文としては「「スターリン批判」における政治の論理」が有名である(『集』第六巻)。しかしその執筆はフルシチョフの秘密報告が公表された六月以後であり、またその主眼は各国共産党のスターリン批判に対する反応やそれをうけたソ連共産党の対応に見られる傾向の分析にある(本質顕現、基底体制還元など)。それに対してこの対談は、体制の平和的移行の問題などを主に論じている点で貴重である。

①個人崇拝に関して。丸山は集団指導原則をスターリンが認めていたことを指摘しつつ、反対派を粛清しながら対独戦に勝利するためにはそれが必要だったと理解を示している。②革命方式に関して。革命の内容的概念と方法的概念とをわけ、前者は成長した生産力が古い生産関係の枠を壊す社会革命で権力の階級間移行が行われることであり、後者は現存国家の法秩序を非合法的に破壊して権力を握ることとしている。問題は後者で、丸山はどんな条件のもとで平和革命が可能か、プロレタリア独裁の理念と反対党の許容は両立するか、などの問題を出している。エンゲルスの平和革命論にふれた部分には実証面で検討の余地がある。その他、③文学で描くべき人

間像、④国際政治におけるソ連の出方、⑤近未来の日本政治などが論じられている。

なお「友達のコミュニストは、あれは僕の見解で」云々という発言があるが(本巻九二頁)、「X氏との対話」で武田はその意味を誤解している。丸山の「政治の世界」には「革命が暴力的な状況に立至るかどうかということは……支配者が歴史の方向を洞察して適当に譲歩する聡明さをもっているかどうか、また外国が革命を鎮圧するために武力干渉するかどうか、が革命のコストを大きく左右する」のであり「革命政治家が自由に決めうる問題ではない」とある(『集』第五巻一七九頁)。丸山が右記箇所でいうのは、コミュニストの友人(恐らく永山正昭)がこの箇所を念頭におき、「演説」の主張が丸山説と同じでそれは革命の主体性を放棄するものであり、コミュニストの立場ではないと「演説」を批判したことをいう。逆に丸山としては自説と「演説」とが「言葉」までそっくりで驚いたといっているわけである(同右頁)。

戦争責任をめぐって

日本の支配層に戦争責任意識がない理由を、天皇制、官僚、ブルジョアジーという三つに即して説明している。①天皇がもつヤヌス的性格(憲法上は絶対主義的大権の保有者だが立憲君主として教育され最高統治者としての責任が曖昧になった)。②統治構造の多元性と、それが行動面では臣下意識や官僚意識として現れ、権限意識は生まれるが、政治的決定主体としての責任意識が生まれないこと。③ブルジョアジーの寄生的伝統。産業ブルジョアジーとしての自主的成長がなく、国策の指導者に動かされたという被害者意識が主で、自分たちが主導権を取ったという意識がない。丸山が匿名を希望した理由は不明だが、インタビューした松平康昌の名をあげて神輿担ぎの比喩を紹介していることによるのかもしれない。内容的に重なる文献として「戦争責任について——思想の科学研究会一九五六年度総会における討論——」(『集』第十六巻)がある。

革命と反動（東洋とヨーロッパ）

この竹内好との対談の年代推定は「文献解題」を参照。内容は題名から連想されるものとは違い、西洋、日本、中国の歴史意識・哲学や史観をめぐる対談である。西洋歴史観の種々相とその関連、日本におけるその受容の特色、日本と中国との比較などが論点である。『愚管抄』や『神皇正統記』の分析は一九五六年度の講義録に詳しい（東京大学出版会より刊行予定）。歴史意識を主題とした丸山の専論には一九七二年の「歴史意識の「古層」」（『集』第十巻）があり、八六年の『「文明論之概略」を読む』（『集』第十三巻）第三講の冒頭でも「進歩史観」の源泉に関する簡潔な説明がある。この対談は、これら後年の著述で引照される西洋歴史思想に関する該博な知識が、丸山によってすでに自家薬籠中のものとされていたことを示している。

丸山先生に聞く

卒業生に対するはなむけの言葉である。青年時代の理想を忘れぬこと、現代は組織化＝官僚化の時代だが、職業と違った次元で横に人を結合するサークルを作ってそれに抗すること、もの（Sache）に対する情熱を失わず自分のペースと「事柄」を守ること、苦境に陥ったとき自己に対して距離をおけば冷静な判断が可能になるという。丸山自身が辿った人生の軌跡をうかがわせる。

一月一三日　丸山眞男先生速記録

丸山（文中ではA）に対するBのヒアリング記録である。「今度文相になった橋本龍伍」とあることから（本巻一八三頁）、一九五九年の記録とわかる。みすず書房の原稿用紙が使われ、また書き直しの筆跡から、Bは同書房編集長だった小尾俊人と推定される。内容は①丸山の個人史に関わる回想、②直前に公表された「現代文明についての一試論」（のち「「である」ことと「する」こと」（『集』第八巻）に改題）の敷衍、③一九五〇年代後半に展開された新たな日本思想史像の提示とに大別される。

①丸山が個人史を語ったものには、古在由重との対談「一哲学徒の苦難の道」(『座談』第五冊)、「南原先生を師として」(『集』第十巻)、「如是閑さんと父と私」(『集』第十六巻)、『回顧談』上・下などがあり、『話文集』所収の座談会記録も複数ある。本資料はこれらのなかでも古い日付をもち、四十代半ばの丸山が記憶の中でもっていた過去像を知る上で貴重である。ただ記憶に頼っているため事実認識の面で考証を要し、今では既知の情報も多い。そこで本巻では既刊著述では余りふれられておらず、あるいはニュアンスを異にする回想を中心に抄録した。以下で幾つかの点を参考としてあげる。

筆者がきいた丸山の直話によれば、朝鮮人虐殺の様子は兄鐵雄の目撃談という。鐵雄は当時一三歳であり「お菓子屋」云々の逸話からも、しばしば単独で動いていたのであろう。帯刀貞代についての記述は事実ではない。帯刀の『ある遍歴の自叙伝』(草土文化、一九八〇年)巻末の年譜を参照。宇佐美誠次郎は武蔵高校卒で、一高の戸谷と高校が違うのはその通りである。だが宇佐美が平沢や戸谷を知ったのは大学入学後のようである(花原二郎等編著『学問の人――宇佐美誠次郎』(青木書店発売、二〇〇〇年)のインタビュー記録「学問形成と中国認識」に付載された自作「経歴」を参照)。また宇佐美によれば、彼は武蔵高校二年の時に(丸山が検挙された)唯研の講演会に参加し、同高から三人ほど参加したという(三八頁)。『回顧談』上、六六頁で丸山は、この講演会に出ていた高校生は自分と府立高校生の二人と語っているが、訂正が必要であろう。その他にも検討を要する箇所がかなりあるが、考証は別の機会に譲りたい。

②の部分では、論文「「である」ことと「する」こと」の末尾でひとこと出てくるだけの「精神的貴族主義」が、民主主義の充実発展に不可欠な所以を敷衍している点が重要である。また③の部分の「欠如理論」は恐らく

神島二郎の用例が最初であり、日本の近代化を西欧のそれと比較し、あれこれが日本にないと指摘して解明したかのように考える立場をさす(本としては『近代日本の精神構造』三二五―三二六頁、岩波書店、一九六一年)。室町戦国期を視野にいれた新たな日本思想史の構想が、この批判への応答という面をもつのは興味深い。

音楽・音感教育について

この資料は冒頭部分が欠けているが、丸山の音楽論をみる上で貴重なので収録した。スピーチを依頼したのは野田美津子(東大法学部における丸山の同僚だった野田良之の妹)で、時期は一九五九年一一月ごろと推定される。若い丸山は「音楽への愛と傾倒」を野田良之とわかちあった(「野田良之さんのこと」『集』第十二巻)。ピアノを始めた丸山に教師を紹介したのも野田であり、法学部長老だった田中耕太郎宅で三人の定期的練習会も開かれた。さらに丸山は野田とＹＭＣＡで佐々木幸徳の音感教育の指導を受けている。一方野田美津子は武蔵野音楽学校でピアノを学んだが、後に良之から勧められて佐々木について学び直した(「音楽と兄」『みすず』第三〇三号、一九八六年二月、六一―六二頁)。丸山があげるタイピストの比喩は、美津子の演奏を聴いて良之があげた喩えでもある。このように野田兄妹と丸山との間には音感教育について共通了解があり、教室を開いていた美津子は子供たちの発表会のおりに、それを話すよう丸山に頼んだわけである。この資料も取りあげて丸山の音楽論を扱った最近の論考として、奥波一秀「丸山眞男における音楽と啓蒙の問題」がある(『図書』二〇一五年一月号所収)。

全学連幹部構内隠匿事件に関する法学生大会での発言

丸山の「大学の自由」観を知るのに貴重な資料である。逮捕状の出ている学生が東大構内に逃げこみ、大学の自治の名において彼らを官憲から守ろうとする運動が起きた。丸山は学生らが大学の建物や構内と精神共同体としての大学とを混同し、構内を治外法権地区のように考えていると批判している。口調は激しく、丸山の一面を浮かび上がらせる。結果責任の観点から「心情倫理」を批判するのはレッドパージ反対集会の際と同じであるが、丸山と学生指導部との間にかつての信頼感がなくなっていることがわかる。

日本人の倫理観

この座談は野田良之の斡旋で、一九五〇年代末から六〇年代初頭頃にもたれたと推定される。本巻では仮に一九五九年末に置いた。エルベールは神道への関心を深める前にガンジーに傾倒し、彼の書簡などから抜粋した選集を仏語訳して出している。元陸軍中将の蒲穆《かばあつし》がそれを和訳したものが『ガーンディー聖書』である(岩波文庫、一九五〇年)。蒲の序文によれば、エルベールは蒲が滞仏中の先生で東洋哲学に関心をもち、戦前すでに日本やインドを訪ねている。後掲『神道』によれば、戦後しばしば来日し、多くの神社を訪ねて神職にあい神道行事に参列している。だがインド思想への関心が神道へのそれに連なった経緯は定かでない。

エルベールによれば神道が日本人に与えている影響を西洋人が理解できるように書いた本はまだなく、それを書くのが目的である(本巻二一四頁)。この本はやがて完成し、一九六四年に仏語版(その表紙によれば、エルベールはジュネーブ大学私講師)、六七年に英語版が出て、後者の邦訳版も出ている(『神道──日本の源泉』神社本庁、一九七〇年)。興味深いのは『神道』の序説末尾に、エルベールが神職らと会話するさい通訳にあたった人の中に「海老〔蛯〕原徳夫」「宮本正清」、さらに「日本の旅行に多く同伴」した人として「山口三夫」の名があることである(五頁)。これら三人はいずれもロマン・ロランの研究者・紹介者であり、山口はタゴールの翻訳出版にも関係している。そしてロランがインド思想に関心をもちガンジーの専論を書いているのはいうまでもない。とすれば、ロランや東洋思想への関心がエルベールとこの三人を結びつけたといえよう。そしてキリスト教平和主義者としての野田もまた、同様の関心からエルベールと知りあうようになったと思われる。

座談の論点は多岐にわたる。日本神話の政治性、徳川日本における業績価値の優位(ベラーへの引照)、行動の状況倫理性、トリヴィアリズムや形式美の追求などである。エルベールは、丸山が日本人の思想的「雑居性」と名づけて精神革命の対象とした価値観や思考様式(「日本の思想」『集』第七巻)に、かえって、世界の対立を解消し調和をもたらす可能性を見ていたようである(異質な要素を包容して調和を保ちうるとして)。だがこの点はよく論じられずに終わっている。

日本の進む道

一九六〇年初頭における丸山の内外情勢観をうかがう上で有益である。米ソの平和共存は両体制が変化しつつ進行し、戦争はむしろ後進国ナショナリズムが起爆剤となって生ずる恐れがあるという。また国内では革命の主体的条件が全くないにも拘わらず、保守支配層にはアカへの恐怖感が強い。その背景に丸山は、国家的目標意識をもてない支配層の根本的な自信のなさを見いだしている。

「民主主義をまもる音楽家の集い」へのアピール

このアピールが出された背景事情は未詳である。岸内閣による一九六〇年五月一九日の強行採決は議会政治の否定、民主主義の基本原則の破壊だと批判し、政府の権力濫用に対する歯止めとして憲法を生かす力を国民がもっているか否かを問いかけている。そして基本的人権の原則を貫き、政府にそれを守らせるために全力を傾けるように呼びかけている。この時期の丸山の発言は『集』第八巻に収録されているが、とくに「選択のとき」と密接に関連している。

明星学園講演会速記録

丸山の長男彰、次男健志が通う明星学園のＰＴＡでの講演記録である。日本の安全保障はどうあるべきかを、日米安保条約改定問題に即して論じている。はじめに「自分の内部」で自分と違った意見を考えて対話し、問題の理解に深みと厚みを加えるように求めている。本論では新旧安保条約の基本的違いに注意する。旧条約は占領下に押しつけられたが、新条約は独立国日本が自主的に選び決定するもので責任がともなう。そして「政治の問題は、誰が、いかなる時期に、どういう状況の下で、何を、どういうやり方で決定するか」(本巻二六九頁)であり、これらをはなれて条約の内容だけ比べても良否はいえない。新条約の効果は今後の政府や国民の態度如何にかかり、通ってしまったらおしまいではない。「現実に社会の上にどれだけ作用するか」(二七〇頁)が重要である。そして日本が小国で貿易を基に経済を発展させることが国民的利益であることを考えれば、外交政策の良否の判断規準は緊張緩和に資するか否かにある(二七二頁)。

国際関係で絶対的安全はなく、安全度が問題で、それは国際関係の緊張度と反比例する(二八四頁)。保守党政府が東西陣営の対立を前提に新条約の必要を主張するのは、冷戦の宿命視、固定化にほかならない。国内体制の問題と国際関係でどんな政策をとるかは全く別問題で、戦争を避けるのにどんな方向が有効かを問うべきだ。国連を中心とした集団安全保障と力の均衡政策とは矛盾し、日米安保という地域同盟は後者に属するが、それは歴史の実例にてらして軍拡競争と戦争を結果する(二七六、二八四頁)。日本としては「国際緊張をすこしでも緩和するような方向に外交政策をたてる以外には自国の安全を保障する途」(二八四—二八五頁)はなく、中立政策も選択肢の一つである。「自分の国の冷厳な利害と国際関係の冷静な打算とを、とことんまで考えて、あくまでも国民的利益というものを基調とすべき」である(二七九頁)。現在の安全保障問題を考える上でも貴重な示唆に満ちている。

なおこの資料の記録者は丸山ゆか里夫人であり、前掲竹内好との対談記録も彼女の手になる。学術面でも夫人の寄与が大きかったことを記録しておきたい。

箱根会議における総括的発言メモ

箱根会議は一九六〇年八月二九日から九月二日にかけて、米国アジア学会の近代日本研究会議が開いた。会議の位置づけ、参加者、議論の内容、関連出版物などについては、ジョン・ホールの「日本の近代化にかんする概念の変遷」(M・B・ジャンセン編、細谷千博編訳『日本における近代化の問題』(岩波書店、一九六八年)所収)が有益である。「近代化」の定義を主題とし、それを日本に適用する際の問題が議論された。丸山は個人の価値体系を一層考慮する必要を強調した(同書二三頁)。全体として米側が「近代化」の価値中立的な概念の定式化(指標となる規準表の作成)をめざしたのに対して、日本側は価値の問題を除外して近代化を論ずることを疑問視した。これをふまえて総括メモで丸山は、日米双方の主張が出てくる背景に理解を示しつつ、問題設定の背後にある価値体系を表明しあうことが討論の深化に必要としている。丸山は「個人析出のさまざまなパターン」(『集』第九巻)の冒頭でも箱根会議にふれており、このメモと併読すれば、彼の所感の内容を一層よく知ることができる。また「個人析出」論文が、シュワルツの指摘(近代化の両義性)を受けとめつつ、個人の価値体系の重視を唱えた自身の提言への回答でもあったことがわかる。

近代化と西欧化

この講演は三つの部分からなる。①「歴史過程としての近代化」、②「近代化の問題性」では、ヨーロッパの後進国である独伊の例も視野に入れながら、日本を中心にしてアジアにおける近代化の歴史的経過と展望を論じている。歴史的事例に即した説明で理解しやすいと思われる。これに対して③「近代化の構造」では、各地が経験した多様な近代化をその構造の特色という面で解明するために比較分析を試みている。この部分は理論的分析を主としており、分析規準の設定にも試論的性格が色こい。また講演では図を使って説明していることもあり、ややフォローしにくい点がある。ただ丸山はこの理論化の企てをその後は進めることがなかった。それゆえこの講演は、彼による比較近代化論の試みとして貴重な価値をもっている。丸山がこの時期にこうした野心的企てをした背景には、一九六〇年夏の箱根会議から受けた刺激があったであろう。自分の経てきた学問的思想的閲歴、また生活経験をふまえて、自分なりの理論化を試みたと思われる。比較近代化論の専門家による批判的な吟味と活用を期待したい。

内と外

岩波文化講演会での講演である。論文「開国」(『集』第八巻)などで示した「閉じた社会」と「開いた社会」という分析概念を一般化しつつ、それを現状分析に応用している。閉鎖的な社会では人は所属集団への帰属意識が強く、モラルは集団の慣行と一致し、個人の良心に基づかない。集団の内・外で行動規準がかわり二重道徳が出現する。こうした意識が持続する条件は、集団の閉鎖性が強く状況が固定化していることである。閉鎖性が破れて状況が流動化すると、個人は自主的な判断や決定を迫られる。現代社会で人は複数の集団に同時に所属し、状況は日々変化する。したがって閉じた社会の意識は通用しないはずだが、実際にはそれは強く作用している。心理的惰性や判断の労力を省くために、人が擬似環境を作りそこに安住するからである。そして変化する状況に対して既存のイメージや偏見をあてはめて処理してしまう。これに対して知性の働きは、新しい出来事に直面して、胸中の固定したイメージを修正する用意をもつ点にある(本巻三六〇頁)。

これを通信装置に喩えれば、外からの多様で異質な(自分の偏見に逆らうような)通信を受けいれる能力こそ、多面的な状況を自主的に判断して決定を下し、信号を送りだす能力となる。これが開いた社会にすむ近代人の理想型である(三六二頁)。近代的自由はこうした人間を鍛え上げてゆく点に意味があるが、逆に重荷と感じられることもある。幸福も私的生活の受動的享受ではなく、市民間のパブリックな横のつながりを通して追求すべきものであり、したがって社会や政治への批判や行動と結びつく(三六五—三六六頁)。

以上がいわば原理論であり、三六七頁の後半以後はこれを応用して、政府の外交政策や、一九六〇年の安保反対運動の過程で見られた言論や行動を批判している。「院内主義」が閉じた思考の現れでニセ議会主義であること、大衆の示威行進を非難する保守的思想家が自分の「偏見」に気づいていないこと等。とくに山口二矢《おとや》による浅沼稲次郎刺殺事件に関する指摘は重要である。丸山によれば、その背後にある精神傾向は日本社会の根深いところから発しており(後年の概念を使えば「共同体的功利主義と心情の純粋な発露という動機主義の結合」、『講義録』第七冊六五頁以下、一九九八年)、これをただ馬鹿げた行為として一蹴するだけの論調やメディアの「良識」論は、気にいらぬ通信を拒むことで安定を維持しようとする臆病な考えである。反民主主義的思考と正面から対決してこそ、強い民主主義がうまれると強調している(三八一頁)。くり返し味読されるべきメッセージである。

付記　本稿の執筆にあたり、東京女子大学丸山眞男文庫の山辺春彦、川口雄一の両氏より貴重な教示を受けた。謝意を表する。

文献解題

平石直昭・黒沢文貴・山辺春彦・川口雄一

近代的ナショナリストとしての福沢先生(一九五〇年四月)

底本は、丸山文庫所蔵の講演記録「「近代的ナショナリストとしての福沢先生」講演記録」(資料番号 405-7)。毎日新聞社罫紙(一四行・B5判)七九枚(記入されているのは六七枚)。他筆。丸山による書き入れなし。一九四五年度「東洋政治思想史」講義第二章第四節の原稿(資料番号 343-18)、四九年度「東洋政治思想史」講義序説五イおよび第二章の原稿(資料番号 405-8・405-6-2)、山吉紙業納原稿用紙に書かれた福沢諭吉論断片・福沢諭吉著作抜書群(資料番号 343-4〜10・343-19・353-2・405-8・419-2・455-7・455-8)のそれぞれ一部に、講演記録と符合する内容が散見される。講義原稿の場合、受講学生の筆記ノートとつきあわせてみると、講義の時点では書かれておらず、後に原稿欄外に書き込まれた文章にも、講演記録と合致する部分がある。以上のことから、右記の三つの資料を部分的に使用し、さらに新たな内容をつけ加えたものが本講演のために用意されたと考えられる。翻刻にあたり、この三つの資料を使用した箇所と校合を行い、また、講演内容を理解しやすくするため、部分的に本文に採用した箇所がある。

底本では長い引用がすべて空白になっており、引用文の内容の要約と、分量を示す行数が( )内に地の文とは異なる字で記されている。本文と校合資料から引用文を確定できる場合はそれを文中に組み入れ、( )内の引用文についての記述は削除した。確定が困難なものは、本講演に利用された右記の三つの資料の中で丸山が抜粋している福沢の文章のうち、( )内に記されている引用文の内容にもっとも近いものを本文に入れ、( )内の文章は編者注で示した。

レッドパージ反対集会での発言(一九五〇年一〇月)

底本は、丸山文庫所蔵の自筆原稿「レッドパージについての法学部教授学生教職員合同集会での発言原稿　付1950年10月3日付東京大学告示」(資料番号 1070-7)。岩波書店原稿用紙(二〇〇字詰・B5判)七枚。原稿は無題で、編者の判断でタイトルを付した。『東京大学学生新聞』一九五〇年一〇月一九日号に、一〇月九日に開催された東京大学法学部教授学生教職員合同集会における丸山の発言要旨が掲載されており、その内容は本稿の一部と合致している。一方、本稿冒頭に、ストを否決した「法学生大会」が「昨日」と書かれている。この学生大会が開催されたのは一〇月四日のことなので(『東京大学百年史』部局史一(東京大学、一九八六年)二六七頁および『東京大学学生新聞』一〇月五日号参照)、本稿はその翌日、つまり一〇月五日に書かれたことになる。おそらくその原稿をもとに九日の集会で話したのであろう。

サンソムが引く幕府による吉田松陰死刑宣告文へのコメント(一九五〇年か)

底本は、丸山文庫所蔵の自筆原稿「サンソムが引く幕府による吉田松陰死刑宣告文へのコメント原稿」(資料番号 507-1-1)。岩波書店原稿用紙(二〇〇字詰・B5判)七枚。原稿は無題で、編者の判断でタイトルを付した。冒頭で「最近の大著」として言及されているサンソムの著書が一九五〇年に刊行されているため、本稿も同年執筆と推定した。本文中に( )で括られた部分があり、この部分をスキップする指示が矢印で記されている。この指示は省略を意味している可能性があるが、本巻では( )内の文章も翻刻した。

朱子学（一九五二年四月）

底本は、『世界歴史事典』第九巻（平凡社、一九五二年）の項目「朱子学」のうち、〔日本〕の部分。この「朱子学」には他に〔中国〕と〔朝鮮〕の部分があり、いずれも仁井田陞が執筆している。底本には、同事典で項目として立てられていることばにアスタリスク（*）が付されているが、翻刻にあたっては削除した。

議会政と選挙の機能（一九五三年）

第一回の底本は、丸山文庫所蔵の自筆原稿「「議会政と選挙の機能」第1回原稿　「『西洋政治思想史1』訳者のあとがき」草稿断片」（資料番号 173-1）。岩波書店原稿用紙（二〇〇字詰・B5判・透かし入り）一一枚。一部は原稿用紙の裏面に記入されており、その表面は、「『西洋政治思想史1』訳者のあとがき」を執筆する際の下書きのために用いられている。原稿は無題で、編者の判断でタイトルを付した。本文中に文章が（で始まる箇所があるが、これが何を意味するか不明であり、（は削除した。

第二回の底本は、丸山文庫所蔵の自筆原稿「「議会政と選挙の機能」第2回原稿」（資料番号 173-2）。岩波書店原稿用紙（二〇〇字詰・B5判）一四枚。原稿では一部の文章が「　」で括られているが、詳細は不明。本巻では「　」内の部分も区別せずに翻刻し、「　」は削除した。

第一回・第二回に関連する自筆資料として、「「議会政と選挙の機能」関連メモ　「『西洋政治思想史1』訳者のあとがき」草稿断片」（資料番号 174-7）がある。

政治的無関心と逃避（一九五三年か）

底本は、丸山文庫所蔵の自筆原稿「「政治的無関心と逃避」原稿」（資料番号 173-3）。岩波書店原稿用紙（二〇〇字詰・B5判・透かし入り）五枚、平凡社原稿用紙（二〇〇字詰・B5判）二枚、東京大学出版会原稿用紙（二〇〇字詰・

B5判)七枚。一三枚目は縦に切り取られており、原稿用紙の右側三分の二ほどが失われている。原稿は無題で、編者の判断でタイトルを付した。用いられているインクや筆跡、原稿用紙などから、「議会政と選挙の機能」と一連のものと考えられるため、一九五三年執筆と推定した。本文中に、〔 〕や( )などで括られた部分があるが、本巻では括られた部分も区別せずに翻刻し、〔 〕や( )などは削除した。

匿名批評のルールについて(一九五三年か)

底本は、丸山文庫所蔵の自筆原稿「「匿名批評のルールについて」原稿　セイバイン『西洋政治思想史』I 凡例草稿断片」(資料番号 107-44)。岩波書店原稿用紙(二〇〇字詰・B5判)八枚。一部は原稿用紙の裏面に記入されており、その表面は、セイバイン『西洋政治思想史』I(岩波書店、一九五三年)凡例を執筆する際の下書きのために用いられている。また、用いられているインクや筆跡などが「議会政と選挙の機能」と類似している。これらのことから、一九五三年執筆と推定した。原稿は無題で、編者の判断でタイトルを付した。原稿の上部欄外に「2分」、「5分」という書き入れがあるが、翻刻にあたっては削除した。

逆コースと雪解けの兆し(一九五四年一月)

底本は、『毎日新聞』英文版 *The Mainichi* 一一〇七三号(一九五四年一月一三日)の 'From a Japanese Window …'。このタイトルはコラム欄のものであるため副題にまわし、編者が内容に即したタイトルを付した。

健康者対病人(一九五五年四月)

底本は、『保健同人』第一〇巻第四号(一九五五年四月)に掲載された「健康者対病人」。

「スターリン批判」をめぐって(一九五六年)

底本は、丸山文庫所蔵の対談記録「武田泰淳・丸山眞男対談速記録」(資料番号 459)。中央公論社原稿用紙(二〇

○字詰・B5判)一三六枚。他筆。丸山による若干の校正の跡がある。本対談は、武田泰淳「X氏との対話」(『中央公論』第七一年第四号、一九五六年四月、『武田泰淳全集』第一三巻(筑摩書房、一九七二年)に収録)と大きく重なるところから、この武田の作品のために行われたものと推定される。また、主題となっているフルシチョフとミコヤンの演説は一九五六年二月になされ、武田の作品が四月に公表されたことから、この対談は、二月から三月までの間に行われたものと推定され、本巻ではここに配した。翻刻にあたっては、武田「X氏との対話」を適宜参照した。原稿は無題で、編者の判断でタイトルを付した。

自筆資料「「西欧文化と共産主義の対決」から「『スターリン批判』における政治の論理」までに関する資料」(資料番号 523-4)には、この対談に際して作成されたと思われるメモがあり、翻刻にあたり校合した。この資料には、フルシチョフとミコヤンの演説の抜書きが含まれているが、丸山が何によって演説記録を読んだか、特定できなかった。翻刻にあたり、この対談の前後に刊行されたと思われる『世界週報』第三七巻第八号、第九号(一九五六年三月一一日、二一日)掲載のものを参照した。また、本対談で言及されているJ・タウスター『ソ同盟における政治権力』は、この自筆資料によって、丸山が原著(Julian Towster, *Political Power in the U. S. S. R., 1917–1947: The Theory and Structure of Government in the Soviet State*, New York: Greenwood Press, 1948.)で読んだことが推定されるが、本巻では、書き込みのある訳書(前芝確三・川口是訳、岩波書店、一九五三・五四年)により補った。

戦争責任をめぐって(一九五六年八月)

底本は、丸山文庫所蔵の資料「戦争責任をめぐって——支配層の場合——『図書新聞』1956・8・4」(資料番号 826-2-4)。『図書新聞』一九五六年八月四日号の記事「戦争責任をめぐって『思想の科学研究会』の討論会の報告から」の一部として、「一政治学者」名で掲載された文章「支配層の場合」をワープロで打ち直したもの。Ａ４判用紙三枚。後年の丸山の書き入れあり。翻刻にあたって初出紙と校合した。初出には、「統治構造の多元性　天皇制＝無責任な体系」というリード文が付けられている。

革命と反動(東洋とヨーロッパ)(一九五七年)

底本は、丸山文庫所蔵の対談記録「竹内好・丸山眞男対談速記録「革命と反動(東洋とヨーロッパ)」」(資料番号433)。岩波書店原稿用紙(二〇〇字詰・B５判・裏面を使用)五六枚。他筆(丸山ゆか里夫人)。全編にわたり丸山による書き入れがある。この資料が収められていた封筒には、「竹内・丸山　速記録」(他筆)、「革命と反動(東洋とヨーロッパ)」(丸山自筆)とある。本対談は、後述の諸文献によって、一九五七年五月以降に行われたことは明らかである。また、主題と内容が同年七月に刊行された丸山眞男編『反動の思想』(『岩波講座　現代思想』V、岩波書店)およびそれに収録された竹内好「アジアにおける進歩と反動——日本の思想的状況に照らして——」(『竹内好全集』第五巻(筑摩書房、一九八一年)に収録)と密接に関連していることから、それ以前に行われたものと推定され、本巻ではここに配した。

本対談の中で言及された文献のうち、鶴見俊輔と遠山茂樹の書評(本巻一四〇頁)は、丸山『現代政治の思想と行動』上・下(未來社、一九五六・五七年)に対するものであり、前者は「現実の系列の中で追求——なおとどめている解釈学的性格——」(『日本読書新聞』第九〇〇号、一九五七年五月二〇日、「日本型ファシズムを分析——丸山眞男著『現代政治の思想と行動』下」と改題され『鶴見俊輔書評集成』第一巻(みすず書房、二〇〇七年)に収録)、後者は「丸山眞男著『現代政治の思想と行動』」(『思想』第三九五号、一九五七年五月)を指す。また、上原専禄と加藤周一の対談(本巻一四九頁)は、「歴史感覚・歴史意識と歴史学——歴史のとらえ方の反省と日本歴史学の建設のために——」(『思想』前掲号)。

丸山先生に聞く(一九五八年三月)

底本は、丸山文庫所蔵のガリ版雑誌『政治コース卒業記念』第二号(一九五八年三月、東京大学法学部政治コース談話会発行)に掲載された「丸山先生に聞く」。

一月一三日　丸山眞男先生速記録(一九五九年一月)

底本は、丸山文庫所蔵の談話記録「談話速記録　思想的回想」(資料番号 367)。表紙に「一月十三日　丸山眞男先生速記録」とある。みすず書房原稿用紙(二〇〇字詰・B5判・左下に「1958. 10」と印刷されている)二〇〇枚、表紙一枚。他筆。丸山の書き入れなし。

本談話には、既発表の作品(『丸山眞男回顧談』上・下(岩波書店、二〇〇六年)など)での発言と重複する部分が多く含まれており、本巻ではそれらは割愛した。省略した部分を原資料の頁数・行数によって示すと次のとおりである。一頁一行目から二〇頁八行目、二二頁九行目から二四頁一〇行目、三八頁四行目から四三頁三行目、四三頁一〇行目から四五頁七行目、四六頁一行目から二行目、五九頁八行目から七〇頁四行目、七三頁二行目から七八頁七行目、八〇頁一〇行目から八二頁六行目、八五頁二行目から九〇頁二行目、九三頁一行目から九五頁五行目、九五頁九行目から九七頁五行目、一〇三頁四行目から一二三頁四行目、一二九頁七行目から一三二頁五行目、一四一頁八行目から一四四頁七行目、一四七頁九行目から一四九頁一行目、一五三頁一〇行目から一五六頁一〇行目、一六〇頁三行目から六行目、一六三の一頁四行目から一六四頁八行目、一九四頁六行目から七行目、一九五頁八行目から一九六頁三行目、一九七頁八行目から一九九頁七行目。

また、本作品での丸山の発言は、必ずしも年代順に進められたものではないため、編者の判断で、前後を組み替えた場合がある。具体的には、本巻一七八—一七九頁の「本富士〔警察署〕というのは……猛烈の体験をする。」

および「それから帯刀貞代〔婦人運動家〕さんが……そういうものだという感じがする。」という発言は、一八二頁の長く中略の箇所で語られている。

音楽・音感教育について（一九五九年一一月）

底本は、丸山文庫所蔵の談話記録「「音楽・音感教育について」談話記録」(資料番号 169)。有斐閣原稿用紙(二〇〇字詰・B5判)一二枚。原稿用紙の右下に「34. 4　80,000 B」と印刷されているが、これは原稿用紙が昭和三四年四月に作成されたことを示すと思われる。他筆。丸山の書き入れあり。原稿は無題で、編者の判断でタイトルを付した。

全学連幹部構内隠匿事件に関する法学生大会での発言（一九五九年一二月）

底本は、丸山文庫所蔵の自筆原稿「全学連幹部構内隠匿事件に関する法学生大会での発言原稿」(資料番号 455-4)。筑摩書房原稿用紙(二〇〇字詰・B5判・裏面を使用)一一枚。原稿は無題で、編者の判断でタイトルを付した。この原稿が収められていた封筒の表に、「60年安保運動　葉山君らを構内にかくまった事件、法学生大会」と自筆で記されている。本文冒頭欄外の「経済学部学生など「立てこもり」事件　葉山君ほか」という書き入れについても、封筒の表書きと同じペンが使用されている。封筒が岩波書店創業八〇年に際して作成されたものであることから、これらの書き入れは一九九三年以降になされたものであると推定される。

日本人の倫理観（一九五九年か）

底本は、丸山文庫所蔵の座談記録「日本人の倫理観(座談)」(資料番号 366)。伊東屋原稿用紙(二〇〇字詰・B5判)一二三枚(最後の一枚は記入なし)。他筆。丸山の書き入れなし。但し資料一行目には「対談」と記されている。

日本の進む道（一九六〇年一月）

底本は、『西日本新聞』一九六〇年一月一日号に掲載された「日本の進む道」。「平和に積極的参加を　理想像もたぬ政治　両面政策では破たんがくる」というリード文が付けられている。

「民主主義をまもる音楽家の集い」へのアピール（一九六〇年六月）

底本は、丸山文庫所蔵の自筆原稿「「民主主義をまもる音楽家の集い」へのアピール原稿」（資料番号 748）。岩波書店原稿用紙（二〇〇字詰・B５判）六枚。原稿は無題で、編者の判断でタイトルを付した。

明星学園講演会速記録（一九六〇年七月）

底本は、丸山文庫所蔵の講演記録「明星学園ＰＴＡ文化部主催講演会速記録」（資料番号 436）。他筆（丸山ゆか里夫人）。丸山の書き入れあり。明星学園ＰＴＡ原稿用紙（四二〇字詰・Ｂ４判）裏面を使用し、二つ折りして、講演部分と質疑応答部分をそれぞれ別に綴じている。講演部分は本文二〇枚、表紙一枚。表紙に「丸山眞男氏講演速記録　一九六〇年七月十一日　明星学園Ｐ・Ｔ・Ａ・文化部主催」とある。質疑応答部分は本文一八枚、表紙一枚、裏表紙一枚で、表紙と裏表紙のみ岩波書店原稿用紙（四〇〇字詰・Ｂ４判）。翻刻に際して、同講演の自筆原稿「明星学園文化部の講演原稿」（資料番号 439-3）を参照し、各節の見出しとして採用した。文中の海外諸新聞からの引用は、出典である『エコノミスト』一九六〇年七月一二日号の記事「日本は中立化すべきだ」と校合した。

箱根会議における総括的発言メモ（一九六〇年）

底本は、丸山文庫所蔵の同名の自筆原稿（資料番号 1056-5-2）。有斐閣原稿用紙（二〇〇字詰・B５判・裏面を使用）一三枚。原稿用紙の右下に「35. 5. 50,000 b」と印刷されている。

近代化と西欧化（一九六〇年一〇月）

底本は、丸山文庫所蔵の講演記録「「近代化と西欧化」講演記録」（資料番号 358）。岩波書店原稿用紙（二〇〇字

詰・B5判)二三五枚(但し一一三頁は白紙)、表紙一枚で、表紙に「昭和三十五年十月十五日(土)　於東大工学部公開講座　近代化と西欧化　法学部教授　丸山眞男」とある。他筆。丸山による書き入れがある。講演記録の末尾には、他筆で「本稿は、十月五日、東大における公開清談〔カ〕に加筆したものである」とあるが、丸山の書き入れは全面的になされたものではない。自筆原稿「東大公開講座　近代化の問題(フラグメント)」(資料番号83)と校合し、見出しなど内容を補足すると思われる文章は、断りなく本文に差し込んだ場合がある。

本講演で言及されている「要領」「プリント」は、丸山文庫所蔵の図書資料『第十八回　公開講座講義要項』(東京大学綜合研究会、一九六〇年、登録番号0205111)の中の「近代化と西欧化」と推定されるため、全文を編者注の形で翻刻した。なお、『丸山眞男集』別巻(岩波書店、一九九七年)の著作目録に示された「近代化と西欧化(要旨)」は、これを指すものと思われる。

内と外(一九六〇年一一月)

底本は、丸山文庫所蔵の講演記録「「内と外」講演記録」(資料番号348-1-1)。岩波書店原稿用紙(二〇〇字詰・B5判)二五〇枚、表紙一枚で、表紙に「昭和三十五年十一月二十二日(於八幡市)　内と外　丸山眞男氏」とある。他筆。丸山による書き入れはない。テープ起こしの記録であり、記録ではテープの中断による空白が二か所認められる。翻刻にあたり、自筆原稿「「内と外」原稿・メモ」(資料番号348-1-2)と校合した。また、翻刻文中、ドストエフスキーからの引用は、丸山文庫に所蔵されている『カラマーゾフの兄弟』第二巻(『ドストエーフスキイ全集』第一二巻、米川正夫訳、河出書房、一九四三年、登録番号0190844)等の訳文とも若干異なるため、右の自筆原稿にある丸山の抜書きを用いた。

丸山眞男集 別集 第二巻　（全5巻）

二〇一五年三月二七日 第一刷発行

著　者　丸山眞男《まるやままさお》

編　者　東京女子大学丸山眞男文庫

発行者　岡本 厚

発行所　株式会社 岩波書店
〒101-8002 東京都千代田区一ツ橋二-五-五

電　話　案内 〇三-五二一〇-四〇〇〇
http://www.iwanami.co.jp/

印刷・理想社　カバー・半七印刷　製本・牧製本

ISBN 978-4-00-092802-1　Printed in Japan